シリーズ・人間教育の探究①
梶田叡一/浅田匡/古川治 監修

人間教育の基本原理

「ひと」を教え育てることを問う

八木成和 杉浦健 ［編著］

ミネルヴァ書房

「シリーズ・人間教育の探究」刊行のことば

　「シリーズ・人間教育の探究」として，全5巻を刊行することになりました。このシリーズの企画・編集・執筆・監修に参画した方々と，何度か直接に集まって議論をし，またメールや電話等で意見交換を重ねて来ました。そうした中で以下に述べるような点については，共通の願いとしているところです。

　教育の最終的な目標は，ともすれば忘れられがちになるが，人間としての在り方そのものを深く豊かな基盤を持つ主体的なものに育て上げることにある。そのためには，自らに与えられた生命を充実した形で送っていける〈我の世界〉を生きる力と，それぞれの個性を持って生きていく多様な人達と連携しつつ自らに与えられた社会的役割を果たしていける〈我々の世界〉を生きる力との双方を，十分に発揮できるところにまで導き，支援していくことが不可欠である。教育に関わる人達は，お互い，こうした基本認識を共通の基盤として連携連帯し，現在の複雑な状況において直面しているさまざまな問題の解決を図り，直面する多様な課題への取り組みを進めていかねばならない。

　あらためて言うまでもなく，科学技術が日進月歩する中で，経済や文化面を中心に社会のグローバル化が急速に進みつつあります。このためもあって今の子ども達は，日々増大する重要な知識や技能を，また絶えざる変化に対応する思考力や問題解決力を，どうしても身につけていかねばなりません。さらには，そうした学習への取り組みを生涯にわたって続けていくための自己教育力を涵養していくことも要請されています。こうした大きな期待に応えるための教育を，社会の総力を挙げて実現していかなくてはならないのが現代です。アクティブ・ラーニングが強調され，ICT教育とGIGAスクール構想の推進が図られ，外国語教育と異文化理解教育を重視した国際教育の充実強化が推進される，等々の動きは当然至極のことと言って良いでしょう。

しかしながら，これだけでは「かけがえのない生命を与えられ，人間として充実した生を生きていく」べき個々の子どもを教育する視点としては，決定的に不充分であることを忘れてはなりません。新たな重要知識や技能を習得し，力強い思考力や問題解決力を身につけ，生涯にわたってそうした力の更新を図っていくことのできる自己学習の力を備えたとしても，それだけでは「有能な駒」でしかないのです。自分自身の身についた有能さを自分自身の判断で使いこなす主体としての力，「指し手」としての力が不可欠なのです。同時に，そうした判断を的確なもの，人間性豊かなものとするための主体としての成長・成熟が不可欠なのです。

　我々の志向する「人間教育」は，この意味における「主体としての力」の育成であり，「主体としての成長・成熟」の実現です。我が国の教育基本法が，制定当初から，そして改定された後も，「教育は人格の完成を目指し」と，その第1条にうたっているところを我々は何よりもまずこうした意味において受け止めたいと考えています。

　今回「人間教育の探究」シリーズ全5巻を刊行するのは，この意味での「人間教育」の重要性を，日本の教師や親をはじめとするすべての教育関係者が再確認すると同時に，「人間教育」に関係する従来の思想と実践を振り返り，そこから新たな示唆を得て，今後の日本の教育の在り方に本質的な方向づけを図りたいからであります。こうした刊行の願いを読者の方々に受け止めていただき，互いに問題意識を深め合うことができれば，と心から願っています。これによって，我々皆が深く願っている人間教育が，この社会における現実の動きとして，学校現場から教育委員会や学校法人にまで，また教員の養成と研修に当たる大学にまで，そして日本社会の津々浦々での教育にかかわる動きにまで，実り豊かな形で実現していくことを心から念願するものであります。

2020年10月

監修者を代表して　梶田叡一

人間教育の基本原理
——「ひと」を教え育てることを問う——

目　次

人間教育の源流

杉浦　健

　本シリーズ第1巻『人間教育の基本原理』のプロローグであるこの章は，本巻で示される「人間教育」の思想の源流，そして「人間教育」の実践を理解するための大枠となる見取り図である。本章を手がかりに，本書において「人間教育」の根本の意味するところ，そして「人間教育」の実践において本当に大切なことを理解してほしいと考えている。

（1）人間教育の根本の探求

　そもそも本シリーズがテーマに掲げる「人間教育」とは，人間的な成長・成熟を図る教育（Education for Human Growth）である（梶田，2015）。この意味での「人間教育」を深く考え，理解するためには，「人間的な成長・成熟を図る教育」に含まれるそれぞれの要素の意味が問題になってくる。すなわち「人間とは」「人間的とは」「成長とは」「成熟とは」「人間的な成長・成熟とは」「教育とは」「人間的な教育とは」「成長・成熟を図る教育とは」などが何を意味しているのかということであり，それを探究するのが本書である。

　本書『人間教育の基本原理』では，人間教育の根本となる「人間」「成長・成熟」に関わる概念について，その思想的源流にさかのぼって深く探究を行っている。それによってそもそも「人間教育」とは何かをその根本から深く理解することをめざしている。

　たとえば第1章では，藤井がデューイによって再構築された「経験」概念——経験とは知性によって導かれる，未来に向けて現在の状況を意図的・計画

的に変化させる能動的な活動である――, を手掛かりに, これからの「知識基盤社会」の時代における学習活動のあり方と, 知識の構築（知識の創造と言ってもよい）および共有がなされる教育活動の重要性を示している。

　第2章では, 金川がミードの自己論を糸口として, 社会と関わりながら「わたし」がいかに生まれてくるのかを論考することで, 人間教育における主体性のあり方に切り込んでいっている。

　第3章では, 佐々木が人間教育の核の一つと考えられる「自己実現」という言葉に込められた意味を詳細に再検討し, 「個としての自己」に対する囚われから自由になることや自己肯定力など, 自己実現によってもたらされる効果という観点を取り入れることで, かけがえのない私をめざす人間教育のあり方を指し示している。

　第4章では, 伊藤と水野がロジャーズの「人間中心の教育」について「パーソンセンタード・アプローチ」を手がかりに, 学習者中心の教育（伊藤）, 人間中心の教育（水野）について明らかにしている。これらの教育においては, 教員は教え込む人ではなく, 生徒の学習を促進させるファシリテーターであり, その役割は2020年度から実施の新しい学習指導要領における主体的・対話的で深い学びにもつながるものとなろう。

　第5章では, 長年, 臨床現場において子どもの精神分析に関わってきた木部が, 精神分析の原理の観点から, 己と語り合い, 自分自身のこころを知ることの重要性を述べている。難解ではあるが, 精神分析の観点から, 人が成長することとはどういうことなのかが示されている。

　第6章では, 教育哲学者である矢野が教育的思考の基本構造を作り出してきた二項対立の原理, たとえば国民／非国民の境界線を画定することが排除を生みだす問題点を指摘し, それら排除の問題を乗り越えるために, 人間もしくは人類とは, といった視点から教育を考えなければならないこと, さらには人間とはという視点をも超えて, 生命とはといった視点から人間教育を考えるという壮大な章となっている。

　このように本書では, 経験, 主体性, 自己実現, 人間中心, 自己理解など,

人間教育がめざすべき価値を示している。だが，これらの論考においてはたんに耳触りのいいそれらの言葉を示して終わるのではなく，それらの言葉がそもそも何を意味しているのかを深く探究している。矢野にいたってはそもそも人間とはという観点から人間教育を考えている。これらの論考を通して，人間教育がめざす，本当に価値のあるものとは何なのかを理解してほしい。

（2）人間教育の実践

　本書ではまた，さまざまな教育活動や教育実践，学習指導要領のあり方などを理解するとともに，それらの教育実践の根本にある理念を深めることによって，教育実践が「人間教育」，すなわち人間的な成長・成熟を図る教育であるために何が重要なのかを明らかにしようとしている。

　たとえば第7章では，益川がこれからの時代に求められるのは，「他者や社会等と相互作用しながら新たな知識を創り出す」ことができる主体としての力であり，そのような力を育成するためには，学習者自身が知識を創造し続けていくことを意図した「前向きアプローチ」の授業実践を一貫して行うことが大事だと主張している。

　第8章では，中間が主体性を育む教育を考えるにあたって，そもそも「主体性」を有するとはどういうことなのかということにさかのぼって議論を行っている。そして主体性の形成のためには他者の存在が不可欠であること，主体性の感覚が他者の承認によって明確なものとなっていることを明らかにし，それゆえ主体性を育む教育は，主体性を相互に尊重することによって，相互協調をも包み込んだ主体性を育て合う教育であるべきだと主張する。

　第9章では，押谷が道徳教育の基盤となる西洋思想の視点から，現在の学校の教育課程における道徳教育を解き明かし，そもそも道徳教育は思想的にも，歴史的にも，本質的にも，本書の定義する「人間的な成長・成熟を図る教育＝人間教育」そのものであり，一人一人の良さを伸ばし，生きんとするエネルギーをいきいきとさせていく道徳教育をその中心においた教育課程，すなわちライフ・ベースド・カリキュラムを提案している。

第10章では，阿部がインクルーシブ教育を実践している立場から，インクルーシブ教育が共生社会の実現を可能にする力を持つことを明らかにし，その意味でインクルーシブ教育が真の人間教育となり得ることを主張している。

　第11章では，竹内がグローバル化時代においては，異文化や異なる価値観などによるさまざまな制約の中で主体的に目的を達成しようとする，知識や態度も含んだ能力である「主体的選択能力」が必要であり，そのような能力を育むには留学やそれに類する異文化体験を可能とするチャレンジをする機会と，情報提供や省察をも含んだ学習活動の手助けが求められることを主張している。

　第12章では，合田が2020年度から実施された新学習指導要領の社会的背景，求められる学びのあり方，改善のねらい，ねらいを果たすための条件整備の方向性などを総合的に整理している。そこではAI（人工知能）に比して，人間らしい資質・能力とは何なのか，そのような資質・能力を得るための学習・教育がいかにあるべきかが示され，またそれが結果的に人間教育のあり方を指し示すものとなっている。

　このように本書では，学習指導要領も含め，近年のさまざまな教育実践が人間教育としての意味を持つことが示されている。だが，たとえそのような人間教育としての意味を持つ教育実践であっても，根本にある理念が十分に理解されなければ，その教育実践は容易に形骸化してしまうだろう。人間教育において最も重要なのはその理念である。

　巻末の梶田と浅田の対談では，人間教育の理論的支柱と言える梶田の考えの根本理念を知ることができる。梶田は，人が人間として成長していく中で，まずは対人的社会的状況の中で現実に適応して自分をコントロールする「我々の世界」で生きる力を身に付けることが必要であると述べている。そしてその上で，自分自身にとっての内面的な価値に基づいて自分をコントロールする，価値志向に基づく「我の世界」を生きることによって自分自身の人生の主人公になることが，人間教育において一番大事なことであると述べている。

　本書全体，ひいては本シリーズを通して，人間教育の原理を深く探究し，それらに根差した教育実践を行うことによって，真の人間教育を推し進めてほし

いと願う次第である。

引用・参考文献

梶田叡一（2015）『人間教育のために』金子書房。

第Ⅰ部　人間教育の根本を探る

藤井千春

第1章

「経験」の人間教育的意義

1　一般的な「経験」概念とデューイによるその再構築

（1）「経験」に関する一般的な考え方

「経験」（experience）という言葉は，しばしば，「経験を積んだ人」というように使用される。このような使用には，次のような意味が含まれている。

　ⅰ．その人が，ある実践分野において，数多くの活動を積み重ねている。

　ⅱ．その実践分野におけるその人の活動の遂行能力には一定の信頼性がある。

　しかし，次のような意味も付与されている。

　ⅲ．自分が積み重ねてきた遂行事例の範囲内だけで判断する傾向がある。

　ⅳ．試行錯誤的に活動を積み重ねることで遂行能力を高めてきた。

「経験」は，一般的には，ある実践分野においてある人に蓄積されている個人的な活動履歴と見なされている。そして，その蓄積された履歴には，一定の信頼性があると評価される。しかし，一方で，それに基づいて活動を遂行することには，前述のⅲ，ⅳのようなマイナスの意味が付与されている。

「経験」に対するこのような評価は，普遍性のある理論知に導かれなければ，活動を正しく遂行できないという考えに基づいている。つまり，「経験」から得られた実践知には原理的な考察が欠落しており，「経験」に頼る方法は非科学的な試行錯誤にすぎないと見なされている。このため「経験」に頼った活動には確実性が保障されないと軽視されてきた。デューイ（Dewey, J. 1859-1952）の「経験主義」の教育論に対しても，「這いまわる経験主義」など非難的なレ

9

ッテルが貼られてきた。

（2）デューイによる「経験」概念の再構築

　デューイ（Dewey, 1917；MW10, p. 6）は，イギリス経験論から継承されている伝統的な「経験」概念を検討した。そして，その特徴として，次の点を指摘している。

ⅰ．経験は，外界の正しい像を人間の精神に写し出す認識に関係する。

ⅱ．経験は，人間の精神の内部で成り立つ。

ⅲ．経験は，発生した出来事の記録である。

ⅳ．経験からものごとや出来事の関連や連続を知ったとしても，それらの知識は偶然的なものである。

ⅴ．経験に基づいて推論することは危険性を伴う思考の飛躍である。

　デューイによれば，哲学において「経験」は，イギリス経験論以来，外界の像や事象について観察すること，およびその個人的な記録と考えられてきた。

　このように「経験」は，受動的なもの，個人的なもの，普遍性の低いもの，と見なされてきた。それに対して，デューイは，「経験」概念を，次のように積極的な意味を持つ概念に再構築することを提案した（Dewey, 1917；MW10, p. 6）。

ⅰ．経験は生命体と環境とがダイナミックに相互作用することである。

ⅱ．経験は，環境の作用が人間の内部に入り込み，それに対する人間の反応が外界に影響を与える能動的な活動である。

ⅲ．経験は，現在の状況を未来に向けて意図的・計画的に変化させる活動である。

ⅳ．経験は，ものごとや出来事の関連や連続である意味を使用して，環境を統制する知的努力によって導かれた活動である。

ⅴ．経験は反省的な思考を伴う知性的な活動である。

　デューイは，「経験」に関して，世界の実在に関する「真理」（truth）の認識という枠組みではなく，生命体と環境との間での「相互作用」（interaction）による生命体の環境への再適応という枠組みでとらえ直した。そして，「経験」

概念を，人間がものごとや出来事の関連や連続である意味を使用して，現在の状況を未来に向けて目的的に統制しようとする，現実世界での人間の「生き方」（a way of life）を指導する知性的な活動として再構築した。つまり「経験」とは，現実の世界に生きる人間の「生き方」を知性的に導いている活動なのである。

（3）デューイの生きた時代とそこにおける問題意識

デューイは1800年代末，シカゴ大学附属実験学校で教育の実践研究に取り組んだ。当時のアメリカは，急速な工業化により世界一の工業国になっていた。しかし，自由放任の原則に基づく経済活動の結果，市場は一部の大企業による独占状態となり，公正な自由競争の阻害や消費者被害などの社会問題が発生した。また，「大企業対労働者・消費者」という対立，国民間の経済的格差の拡大，アングロサクソン系旧移民と増大する東欧系・南欧系新移民との間での文化的対立など，人々の間での分裂と対立は深刻な社会問題となっていた。

当時，大企業の経済活動に対する公的統制は多くの人々から要求されていた。しかし，経済活動は自然権に由来する私権とする考え方は根強く，自由放任経済に対する公的統制の実施は進まなかった。他方，労働運動が激化する中，暴力革命で経済的に平等な社会の実現を主張するマルクス主義が，一部で支持されていた。社会問題は深刻になる一方で，アメリカを民主主義社会として再統一するための，いわば，現実世界において問題解決に向けて人々の「生き方」を指導するための，新しい知的原理が必要とされていた。デューイは，新しい知的原理を構成する諸概念の一つとして，「経験」概念の検討と新たな構築を試みた。

デューイによれば，人間が生きる現実世界は流動的で偶発的な変化に支配されている。そこに発生する社会問題には，絶対的な確実性が保障されている解決方法はない。自らの知的努力によって問題解決に取り組みつつ，活動の帰結に対する確実性を高めることしか，人間には道は残されていない。

デューイ（Dewey, 1920；MW12, p. 94）は，次のように述べている。

「これからの哲学の任務は，その時代の社会的および道徳的な闘争について，人々の観念を明晰にすることにあると理解されるだろう。哲学の目的は，可能な限りこれらの闘争を取り扱うための器官になることである。」

　デューイは，現実世界における社会問題の解決に取り組むという「生き方」を支えるための知的原理の究明を哲学の主題とした。そのような主題のもと，現実世界における人間の活動の可能性について検討し，現実世界における人間の活動に関する知性の果たし得る役割について考察を深めた。そして，それに基づいて「経験」についての新たな概念を構築したのである。デューイにとって「経験」とは，現実世界において問題の解決に向けて，知的努力によって活動を導いていくという「生き方」のための知的原理なのである。デューイにとって哲学は，人々にそのような「生き方」の可能性を示し，また，そのための知性的な方法を提案することを任務としたのである。

　この点でデューイは，人間を「状況の中の行為者」として位置付けた。人間は，流動的で偶発的に変化し続ける現実世界の中で生きており，そこから逃げ出すことはできない。そして，環境の変化に対して再適応に成功しなければ生命を存続することはできない。人間は，問題解決に向けて活動し続けなければならない存在である。社会問題が深刻化し，人々の間での対立と分裂が危機的な状況に至る中で，デューイは，「状況の中での行為者」である人間による，知的努力に導かれた活動という点に「経験」の本質を見出した。「状況の中の行為者」として知的努力をして生きる「生き方」を導く知的原理を人々に提案した。

2　現実世界における行動の確実性

（1）知的努力による確実性の増大

　しかし，次のような疑問が残される。

　人間が生きる現実世界の環境は流動的で偶発的に変化する。ものごとや出来事の関連や連続に関する意味は蓋然的なものにすぎない。自らが生きる世界を

統制しようとする人間の活動に確実性は保障されるのだろうか。流動性と偶発性が支配する現実世界において，人間の活動を知性的に導くことは可能なのだろうか。つまり，「経験」は試行錯誤的にすぎず確実性は保障されないという，従来からの「経験」に対する批判を克服することはできるのだろうか。

デューイは，知的努力によって活動を導いているモデルを，熟練した医師や技術者などによる，現実世界における問題の解決において具体的な効果を生み出している活動に求めた。そのような活動を導いた思考の機能，意味の使用，行動方法の計画などをモデルとした。現実世界における問題解決へと高い確実性をもって活動を導くことに成功した事例を分析し，そこにおける思考の機能，とくに意味の使用の方法の特徴を解明することを試みた。そのような活動に示される特徴から人間の「知性」（intelligence）について自然主義的なアプローチによって考察した。

そして，デューイ（Dewey, 1933 ; LW8, p. 252）は，たとえば，熟練した医師は患者にチフスの典型的な症状が見られた場合でも，早急な診断は避け，観察の範囲を広げて多くの関係するデータを集めること，また，治療方法の決定において，その方法が実行された場合の帰結について詳細に予想することなどを指摘した。つまり，問題状況の診断と解決策の決定において，性急な判断を避ける，多様な意味を駆使する，問題状況を詳細に明確化する，解決のための行動方法を複数考案する，それぞれの行動方法の帰結を入念に予想する，などを明らかにした。熟練者は，過去の事例に依拠しつつも性急な同一視を避け，直面している問題状況の新規な特質を明らかにし，解決のための行動方法について帰結を慎重に予想して決定し実行に移している。問題解決における熟練者の一連の活動から，その活動を推進したと推測される思考の機能の特徴についてこのように明らかにした。

そのように遂行される知的活動では，思考において多様な関連する意味が使用されて，目的的・計画的に活動が導かれている。そのようにして意図した結果を生み出すことに対する確実性が高められた活動が知性的なのである。デューイにとって「知性」とは，現実世界において問題解決に成功した知的活動に

示される優秀性なのである。

　たしかに一つ一つの意味は蓋然的である。たとえば「上空を急に黒雲が覆うと間もなく夕立になる」という，「黒雲」と「夕立」の連続については，そのような連続が発生しない場合もある。しかし，「雷鳴」「急に風が冷たくなる」「日中の気温が高かった」など，「夕立」との連続を示す他の意味も同様である。しかしそれらの意味を複数組み合わせて使用することにより，状況が「間もなく夕立になる」という判断の確実性を高めることはできる。

　「経験」の確実性は，関連する多数の意味を駆使して状況について判断し，行動方法を入念に考案することにより高めることができる。この点で「経験」は，問題解決のための行動方法の考案という「探究」（inquiry）としての性質を有する。また，実際の行動の帰結によって「探究」の適否を判定するという「実験」（experiment）としての性質を有する。

（2）「経験の連続的発展」

　デューイのいう「経験」は，二つの連続する知的活動から成り立っている。

　第一に，ある特定の結果を生み出すことを目的として，関連する多様な意味を意図的に使用して行動を計画的に導く活動である。この点で「経験」とは，たんに行うだけの活動ではない。目的を持って関連する多数の意味の使用によって計画的に導かれている知性的な活動である。

　第二に，その活動を通じて使用・発見された意味が自覚されている活動である。この点で「経験」とは，たんに行われただけの活動ではない。状況についての認知，状況へのはたらきかけ方，得られた反応などが反省され，その活動を通じて使用・発見された意味が抽出されている知性的な活動である。

　したがって，「経験」が積み重ねられると，次の「経験」において活動を導くために使用できる意味が増大する。それだけ問題の解決に向けて活動を目的的・計画的に導くことができる。つまり，問題解決に帰結する確実性は高まる。それが「経験の連続的発展」である。このようにして人間は，現実世界における「経験」を構成する確実性を高めることができる。

「経験主義」は，情報や技法などを意味として目的的に使用して，計画的に行動するという活動を重視する。つまり，子どもたちがそのように「行うことによって学ぶ」ことを重視する立場である。そのような学習活動が子どもたちに「経験」として構成されると考えるのである。つまり，以前の学習活動で学んだ意味を使用して，また，新たな意味を発見しつつ，目的の達成に向けて計画的に行動を導くという「経験」を通じて，「経験」を導く能力を連続的に高めていくことをめざす。デューイは，子どもたちのそのような学習活動の「経験」を通じて，社会問題の解決に向けて自ら知的努力して，自らの「経験」を構成していく知的能力が子どもたちに育成されると主張した。

（3）コミュニケーションによる確実性の増大

デューイ（Dewey, 1916）にとって，「経験」は個人的なものではない。コミュニケーションを通じて「経験」の「やりとり」（give and take），そして「経験」の「協同」（cooperation）や「共有」（share）が可能であると論じた。

デューイによれば，問題解決をめざす活動は，他者との「協同」によりその確実性を高めることができる。人間は言語を使用して，自分が過去に「経験」したことや他の場所で「経験」したことについて，他者に伝えて「共有」することができる。その逆も可能である。そのようなコミュニケーションによって，「探究」を協同的に行うことができる。つまり，「探究」において，参加者それぞれの個性的な「経験」を組み合わせる，補い合うなどして，問題解決のための知的活動で使用できる意味を増大することができる。いわば，参加者それぞれの「経験」から学んだ意味を共通の材料や道具として使用できる。「協同」により多種多様な意味を使用して問題解決のための活動を導くことが可能となる。「経験」の「共有」による「協同」により，「経験」を導く確実性を高めることができる。

デューイは，社会問題の解決に向けた取り組みにおいて，コミュニケーションを通じて多数の人々の知性を「協同」することの重要性を論じた。デューイにとって民主主義は，憲法，選挙，議会，権力の分立，思想・言論・集会・結

社の自由の保障などの法律や制度が整えられていることに本質があるのではない。それらの法律や制度は民主主義社会を機能させる上で不可欠な装置ではある。しかし，デューイは，人々が社会問題の解決に向けて協同的活動に参加・貢献していることに民主主義の本質があると考えた。民主主義社会とは，多様なそれぞれに個性的な能力とそれに基づく「経験」を有する人々が，それぞれの能力と「経験」を活かして社会的な活動に参加・貢献することに開かれており，また実際にそのように機能している社会なのである。社会問題の解決をめざす取り組みにおいて，参加者の間での密度の濃いコミュニケーションが展開され，参加者の知的努力が相互に結びついて「協同」している点に，その社会の民主主義の成熟度が示される。

　では，「協同」とは，どのように取り組まれている活動なのだろうか。

　たとえば，人間が馬を使って畑を耕すという作業は人間と馬との「協同」による活動ではない。両者が協力して作業に取り組んでいても，それぞれの目的が異なるからである。「協同」とは，参加者が活動の目的を共有し，活動の進め方とその中での自分の役割を理解して取り組んでいる活動である。活動の目的の設定，および活動の進め方や分担の決定などについて，参加者間で十分に議論が行われて，それぞれの参加者の個性的な能力と「経験」が最大限に生かされるように取り組まれている活動である。参加者の間で密度の濃いコミュニケーションに基づき，またそれが展開されている活動である。

　人間を取り巻く環境はいつ，どのように変化するかは不明である。人間は環境の変化に柔軟に対応して再適応を遂げなければ，種族としての生命を存続させることはできない。そのためには多様な個性的な能力とそれに基づく「経験」が社会で「共有」され，また問題の解決において必要とされる能力と「経験」が柔軟に「協同」されなければならない。民主主義社会では，多様な能力を有する人々のコミュニケーションにより「経験」が「共有」され，「経験」を「協同」して構成できる。この点で民主主義は変化に柔軟に再適応できる。

3 「経験主義」教育の学習活動

（1）民主主義が始まる「ホーム」

　デューイ（Dewey, 1927；LW2, p. 368）は、「民主主義はそのホームから始まる」と述べている。

　国家において民主主義が機能するためには、人々の間での密度の濃いコミュニケーションが展開され、共通の問題について「協同」して解決に取り組むという「生き方」が、人々に日常的に「経験」されている基盤が必要となる。デューイは、そのような「生き方」が実践される場として地域の対面的なコミュニティを再組織することを主張した。同じ場に生活する者としての共同感情に基づいて、相互に対して親密に配慮し合い、相互の問題について誠実に考え合うという日常生活が基盤となって、より広い社会が民主主義にふさわしく組織される。民主主義社会の再建は、人々のそのような共同感情に基づいて、共通の問題に「協同」して誠実に取り組むという「生き方」の普及による。

　さらにデューイは、学校における教育活動を、そのような「生き方」の基礎的な「経験」を遂げる場にすることを提唱した。学校では、共同感情に基づいて、共通の問題に「協同」して誠実に取り組むという活動に参加・貢献するという「経験」を子どもたちに遂げさせる。そのような「経験」を積み重ねて、社会においてそのように「経験」を構成する能力が育成される。学校生活における「生き方」の「経験」と、民主主義社会における生活者に求められる「生き方」としての「経験」との間に、連続的な発展の道筋を設定したのである。

　そのために、デューイは、学校における学習活動を、子どもたちが目的を持った活動に全力で知的努力して取り組むという「経験」が遂げられる活動、また、他者と「協同」して目的の達成に向けて取り組むという「経験」が遂げられる活動とすることを主張した。知的努力、コミュニケーション、参加・貢献などが子どもたちに求められる活動を通じて、現実世界における問題解決への取り組みに参加・貢献できる「生き方」の育成を図るのである。デューイにと

って，学校は民主主義のより根底的な「ホーム」なのである。

　デューイ（Dewey, 1899；MW1, p. 12）は，学校を子どもたちによる「小型の共同体，胎芽的な社会」（a miniature community, an embryonic society）とすることをめざした。つまり，子どもたちに民主主義社会の生活者として求められるような「経験」を学校の生活で雛型的に遂げさせることにより，民主主義社会における有能な生活者としての「生き方」を育成することを主張した。そのようにして学校での生活と社会での生活とを民主主義社会の生活者としての「生き方」という，同一の特質における「経験」として連続的に発展させる原理を提唱した。このように学習活動において雛型的な「経験」を順次遂げさせることにより，「経験」を構成する能力を連続的に育成していくことが，デューイのいう「経験主義」教育の原理なのである。「行うことによって学ぶ」とは，さらにこのような意味においても理解されなければならない。

　このような原理によって子どもたちの学習活動の「経験」を指導することにより，デューイは「教育を通じての社会改良」をめざした。つまり，人々の間での対立と分裂を乗り越え，社会問題の解決に人々が「協同」して取り組む「生き方」を育成するというように，民主主義社会の再建への道筋を示した。

（2）「しごと」としての学習と教師の指導性

　デューイは，学校における学習活動の「経験」を通じて民主主義社会の生活者としての「生き方」の育成が開始されると考えた。デューイは，学校での学習活動を，子どもたちが興味関心ある課題に知的に集中して取り組む協同的探究として構成することを提唱した。そのような学習活動が「しごと」（occupation）である。そして，次のような学習活動を「典型的しごと」として紹介している（Dewey, 1899；MW1, pp. 13-14）。

　ⅰ．子どもたちに，亜麻，綿，羊毛などの生の素材が与えられ，それらの性質について子どもたちは比較して考察する。

　ⅱ．繊維を引き出し，それぞれを布に織りあげる。

　ⅲ．その過程でそれぞれの材質や布に織りあげる工程について考察する。

このように「しごと」とは，子どもたちの日常生活と密接に関連し，しかも子どもたちが興味を持って意識を集中して取り組む学習活動である。しかし，たんなる生活技術を習得させる活動ではない。子どもたちには，次のような学習が具体的な作業的活動を伴って「経験」される。

　ⅰ．人間が協同的に努力・工夫して生活を便利に改良してきたという，社会の歴史的発展についての追体験的な認識。

　ⅱ．生活用品の原材料の性質や機械の仕組みなど科学的原理についての直接的な体験に基づく洞察。

　ⅲ．課題の達成に向けて協同的に探究する，協同的に作業するなどの体験。

この学習活動では，子どもたちは羊毛と綿花の実物を取り扱う作業から，綿花から繊維を取り出すには時間がかかること，羊毛はざらつきがあって糸を紡ぎ易いことなどに気づいた。そこから「木綿産業の発展が羊毛産業の発展と比較して遅れたこと」を理解した。また羊毛を梳くための装置や糸として紡ぐための装置を工夫する，実物を使用するなどした。その作業から回転の原理に気づき，その原理に基づいて実験的に装置を製作するなどの活動を行った。

　このような点で，「経験主義」の原理に基づく学習活動は，子どもたちが「這いまわる」だけの活動ではない。「しごと」として，また協同的探究への参加・貢献として子どもたちが「経験」できるように，教師には学習活動に対する専門的な構想力と指導力が求められる。デューイ（Dewey, 1938；LW13, p. 36）は，教師の専門性は，子どもの心理面と教科の論理面とを調整して，子どもの「経験」を指導することにあると論じている。つまり，教師には，子どもの興味関心，子どもたちの思考の特性，子どもの発達上の必要，子どもたちの日常生活との関連や連続性など，学習者である子どもの側からの要求について考慮することが求められる。その上で教師は，子どもの側からの要求を満たし，また，社会や教科の側からの要求にも応え得る「経験」を構成させるという観点から，テーマ，素材，活動などを選定して，学習活動についての指導計画を構想するのである。

　学習活動についての指導計画を探究的に構想し，いわば実験的に子どもたち

の「経験」を構成することに教師の専門性と指導性が示される。教師の役割は，子どもたちの学習活動を「しごと」として導き，民主主義社会の生活者としての「生き方」が育成される「経験」を子どもたちに遂げさせることにある。

4　「知識基盤社会」と「経験主義」の教育

（1）「知識」の創造

　前世期までの産業社会では「モノ」を生産することに価値が置かれていた。21世紀は「知識基盤社会」（knowledge-based society）の時代といわれている。中央教育審議会「答申」（2005）では，次のように述べられている。

　「21世紀は，新しい知識・情報・技術が政治・経済・文化をはじめあらゆる領域での活動として飛躍的に重要性を増す，いわゆる『知識基盤社会』の時代であるといわれている。」

　この場合，「知識」とは，すでに確定されている「正解」やそれを導き出すために確立されている「解き方」ではない。産業社会では，そのような知識を大量に使用可能な状態で理解・所有していることが学力として重視された。高度成長期には，確立されている「解き方」で確定されている「正解」をいち早く導き出すという，「情報処理能力」の育成が学校教育の課題であった。

　それに対してポスト産業社会では，新しいアイディアを創造することに価値が置かれる。新しい課題を発見してその達成のために取り組む能力，あるいは未解決の問題に挑戦する能力などが必要とされる時代である。既存の知識を記憶しているのではなく，それらを材料や道具として活用しつつ，新しい課題や解決方法など，新しい知識（アイディア）を考え出すことが重要となっている。

　「知識」についての考え方は転換した。「知識」は過去に確定された「正解」や「解き方」ではなく，未来の「経験」を導いていくための新しいアイディアである。「知識」とは自分たちで創り出していくものなのである。

　「知識」を創り出していくとは，次のような問いに応答する試みである。

　ⅰ．自分は世界（その教科・領域に関して編成された教材）についてどのように問

い，どのように理解するのか。

ⅱ．自分は世界についてどのような願いを持ち，それをどのような行動によって実
現するのか。

「知識基盤社会」の時代の学習活動では，自分なりの世界についての理解を
めぐる問い，あるいは，そこにおける自分の行動の可能性をめぐる問いに応答
する「知識」を，自ら構築していく能力の育成が求められる。このような能力
は，デューイがいう現実世界における問題を解決する活動を知的努力して導く
能力といえる。すなわち，探究的・実験的に「経験」を構成していく「生き
方」を導く能力ともいえる。この点で「知識」とは，デューイの「探究」に関
する用語でいえば，問題解決へと導くための仮説となる「指導観念」（guiding
idea）に相当する。「指導観念」とは，未来の「経験」を構成するために，状
況を十分に調べて理解し，可能性について慎重に検討するという知的努力，す
なわち「熟慮」（deliberation）を通じ考案された行動計画である。「知識基盤社
会」の時代において，そこで必要とされる知識や知的能力の意味について，デ
ューイの「経験」についての概念を手がかりにこのように解明することができ
る。

また，このような「知識」の構築において，他者とのコミュニケーションを
通じて，アイディアを「協同」して練り上げていくことが重視される。自らの
「知識」の構築において，他者の「経験」に基づく理解の仕方や行動の可能性
についての情報を組み入れて，確実性を高めることが必要とされる。また，他
者の「知識」の練り上げに貢献することが必要とされる。そのような互恵的な
コミュニケーションを基盤にして，より確実性の高い「知識」を「協同」して
考案し，他者と「共有」できるように蓄積していくことが求められている。

この点で「知識」とは，個人によって考案され個人によって所有されるもの
ではない。社会の中で「協同」して考案され，社会の中で「共有」されるもの
である。「知識」の価値は，社会の未来の「経験」を人々が共に互恵的に生き
ていく「生き方」として構成するために役立つことにある。

「コンピテンシー」（資質・能力）は確かに知的努力する活動に個性的に示さ

れる。しかし、「コンピテンシー」（資質・能力）は、個々に身に付けられた個人的な能力というよりは、社会において協同的・探究的な知的努力に貢献できる社会的な能力として捉えられなければならない。コミュニケーション能力も社会的な能力として理解されなければならない。「コンピテンシー」（資質・能力）とは、社会の未来の「経験」を発展的に構成していく活動に参加・貢献できる個性的な社会的能力であり、「コンピテンシー」（資質・能力）はそのような「生き方」を推進することによって示される。

（2）「主体的・対話的で深い学び」とは

　学習活動のあり方として「主体的・対話的で深い学び」が提唱されている。「主体的・対話的で深い学び」は、学習活動における子どもたちのどのような姿に示されるのだろうか。また、そのような学習活動を子どもたちの「経験」として、どのようにして構成することができるのだろうか。

　小学6年の「社会」で戦国時代について、子どもたちは織田信長を教材として学習していた。子どもたちは信長の生涯年表を追いながら、一つ一つの出来事がどのような事件であったか確認していた。子どもたちからは、「ひどい。残酷だ」「恐ろしいよ」「戦いばかりだ」「でも戦いに強い。無敵だ」「旧いものが嫌いだったのだ」など、それぞれの日常生活における感じ方に基づいて、信長についての初発の理解が出された。

　一通り出された後、教師は、子どもたちに「みんなは信長について、『ひどい』とか、『恐ろしい』とか言うけど、信長に『言うことを聞け』と命令されたらどうする？」と問いかけた。「逃げ出す」と言う子どももいたが、「戦いが強いから従っていた方が安全だ」「パワハラされるかも」「家来には優しいところもあったようだよ」などの意見も出された。教師が「みんなは本当にそう思うの？」と問い返すと、一人の子どもから「『比叡山の焼き打ちに行け』と命令されたらどうしよう」という疑問が出された。子どもたちは「寺を攻撃したらきっと罰が当たるよ」「自分が地獄に落ちるよ」「命令に従わなかったらどうなるの？」「自分が殺されるよ」「逃げればいいよ」「すぐに見つけ出されるよ」

「家族とか捕まってしまうよ」など多様な，また相互に対立するような予想が続いた。

この学習活動を通じて，子どもたちは「信長について自分はどのように理解するか」，さらには「戦国時代とはどのような時代だったのか」についての自分自身の「知識」を，友だちとの意見交換に基づいて「主体的・対話的」に構築していった。当初の日常的な感じ方に基づく理解が，「比叡山の焼き打ちを命令されたらどうしよう？」という疑問によって揺さぶられて，自分自身の理解の再構築を迫られた。子どもたちに，信長を教材とした学習活動を通じて，「戦国時代」について，「強い者に従わなければ生き延びられないが，強い者から残酷で恐ろしいことを命令されたら断われない」という「知識」が共通に構成された。

確かに「自分だったら命令に従うのか」という問いは，子どもたちにすぐに解決できる問題ではない。それだけに江戸時代の260年間の平和や庶民文化の繁栄を理解するための観点として，あるいは全体主義や軍国主義について考えるための見方・考え方として，子どもたちに継続されていく概念（見方・考え方）となる。このように「学びに向かう態度・人間性等の涵養」が子どもたちに遂げられる。自分自身の「生き方」について考え続ける問いとして子どもたちに残される。

この事例から，「主体的・対話的で深い学び」とは，次のような学習活動といえる。

ⅰ．子どもが教材について自分自身の「経験」に基づいて理解を試みる。

ⅱ．それぞれの理解の仕方の交流から，そのズレに基づいて疑問が生まれる。

ⅲ．それぞれの考えを交換し合って，それぞれの理解を再構築していく。

そして，再構築された理解が，後の学習活動で出会う教材について，自分なりの理解をさらに再構築し続けていくための概念（見方・考え方）として機能するように，子どもたちに反省（振り返り）させる。そのようにしてその学習活動を「経験」として構成する。その学習活動は「深い学び」となる。

教科書の記述内容を理解して記憶しても「経験」は再構成されず，「生き方」

を導く能力は育成されない。教科書に記述されている情報を材料や道具として活用しつつ,「主体的・対話的」に自分なりの「知識」を構築するという学習活動の「経験」を通じて,未来の「経験」を連続的に構成していく能力が育成される。すなわちその後の「生き方」が導かれる「深い学び」となる。

（3）教師の専門性についての再考

　教師の役割は,「正解」や「解き方」など既存の「知識」を理解・記憶させることではない。学習活動の「経験」が子どもたちの「生き方」の育成へと連続するよう,子どもたちが相互に考えを深めていくことのできる疑問に出会わせ,それぞれの「知識」を構築させていくことにある。

　たとえば,次のような点が教師の役割として求められる。

　ⅰ．子どもたちが自分自身の「経験」に基づいて,教材についての初発の理解を表出し合えるようにファシリテートすること。

　ⅱ．子どもたちから出た発言を相互に聞き合わせ,対話をコーディネートし,相互のズレや対立から疑問が生まれるように導くこと。

　ⅲ．相互の考えを認め合えるように,補完し合えるように,子どもたちのコミュニケーションを助け,「知識」の協同的な構築をサポートすること。

　教師は,子どもたちが「知識」を「協同」して構築する過程で,ファシリテート,コーディネート,サポートする。デューイが論じたように,子どもたちの「経験」を考慮し,その上に子どもたちの「経験」が連続的に発展するように教材の論理を重ね,実験的・探究的に学習活動を構想して導くのである。

　たとえば,次のような点について予想して構想する。

　ⅰ．このような切り口から教材に出会わせると,子どもたちはそれぞれの「経験」に基づいてどのような初発の理解を表明するか。つまり,それぞれの子どもが自分の「経験」に基づいて初発の個性的な理解を表明できるような教材の切り口を工夫する。

　ⅱ．それぞれの子どもの初発の理解を相互に関わらせていくと,どのような疑問や対立が生まれそうか。つまり,子どもたちの考えを深めることのできる疑問や対

立が生まれるような交流を計画する。

iii．その疑問を手掛かりとして，どのような事実に出会わせ，その事実の意味について
どのように考えさせるか。つまり，子どもたちに気づかせたい事実や考えさ
せたい論点に，子どもたちがたどり着く誘導路を設定する。

iv．子どもたちが考案した「知識」を，その先のどのような学習活動に連続するよ
うに発展させることができるか。つまり，子どもたちが考案した「知識」を価値
付けるためのポイントを明確にする。

　子どもと教材とを重ね合わせて，このような点について予想・準備して，実
験的・探究的に学習活動を構想することが求められる。

（4）子どもたちの「ホーム」としての学校生活

　しかし，そのような学習活動が子どもたちに「生き方」を育成する「経験」
となるには，学級が子どもたちにとって「ホーム」と実感できることが前提と
なる。つまり，それぞれの感じ方や理解の仕方が温かい相手意識の中で自由に
表出され，受容的に吟味され合うような関係性が学級内に形成されていること
が不可欠である。そのような親密で互恵的な関係性に基づいてコミュニケーシ
ョンが展開される中で，「考えが深まるような疑問」が子どもたちから発せら
れる。新しい個性的な発想は，その表出が許容・受容され合うような関係性を
基盤として生み出される。デューイは，先に引用したように，学校を「小型の
共同体，胎芽的な社会」とすると述べた。民主主義社会における生活者として
の「生き方」を育成するためには，対面的で，親密で，相互に対する配慮に溢
れる互恵的な相互作用やコミュニケーションが展開される生活の場が子どもた
ちには必要なのである。教師には，子どもたちの「生き方」が実践されるため
の「ホーム」での「経験」として，学習活動を構成し導くことが求められる。

　人間の「経験」において，「学習」と「生活」とを別々に分割することはで
きない。学習活動の「経験」は，同時に共に生きるという「生き方」の「経
験」である。デューイの視野において，両者は学校生活において統一的に「経
験」されるのである。「主体的・対話的で深い学び」は，学習指導と生活指導

とが統一的な視野において導かれる学習活動とならなければならない。子ども
たちには「ホーム」において「生き方」が育成される「経験」が必要なのであ
る。

 さらに学びたい人のための図書

**レイモンド・D. ボイスヴァート／藤井千春訳（2015）『ジョン・デューイ──現代
を問い直す』晃洋書房。**

▶デューイの思想について伝統と革新という観点からその多時代性が明らかにさ
れ，その現代的意義が述べられている。

**キャサリーン・キャンプ・メイヒュー＆アンナ・キャンプ・エドワーズ／小柳正司
監訳（2017）『デューイ・スクール』あいり出版。**

▶デューイのシカゴ大学附属実験学校の教師たちの教育実践が記録されている。
アクティブ・ラーニングの原点について考えることができる。

田中智志編著（2019）『教育哲学のデューイ──連環する二つの経験』東信堂。

▶デューイの哲学・教育学に対して多様な側面からその現代的意義について考察
されている。

藤井千春（2018）『問題解決学習入門』学芸みらい社。

▶学習指導と生活指導との統一という観点から，子どもたちの「生き方」の育成
につながる学習指導のあり方について提言されている。

引用・参考文献

中央教育審議会答申（2005）「わが国の高等教育の将来像」［www.mext.go.jp/b_menu/
shigi/chukyo/chukyo0/toushin/attach/1335581.htm］（2018年7月29日確認）。

Dewey, J.（1899）"The Society and School", *The Middle Works*, vol. 1（市村尚久訳
（1998）『学校と社会・子どもとカリキュラム』講談社）.

Dewey, J.（1916）"Democracy and Education", *The Middle Works*, vol. 9（松野安男訳
（1998）『民主主義と教育（上）』岩波書店）.

Dewey, J.（1917）"The Need for a Recovery of Philosophy", *The Middle Works*, vol. 10（植
木豊編訳（2014）「哲学の回復の必要性」『プラグマティズム古典集成』作品社）.

Dewey, J.（1920）"Reconstruction in Philosophy", *The Middle Works*, vol. 12（清水幾太

郎・清水禮子訳（1979）『哲学の改造』岩波書店）.

Dewey, J.（1927）"The Public and Its Problems", *The Later Works*, vol. 2（植木豊訳（2010）『公衆とその諸問題』ハーベスト社）.

Dewey, J.（1933）"How We Think", *The Later Works*, vol. 8.

Dewey, J.（1938）"Experience and Education", *The Later Works*, vol. 13（市村尚久訳（2004）『経験と教育』講談社）.

＊なお，本文中のデューイの著作引用は John Dewey, *The Middle Works* および, *The Later Works*（Jo Ann Boydston ed., Southern Illinois University Press）から筆者が訳したものである。引用箇所を示す際にはそれぞれ，MW，LW と省す。

金川智惠

第 **2** 章

社会・人との関わりと人間の成長
—— 人間教育の観点から ——

1　人間教育を社会心理学の観点から考える

「我々の世界」を生きる力，「我の世界」を生きる力を養うとは，子どもたちの何を伸長させるということなのか？　回答を考えるにあたり，ミード（Mead, G. H.）やジェームズ（James, W.）などの社会心理学の巨匠のグランドセオリーが大いに参考になると考える。

「我々の世界」を生きる力とは「人々と手を繋ぎ支え合って自分の社会的義務を果たす力であり，①周囲の人と共有の世界（皆の世界）を生きる力，②自分の社会的立場・役割を自覚しつつ生きる力，③周囲の人たちに承認され，支持されつつ生きる力のことである」（梶田，2016，4頁）。また「我の世界」を生きる力とは「自分自身を拠り所として精神的な一人旅をする力」（同，68頁）であり，①世間的価値観の相対化，②自分自身の実感・納得・本音の尊重および，③自己内対話の習慣の三つの土台が必要である。

これらの力は，心理学的には認知や情動の問題と読み替えることができる。たとえば周囲の人と共有の世界を生きる力は心理学的視座からは「意味を共有する」という優れて認知的な問題として考えることができる。あるいは世間的価値観の相対化も然りである。この点についてはミードの社会行動学的視点から検討を行う。また周囲の人たちからの承認などの情緒に関する問題はクーリー（Cooley, C. H.）の自己論に学ぶところが多いと考える。

自分自身の実感・納得・本音の尊重は深い内省の問題であり，ジェームズの

自己論が示唆に富む。また自己内対話は，自己対象化という高度な認知能力と精神性の問題と考えることができる。前者はミードの，後者はジェームズの自己論が大きな示唆を与えてくれる。

　かくの如く人間教育の問題は社会心理学の視点からも紐解くことが可能である。人間教育にあたり，教育現場の指導者が子どもの認知領域において，情緒性において具体的には何を醸成していけばいいのか，レジェンドたちの力を借りて考えてはどうであろう。

2　社会・人との関わりの中で「わたし」が生まれる
―自我の社会性―

（1）自我の社会性

　「自分に成るには他者が要る！」。自己形成における他者の重要性は，ミード，クーリーをはじめとする社会心理学や，ターナー（Turner, 1976）ら，シンボリック相互作用論でも論じられてきた。ミード（Mead, 1934）によれば，「自我は，（中略，筆者挿入）社会的経験や活動の過程で生じるもの，すなわちその過程の全体およびその過程に含まれている他の個人たちとの関係形成の結果としてある個人の中で発達するものである」（ミード, 1973, 146頁）。

　クーリー（Cooley, 1902）の「鏡に映った自我」もまた，自我の社会性を的確に示す概念である。我々は，自分の顔や姿は鏡に映すことで知ることができるように，自分の自我は鏡としての他者を通じて分かるようになる。すなわち，他者の自分に対する評価や認識を通じて自分を知るようになるのである。つまり，「ワレ思う，故にワレあり」ではなく，「ワレワレ思う，故にワレあり」なのである（船津, 1991, 92頁）。

（2）他者との関わりで形成されるもの――自己

　社会心理学において「自己」の問題を最初に明らかにしたのはジェームズである。ジェームズ（James, 1892/1984）の貢献は，「意識の状態は心理学の扱う

仕事である」（p. 181）と「自己」という問題を心理学の俎上に載せてくれたことである。ジェームズ（James, 1892/1984）は，行動の主体であると同時に自分にとっての客体にもなるという人間の独自性を，「知る主体としての自己（the self as knower），『I』」と「知られる客体としての自己（the self as known），『Me』」からなる二重性として初めて明確に表した。

　「Me」は，「自分のものと呼べるすべてのものの総体」（p. 160）で，「物質的自己」（material me），「社会的自己」（social me），「精神的自己」（spiritual me）の三つの構成要素から成る。この三つの構成要素は，物質的自己のうちの身体的自己が最底辺に，精神的自己が最上位に，そして身体的自己を除く物質的自己と社会的自己がその中間に位置する階層構造を呈する。

　クーリー（Cooley, 1902）もジェームズ同様，形而上学的自己論を批判した。彼の自己論の出発点は「I」などの「第一人称単数代名詞」の使用についてである（磯部, 2000）。第一人称単数代名詞により「私のもの」と主張することで他とは異なる存在としての「私」が析出される。クーリーの代表的自己論は，「反映自己」もしくは前述の「鏡に映った自己」（the reflected or looking-glass self）である。「鏡に映った自己」とは，①他者の目に映る自分の姿についての想像，②他者の目に映った自分の姿に対して他者が抱く評価についての想像，③誇りや屈辱などの自己感情の三つの主要な要素から成る。クーリーの自己論は「鏡に映った自己」がよく知られているが，実はこの「自己感情」が彼の自己論の主たる部分なのである（磯部, 2000；Gergen, 1968）。

（3）ミードの自己論

　ミードもジェームズ同様，自己を「I」と「Me」の二重性として捉えている。また，クーリー同様，「もし自分が自分自身であろうとするならば，他者にならなければならない」（Mead, 1924-1925, p. 276）と自己の形成過程における他者の役割を重視している。ミード（Mead, 1934）によれば，我々は他者とコミュニケーションをする際，内的にもその他者とコミュニケーションをしている。内的コミュニケーションにおいて我々は，自己の行動が他者に呼び起こ

すであろう反応を自らの内に呼び起こしている。これを「他者の役割（態度）を取得する」(taking the role of the other, role-taking) と言う（詳細は次節で述べる）。

　ミード（Mead, 1934）はこの内的コミュニケーションにおける自覚的な側面を「Me」，この過程（すなわち経験）には現れず，実際に行動した後で初めて気づくような自己の側面を「Ｉ」と称している。この内的コミュニケーションにおいて自分の行動に対して他者が自分に向けてくるであろうと予想される言動が，自らの行動の意味である。こうして我々は他者を通じて自己を知る。「Me」とは「自分自身が取得する他者の諸態度の組織化されたセット」(Mead, 1934, p. 175) であり，かつまた「組織化された態度の集合体」(Mead, 1934, p 186) である。この状態に至ることを「一般的他者の態度」がとれることであるとミード（Mead, 1934）は述べているが，自己がこの段階まで発達することが「我々の世界」を生きる一つの土台を為すのである。

3　「考える力」が他者との関わりを可能にする
——人との関わりは優れて認知的——

（1）他者を通じて自己を対象化する——他者の役割（態度）を取得する力

　「他者の役割（態度）を取得する」とは以下の一連の過程である。

　図 2-1 を参照されたい。個人Ａが他者と口論のさなか，他者が個人Ａに非難を浴びせたとする（Stimulus Ｉ）。この非難に対し個人Ａは，相手に怒声とともに拳を振り下ろそうとしたとしよう。しかし個人Ａは拳を振り下ろすという行動（Response Ｉ）を即座に生起させず，その行動に対して返ってくるであろう相手からのさまざまな反応を，過去の類似状況の想起に基づいて予想する。たとえば，相手の非難に対して拳を振り上げた，その結果，相手がさらに暴力的になった等である。これは図 2-1 の個人Ａの中の response 1 から response 3 までのやり取りとなる。このような内的コミュニケーションの結果，予想される相手からの反応との関連で現在の自己の行動を調整し，この場に最適な行動

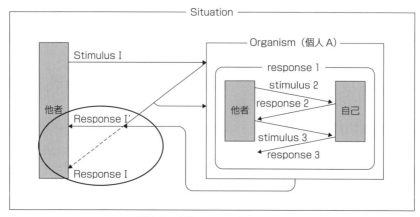

図2-1　内的コミュニケーション

（出所）金川（1989）188頁。

の選択肢を選び，実際の反応として具現化させる。たとえば，振り上げていた
腕の力を抜き，相手の肩に軽く触れるだけにする（Response I'）。この結果，即
座に解発されるかもしれなかった，拳を振り下ろすという当初の反応は，当該
の事態において最も適切だと思われる，相手の肩に軽く触れるという反応へと
変容して具現化される。

　以上の内的コミュニケーションにおいて個人Aは自らが他者になり，他者が
自分に向けてくるであろう言動を自らに差し向けている。換言すれば他者の視
点から自己を見ている（図2-1参照）。これが「他者の役割（態度）を取得す
る」ことであり，自己が自分にとっての認識の対象となることである。人間は
このように，他者とのコミュニケーションを自分自身との間でやってのけられ
る（Mead, 1934；Blumer, 1969）。そしてこの過程で人間はまさに起ころうとす
ることを自分自身に対して提示している。例では，個人Aが自分の拳に対して
他者がどのように反応するかを想定していることである。この先取の過程で人
間は，「すでにはじめられた動作をその実際の完成に先立って，さまざまに可
能なかたちで完成されるために内在的にテストできる」（ミード，1973，126頁）。
この例では拳を振り下ろしてしまった際の相手の反応を内的に図2-1に示した
response 1 から response 3 としてさまざまに想起している。さらに，このテ

ストに基づき，「外的な効果をあげる，あるいは顕在的な効果をみちびくのに
もっとも望ましいことを，自分自身で選ぶことができる」（ミード，1973，126
頁）のである。この例では，力を抜いて相手の肩に軽く触れるだけにし，喧嘩
を回避しているのである。

　以上一連の対象化された自己の側面が「Me」である。つまり「Me」は「す
でに成し遂げられた過去の，目下効力のある現在の，成就可能性ありと結論さ
れる投射的未来のそれぞれの行為と態度を包摂する」（ナタンソン，1983，47
頁）概念である。

　ミードの「Me」が特徴的なのは，自己対象化の過程がこのように優れて反
省的だという点である。ミードは，ある行動を行おうとするとき（その対象が
物であれ，人であれ），前述のように行動の実現に先立ち，内的にテストし，最
適の結果をもたらすことのできる選択肢を自分で決定できる能力を重視した。
この力のことを「反省的知能」（reflective intelligence）という。「反省的知能」
により，「人間の行為は刺激に対する単なる反応として生じるのではなく，刺
激をとらえ直し，それを再構成したうえで主体的に形成されるものとなる」
（船津，1997，165頁）。この能力のおかげで「やってみなければわからない」試
行錯誤の世界から解放され，高度な協同社会が築けるのである。「まさか死ぬ
とは思わなかった」等の犯罪者の供述は，「反省的知能」の観点からも論外で
ある。

（2）「対象化された自己」の機能

　人間がこのように自分を対象化できる利点は何か。後藤によれば，ミードは
自我を，「ヒトという生活体を環境に適応させるための機能として捉えている」
（後藤，1984，234頁）。その機能の一つは自己概念の形成である。前述したよう
に，内的コミュニケーションの中で自分の行動に対する他者の反応を想起する。
ここで他者から返ってきた反応（あるいはそう予想される反応）を通じて，我々
は自分の行為の意味を知るのである。その蓄積が自己概念の一つの基盤となる。
　いま一つの機能は，進行中の行動を適応的な方向へと組織化することである。

内的コミュニケーションによる内在的テストで，外的な効果をあげるのにもっとも望ましいことを，我々は自分自身で選ぶことができる（Mead, 1934）が，このときの「もっとも望ましいこと」とは，自分がまさに為そうとしていることをコントロールするような，理性的な結果のことであり，広義には，当該の対人行動状況において最大の効果を得るための方向付けを意味するものと考えられる。それゆえ，相手の立場に立って自分の気持ちを控えるという，日本文化の規範的行動もこの内ではあるが，あくまでも部分集合に過ぎない。

　図 2-1 に示したように，他者と関わる際には，「外的と内的の二つのコミュニケーションが重層して行われる」（船津，1997，165-166頁）。外的コミュニケーションにおいては話者（行為者）として演者の役割を果たすと同時に内的コミュニケーションにおいては，当該の対人状況に適応的な行動を具現化させるべく，その過程全体を方向付けているディレクターとしての役割を担っている。これは高度な認知過程であり，以上に紹介してきたように，ミードの自己論は適応的機能を重視した，本質的に認知的（Mead, 1934；Gustafson, 1993）なものである。

（3）自己の発達過程

　図 2-1 に示した一連の内的コミュニケーションをミードの「Ⅰ」と「Me」の概念から再整理すると，自分にとって対象となる自覚的側面が「Me」，この過程には現れず，その性質を事前に知ることができないような側面が「Ⅰ」である（Mead, 1934）。ジェームズの「Me」は構造を示す概念であったのに対し，ミードは「Me」をこのように過程として捉えている（Blumer, 1966）。

　我々が「Me」という自己意識へ到達するのは，前項で述べたように，自我の内部への他者の出現，その他者を通じて自分を見ることによってである。自己意識の発達はしたがってミードの視座からは，「内なる他者」の拡充の過程といえる。「内なる他者」の初期形態は具体的，単数の他者である。次いで具体的複数の他者，最終的には共同体や社会における人々の総体へとその形態は発達していく（Mead, 1934；Denzin, 1977；金川，1989）。この発達を促進する対

人行動の装置としてミードは「ごっこ遊び」と「ゲーム遊び」の重要性を指摘している。

　子どもの経験内に最初に他者が登場するのは，ミード（Mead, 1934）によれば，「ごっこ」遊びの中で他者になるときである。子どもは，たとえば母親になったつもりで自分自身に話しかけ，それに対して応答する。このときすべてを自分自身で「聞くことができる」という過程の中で，母親の行動という自分に対する刺激とそれに対する自分の側の反応が，一つの全体へと組織化されていく。こうして他者の行動と子ども自身の反応との関係を子どもは明確に理解するようになる。その過程で，簡単な役割取得が可能になる。母親や父親，兄弟姉妹などの身近な他者の外顕的（overt）な反応を予測した上で行動することが可能になる。2歳頃にみられる，一人称の使用や強烈な所有の主張も「Me」の発芽の一例と言える（Cooley, 1908）。これは，一人称使用の目的が，話し手の力，願望，要求などを聞き手に印象付ける場合が多いからである（Bain, 1936）。

　4～5歳で洗練され（園原，1980等），自己内対話（ヴィゴツキー，1962）を可能にする（Tomasello, 1993）。子どもは，自分の行動に対して他者が何を考えるか，どのような評価をするかなどの表象との関連で自己の行動を調整できるようになる。この段階はしたがって，前段階よりも内的コミュニケーションが複雑となり，初発の反応の適応的反応への変容というコントロールがより顕著に見られるようになる。筆者の観察によると，ある5歳児は図2-1に示した行動をすでに示している。6歳頃には，「彼は，わたしが彼のことを……と考えていると考えている」というように，内的コミュニケーションにおいて想起する他者の反応の連鎖のループは，長く複雑な様相を呈するようになる（Perner, 1988）。

　「内なる他者」の複数化により，「Me」はさらなる段階に到達する。対人行動事態は1対1で構成されているとは限らない。そのような場合には，「時には三人も四人もがかれ自身の態度の中に」（Mead, 1934, p. 152）現れる。この時その場を構成しているすべての人の「態度をやってのける準備ができていて，

しかもこれらのちがう役割をたがいにハッキリ関係付けていなければならない」（ミード，1973，162頁）。このことを子どもが学習する場は野球のようなゲームである。たとえばショートゴロで打者が一塁へ走るという行動は，ショートの捕球の動作，一塁手の動き，バック・アップに入る外野手の動き，これらすべてとの関連で決定される。この場合，打者が相手チームの各野手の反応をたんに足し算して全部寄せ集めたとしても，相手チームに対する適切な反応は抽出できない。各野手の諸反応が相互に関連付けられ，一つの意味ある全体に組織化されていなければならない。このようにして組織化された他者を「一般化された他者」（generalized other）という（Mead, 1934）。

（4）経験の二様態——直接接触経験と離隔経験

　内なる他者が登場するには，前述した子どもの「ごっこ遊び」しかり，他者との直接的関わりを有することが必要条件である。このような日常的な他者との実際の相互作用を「直接接触経験」（contact experience）という。この経験が基盤となり他者についての「離隔経験」（distant experience）が生じる。「離隔経験」とは，離れた（distant）対象を見ている時の経験で，実際には直接（contact）接触をしていないが，「離れたもの（まだ触れていないもの）を，手で接触した時の次元と構造で見ている」（Mead, 1932, p. 138）ことをいう。他者との相互作用に援用すると，他者からの刺激に即，反応するのではなく，内的コミュニケーション（図2-1参照）により，過去に他者から自分に向けられた反応（直接接触経験）を自らに向け，それに対してどのような行動をとればその場に最適な行動が具現化できるかを，内的相互作用により行動の具現化に先立ち試してみる。すなわち内的に「直接接触経験」を実現している，つまり「離隔経験」である。そして最適な選択肢を選んでその場の行動として具現化させるのである。

　「直接接触経験」は「離隔経験」との関連で二つの役割を果たしている。一つは離隔経験の成立においてである。ミードによれば，「われわれの経験はすべて，直接対象に接触し，それを扱う直接接触経験と，離れた対象（distant object）を認知する時の経験，離隔経験（distant experience）に帰するのであり，またすべて経験は直接接触にはじまり，その後，離隔経験に発達していく」（Mead, 1982, pp. 107-108）。「離隔経験」で離れたものを見ている時には，実際には直接，接触（contact）をしていないが，内的に「直接接触経験」を実現しているのである。「離隔経験」はまさに「反省的知能」そのものであり，人間のみに与えられた能力であるが，この能力が生まれるためには，まず，直接対象に触る，関わることが必要条件である。ものに触ってみる，ものを扱ってみる，目の前の相手と実際に関わってみることから私の成長は始まる。

　今一つの役割は，離隔経験での内的経験を直接的関わりにより検証することである。ミードは行動の発生機序として「衝動（impulse）―知覚（perception）―操作（manipulation）―達成（consummation）」の四つの位相からなるモデルを提唱している（Mead, 1938）。これは要約すれば，「衝動が行動を始動させ，知覚がそれを方向付け，操作で行動を実行し，達成ではその行動によってもたらされた最終的な経験をする」（Schellenberg, 1981, p. 52）という一連の過程である。たとえば，飢えた犬に餌が提示されれば反応が解発され（衝動の位相），食べるという行動が生起し，犬は満腹感を味わうことになる（達成の位相）。犬の場合はこのように衝動の位相が達成経験の位相に直結しているが，我々人間の場合は衝動と達成経験の間に「知覚」と「操作」が介在する。

　知覚とは「直接的な感覚刺激とその刺激に対する態度，すなわち刺激に対する反応の態度の両者を含んで」（Mead, 1938, p. 3）おり，「この反応の態度は，そこで様々な反応が実行されてきたところの過去経験から得られる何らかの心像を伴い，刺激が当然導くであろう最終的な段階へわれわれを誘導する」（Mead, 1938, p. 3）。知覚の位相はこれまで述べてきた，反省的知能や役割取得が作動するところである。知覚の位相ではすべてが表象であり，「喚起された未来の行為は常に仮説的性質」（Mead, 1938, p. 25）しか有していない。「その実在性は，この（仮説のなかで）始められた行為が実行されて初めて保証される」（Mead, 1938, p. 25）のであり，行為の実行という操作の位相，すなわち，知覚は「直接接触経験」で検証されるのである（Mead, 1938）。

　ところで仮説の検証としての直接接触経験において，知覚の位相で想定しなかったことも経験することがある。仮説と行動の実現値の間のこのズレこそが，人間の成長を促進する要因でもある。

（5）レジェンドの自己論の教育現場へのインプリケーション

　前述したミードの自己論は「我々の世界」を生きる力の心理的側面を論じている。「相手に寄り添って」とか「相手の立場になって」など，「周囲の人と共有の世界（皆の世界）を生きる力」の醸成に必要な力はこのように表現されるが，これは子どもには伝わりにくいと考えられる。子どもの側の力を図2-1の内的コミュニケーションを充実させることと考えれば，「我々の世界」を生きる力を具体的な行動として子どもに伝えやすくなるのではないだろうか。つまり，子ども自身の行動に対して相手がどのように反応を返してくるのか，内的コミュニケーションにおけるそのループを子どもの発達段階に合わせて教育していけばよいということになる。子どもの側はまず，相手と直接関わる，たとえば遊んでもよい，けんかしてもよい，ともかく生身の相手とまず関わる。次いで自分の行動に対して相手がどのような反応を返してくるか，そのレパートリーの多様性を経験する。子どものこのような経験に対し，教育する側は，発達の初期段階では子ども自身の行動に対する外顕的反応として，相手が怒るのか，喜ぶのかなどを想像させてみる。そしてその想像される相手の反応との関連で，現在の自己の行動を調節する，という一連の認知過程として「我々の世界」を生きる力を子どもに伝えることができる。

　ミードはしかし，内的コミュニケーションの過程で情動には触れていない。自分の行動の結果，他者から自分に向けられる反応に伴う諸感情についてはクーリーの自己論が示唆に富む。クーリーによれば「自己は感情（feeling）としてまず経験される」（Cooley, 1902, p. 140）。自己感情とは，「私」への攻撃や侵犯に対する反撃として喚起される感情と，前述した「鏡に映った自己」により喚起される，自己に対する評価から生じるような，名誉（honor），誇り（pride）や恥（shame）などである。内的コミュニケーションにおいて他者か

ら受ける感情，このような感情は，「我々の世界」を生きる力の土台，「周囲の人たちに承認され，支持されつつ生きる力」や「我の世界」を生きる力の土台の一つであり，自分自身の「実感・納得・本音」の尊重（梶田，2016）などの力の礎となる。

　以上のような観点から鑑みると，ミードやクーリーの諸知見が人間教育の現場で活用可能であることが見て取れる。

4　「意味を共有する力」が社会との関わりを可能にする
——「我々の世界」でわたしに成る——

（1）「我々の世界」を生きるということ

　「我々の世界」を生きる力とは「人々と手を繋ぎ支え合って自分の社会的義務を果たす力」であり，①周囲の人と共有の世界（皆の世界）を生きる力，②自分の社会的立場・役割を自覚しつつ生きる力，③周囲の人たちに承認され，支持されつつ生きる力のことである（梶田，2016）。アイデンティティを提唱したエリクソン（Erikson, 1959）も，アイデンティティの構成要素の一つに帰属性（自分がいずれかの社会集団に所属して，その集団との一体感を持つとともに，他の成員からもその一員として是認されていること）を挙げ，「我々の世界」を生きる力を重視している。

　「我々の世界」を生きるとはミードにとっては「内なる他者」が，よく見知った周囲の人々から「顔の見えない人々」へと一般化，抽象化していくこと，すなわち社会へと拡大することである。顔の見えない他者とどうやって手をつないでいけるのか，その鍵は「意味の共有化」である。この心的メカニズムを次項で考える。

（2）「内なる他者」の拡充をもたらす「ズレ」の経験

　すでに述べたように「Me」の内的過程は，当該対人行動事態の内的なリハーサルであり，仮説である。この仮説と実現値の間には2種類の「ズレ」が存

在する。一つは「Ｉ」と「Me」の「ズレ」（自分の側のズレ）と，いま一つは，予想した他者の反応と実際に生起した他者の反応との間の「ズレ」（他者の側のズレ）である。前者のズレについては第5節の創発性で述べる。

　「Me」で予想した他者の反応と実際に生起した他者の反応との間には往々にして「ズレ」が生じる。生後9か月頃から内的コミュニケーションが可能になり始めるにしてもその様態はまだ不完全である。幼児はすでに獲得した対人行動のスキーマにそのときどきの対人的行動事態を同化させる（Piaget, 1947）だけなので，状況即応的な他者の態度の採用はできない。しかしこのことが幼児の内的世界のレパートリー拡大に効を奏する。乳幼児同士の相互作用はこのような未熟な役割取得力（role-taking）の持ち主から構成されているため，往々にして思いもよらない反応を相手から受けることになる。これにより，同じ対象でも状況が異なれば，あるいは，同じ状況でも対象が異なれば，その反応が変わってくることを理解するようになる（金川, 1989）。こうして「ズレ」により新たな他者反応のレパートリーが増加していくのである。子ども同士の世界は，このことゆえ，自己の発達に欠かせないのである。

　自分の視点と異なれば，何かといえば，「信じられない」と，相手を排除する青少年の排他的行動は，幼児期の，予想した相手の反応と実際の相手からの反応との「ズレ」を認識できない行動と酷似している。ここに見られる「ズレ」の排除は，「Me」の内的世界の拡大を抑制してしまい，身近な他者のみからなるきわめて狭小な自己空間に彼らを留めおいてしまう。相手から返ってくる反応が予想を超えることこそ，自らの世界を広げることであり，「違い」を認める基礎となりうる。「ズレ」が生じるためには，実際に他者と関わっておくこと，すなわち，他者との直接接触経験が不可欠である。バーチャル・リアリティ（virtual reality）では代替が効かない体験である。

（3）抽象化された内なる他者の出現と社会との関わり——一般化された他者

　自我が発達するとは，「社会過程の個人内への移入として」ミードにより説明されている（後藤, 1987, 82頁）。その過程は，①遊戯段階，②ゲーム段階，

③ゲーム段階から「一般化された他者」の獲得に至る過程として第3節で述べたが，ここではとくに③を中心に，個人内に出現する社会について詳細に検討する。

　個人内に社会過程が移入されるとは，内なる他者が「一般化された他者」へと抽象化されることであり，内的反応の一般化を必要とする。「内なる他者」の反応レパートリーが一般化，抽象化されるためには，前段階として反応の分化・弁別が必要である。他者の反応は，「お菓子をあげたら，いい子ねとほめてくれた」のはお母さん，「お菓子をあげたのに，お菓子袋ごと持って行ってしまった」のはお兄ちゃんなどの個別具体的他者からの反応との関連で，分化，弁別され，拡大していく。その後，同じ対象に対し，「要するに（誰にとっても）反応が同じであること」を子どもが経験することにより，対象に対する一般的な反応が獲得される（Mead, 1964）。

　またミードは，ゲーム段階における「一般化された他者」の考え方を「子供に関してだけではなく，大人の場合にも押し広げ，大人の自我形成も，自我の社会性の問題として」（船津，1997，158頁）とらえている。内的コミュニケーションは「思考のフォーラムやワークショップの形態となり，ドラマの場面のような具体的な顔を持った人やその特徴は消失していく」（Mead, 1964, p. 247）。つまり他者の反応はその共同体に所属する人々の一般的反応や関係性そのものとして自己の組織化に利用される。ここに至って，「一般化された他者」はコミュニティ全体の態度を表すものとなる（ミード，1973，166頁）。したがって，「一般化された他者」の役割を取得するということは，内的コミュニケーションにおいて自分を共同社会（コミュニティ），法，ゲームの規則等々の位置から眺めるということを意味している。「そしてコミュニティは単に地域社会に限定されず，国民社会，そして国際社会まで広げられる。そして他者は人種，階級，国家を超えて最大限に拡大されると，普遍的な『一般化された他者』となり他者がこのように最大限に拡大されると自我の社会性は最高段階に達する」（船津，1997，158頁）。ミードはこのように内的他者の具体的変遷過程から自我の社会性を解明した。

（4）意味共有化のメカニズム——社会で生きるとは意味を共有すること

　自我の社会性は「他者と意味を共有することが必要条件となっている。そして，他者と共有する意味の世界が拡大されれば，それに伴って自我の社会性も拡大されることになる」（船津，1997，164頁）。

　意味はミードによれば意識の状態を示したり，心的な構成物を示すのではなく（船津，1997），コミュニケーション過程における社会的行為および相互適応との関連で説明されるものである（金川，1994）。たとえば，ある人が拳を振り上げたとする。拳は，相手が身をかわすという反応を示して初めて「威嚇」の意味を持つことになる。このように，ある人の身振りの意味は他者の反応であり，行動との関連で（in terms of behavior）で語られるものである（Mead, 1934）。このようにミードは，他人によって観察できるものとしての個人の行為という観点から内的経験の客観的説明を試みている。これが「意味の共有」の第一歩である。

　拳が「威嚇」の意味をなしていたのは，「拳」がそれを振り上げた人と向けられた人に同じことを示したからである。すなわち，「拳」を向けられた人はその「拳」で打たれるという反応を予期したからであり，同時に，「拳」を振り上げた人が，自分の「拳」で相手が打たれることを予期していたからである。つまり，その「拳」によって生起することを「拳」に対する反応として打たれる人も打つ人も，「拳」を実際に使う前に，同様に想起していたことになる。

　この過程をミードは「有意味シンボル」により説明する。「有意味シンボル」（意味のあるシンボル）とは「他者に外的に（explicitly）引き起こす（またはそう考えられる）反応と同一の反応を，その使用者に内的に（implicitly）引き起こさせる」（Mead, 1934, p. 47）ツールであり，音声を伴った身振り（vocal gesture）やその高度に特殊化された形態である言語のことである。ミード（Mead, 1924-1925）によれば，有声身振りが他のいかなる身振りとも異なるのは，行為者の発する声は相手にとって刺激になるが，同時に行為者自身にとっても刺激になるという点である。我々は，自分の話すことを聞くことができる。自分が語ることが刺激としてある特定の反応を相手に喚起するならば，相手が

この反応を喚起すると同時に，我々自身も相手同様これを聞いているので，相手と同じように反応する傾向を持つことになる。この反応は発達の初期においてはごっこ遊びの時のように外的に解発されてしまうのであるが，言語の心的対象保持の機能により，内的に解発されるようになる。これが自分と相手に同じことが指示されるメカニズムである。このように他者と「同一の反応を引き起こすことは，同一の意味を自己と他者が分け持つこと，つまり意味を共有することを表している」（船津，1989，83頁）。

　そして他者にある対象を示す時に，それに対して共同体のすべての人が取る態度（反応の準備状態）が対象を指示した当人と指示された相手のうちに同様に引き起こされた時，二人が共通の世界に生きることになる。すなわち，「同じ立場に置かれるすべての人間にとって同一の意味を有している」こと，いわく意味の普遍化が生じたことになる。

<h2>5　主体としてのわたしを考える</h2>
——「我の世界」を生きる力を社会心理学の視点から考える——

（1）「我の世界」を生きる力——コマにならないわたし

　昨今の子どもたちの対人関係における問題を鑑みると，人間の成長を考える上で，「我々の世界」を生き抜く力の涵養は喫緊の課題に思われる。しかし，「我々の世界」は「我の世界」を生きる力があらばこそ，生きていける。〈我の世界〉を生きる力とは「自分自身を拠り所にして精神的な一人旅をする力」（梶田，2016，68頁）であり，①世間的価値観の相対化，②自分自身の実感・納得・本音の尊重および，③自己内対話の習慣の三つの土台が必要である。

　対人行動における自分自身の実感についてはナイサー（Neisser, 1993）の自己論が参考になる。ナイサーは自己の側面を，認知能力を必要とする側面（概念的自己，想起的自己，私的自己）とある時点でその瞬間瞬間に知覚される自己の側面（生態的自己，対人的自己）から捉える。その特徴は，ある時点で知覚されたり主観的に体験される，推論過程を経ない，直接感知される自己の側面を

取り上げたことにある。その中の「対人的自己」は、「二人の当事者が明らか
に感情を共有しあっている、情緒が関与した過程」（Neisser, 1988, p.44）であ
る。この感情の交換過程の直接的知覚はその場に身を置いてこそしか得られな
い。まさに「直接接触経験」である。このような実感の経験が「自分自身を拠
り所にして精神的一人旅をする力」（梶田, 2016, 68頁）の原資となると考える。

　自分自身を拠り所にできると、社会のコマになることを回避できる。社会の
コマとして埋没してしまわない力を、ミードは「Ｉ」の「創発性」に求める。
ミードは「自我の社会性と人間の主体性を同時にかつ相即的にとらえようとす
る」（船津, 1997, 156頁）。「Me」は自我の社会的側面であり、「我々の世界」
を生きる力を担う。他方「Ｉ」は、その社会を変容させる創造的主体としての
一面を担う。

　「Me」によって人間は行動の準備を整えるのであるが、実際には、「結果と
しての動作は、かれが望んで予想した動作からはいつでも少しずれている」
（ミード, 1973, 189頁）。この「ズレ」はあらかじめ予想できないものであり、
これをもたらしたものが「Ｉ」である。「Ｉ」とは、「Me」で準備した、相手
に対する反応の実現値であり、しかも当初予想できなかった誤差を内包するも
のであるが、この誤差こそ、内的リハーサルのときには思いつかなかった、自
分自身の新しい部分である。新しく出現した「Ｉ」は経験の中で新しい「Me」
となる。なぜなら、「Ｉ」は行動として顕在化するやいなや、自分の知るとこ
ろとなるからである（Mead, 1934）。この「Ｉ」の作用によって、「Me」におけ
る、自分の行動のありようについてのレパートリーが増していく。「Ｉ」によ
って「Me」の修正、再構成が行われ、そこに新しいものが生み出されるので
ある。

（2）「我の世界」を生きる力──自己内対話の習慣

　「我の世界」を生きる力の今一つの土台は自己内対話の習慣である。ミード
とジェームズはその自己論の中でそれぞれ自己内対話の重要性に言及している。
図2-1に例示した、内的な他者との社会的相互作用をブルーマー（Blumer,

1969）は「自分自身との相互作用」と称している。「自分自身との相互作用」において，当該の対人事態の状況がイメージとして想起され，反省的知能という現在の行動の問題を，「過去と未来の両方に照らして，あるいは，それらとの関連において解決しうる能力」（ミード，1973，108頁）により，問題点が明らかにされる。そこで「人間は他者の期待や社会の規範に働き返すことができる」し，「それらを意図的に変容し，新しいものを創造するようになる」（船津，1997，167-168頁）。この「自分自身との相互作用」は「我々の世界」の問題解決のためになされるのであり，梶田（2016）が述べている「我の世界」を生きる力の土台としての自己内対話と同意とは言えない。しかし自分自身と向き合うという反省性において，「自己内対話」の習慣の始まりと考えることができる。

　これに対し，ジェームズは「精神的自己」においてさらに深い内省に言及している。ジェームズ（James, 1892/1984）の「物質的自己」は所有や具有の自他による確認と意味付け，「社会的自己」は自己の社会的位置付けとその意味付けの自他による確認，「精神的自己」は，自己についての意識や事実とその意味付けに関する自己確認である（梶田，2005）。ジェームズが精神的自己を中心に据えたように，梶田も，「精神的自我の場合には，きっかけや素材は社会的相互活動から提供される場合があるとしても，内省と自己内対話が主要な基盤となっているのである」（梶田，2005，2頁）として「我の世界」を生きる力におけるその重要性に注目する。

　ミードやジェームズの自己論における反省性や内省性の観点から人との関わりを考えることは，「『我の世界』を生きる力を持って『我々の世界』を生きることを可能にすることとは」という問いに対する，社会心理学からの一つの提言である。

 さらに学びたい人のための図書

梶田叡一・溝上慎一編（2012）『自己の心理学を学ぶ人のために』世界思想社。
　▶社会心理学をはじめ，人格心理学，発達心理学等も含めた諸分野における自己

論について，古典から最先端の実証的研究まで系統的に紹介されている。

齋藤久美子（2017）『臨床から心を学び探求する』岩崎学術出版社。

▶自我機能を人格の中枢機関として据え，理論的かつ臨床的見地から一個の個人が全体的存在として説明されている。〈我の世界〉を掘り下げたい人向き。

乾敏郎（2013）『脳科学からみる子どもの心の育ち──認知発達のルーツをさぐる』ミネルヴァ書房。

▶「考える力が他者との関わりを可能にする」ことの実証研究がミラーニューロンなど，脳科学の観点から，最新の実証的研究も含めて紹介されている。

引用・参考文献

磯部卓三（2000）「自己の社会性と個人──C. H. クーリー 自己論の再検討」『現代社会学』第2巻，3-18。

ヴィゴツキー，L. S.／柴田義松訳（1962）『思考と言語（上・下）』明治図書出版（Vygotsky, L. S. (1962) *Thought and language*, MIT Press）。

榎本博明（1998）『「自己」の社会心理学──自分探しへの誘い』サイエンス社。

梶田叡一（2005）「精神的自我あるいは実存的自己意識の探究のために」梶田叡一編『自己意識研究の現在2』ナカニシヤ出版，1-8頁。

梶田叡一（2016）『人間教育のために──人間としての成長・成熟を目指して』金子書房。

金川智恵（1989）「幼児の自我発達──ミード（Mead, G. H.）の自我論の視座から」梶田叡一編『自己意識の発達心理学』金子書房，179-229頁。

金川智恵（1994）「ミードの自我論」梶田叡一編『自己意識心理学への招待──人とその理論』有斐閣ブックス，91-108頁。

後藤将之（1984）「G・H・ミードのコミュニケーション論──その再構成と現代的意義について」『新聞学評論』第33巻，231-244。

後藤将之（1987）『ジョージ・ハーバート・ミード──コミュニケーショと社会心理学の理論』弘文堂。

園原太郎編（1980）『認知の発達』培風館。

ナタンソン，M.／長田攻一・川越次郎訳（1983）『G. H. ミードの動的社会理論』新泉社（Natanson, M. (1973) *The Social Dynamics of George H. Mead*, Martinus Nijhoff, The Hague）。

船津衛（1989）『ミード自我論の研究』恒星社厚生閣。

船津衛（1991）「【解説】ミードの社会的自我論」船津衛・徳川直人編訳『社会的自我』恒

星社厚生閣, 85-112頁。

船津衛編（1997）『G. H. ミードの世界——ミード研究の最前線』恒星社厚生閣。

Bain, R. (1936) "The self-and other words of a child", *American Journal of Sociology*, vol. 41, 767-775.

Blumer, H. (1966) "Sociological Implications of the Thought of George Herbert Mead", *American Journal of Sociology*, vol. 71, 535-544.

Blumer, H. (1969) *Symbolic Interactionism*, Prentice-Hall（ブルーマー, H.／後藤将之訳 (1991)『シンボリック相互作用論』勁草書房）.

Cooley, C. H. (1902) *Human nature and the social order*, Charles Scribner's Sons.

Cooley, C. H. (1908) "A study of the early use of self-words by a child", *Psychological Review*, vol. 15, 339-357.

Denzin, N. K. (1977) *Childhood socialization*, Jossey-Bass.

Erikson, E. H. (1959) *Identity and the life cycle*, International University Press（エリクソン, E. H.／小此木啓吾訳編 (1973)『自我同一性』誠信書房）.

Gergen, K. J. (1968) "Personal consistency and the presentation of self", In C. Gordon & J. Gergen eds., *The self in social interaction*, Wiley, pp. 299-308.

Gustafson, J. M. (1993) "G. H. Mead and Martin Buber on the interpersonal self", In U. Neisser ed., *The perceived self: Ecological and interpersonal sources of self-knowledge*, Cambridge University Press, pp. 280-289.

James, W. (1892/1984) *Psychology: Briefer Course*, Harvard University Press.

Mead, G. H. (1912) "The mechanism of social consciousness", *Journal of Philosophy*, vol. 9, 401-406.

Mead, G. H. A. (1922) "Behavioraristic Account of the Significant Symbol", *Journal of Philosophy*, vol. 19, 157-163.

Mead, G. H. (1924-1925) "The Genesis of the Self and Social Control", *International Journal of Ethics*, vol. 35, 251-277.

Mead, G. H. (1932) "The physical thing", In A. E. Murphy & J. Dewey eds., *The philosophy of the present*, The University of Chicago Press, pp. 119-139.

Mead, G. H. (1934) *Mind, self, & society*, The University of Chicago Press（ミード, G. H.／稲葉三千男・滝沢正樹・中野収訳 (1973)『精神・自我・社会』青木書店）.

Mead, G. H. (1936) *Movements of Thought in Nineteenth Century*, Moore M. H. ed. (1972) reprint, The University of Chicago Press.

Mead, G. H. (1938) *The Philosophy of the Act*, Edited and with an Introduction by C. H.

Morris, The University of Chicago Press, Chicago and London.

Mead, G. H. (1964) "A Behavioristic Account of Significant Symbol", In A. J. Reck ed., *Selected Writings George Herbert Mead*, The University of Chicago Press, Chicago and London, pp. 240-247.

Mead, G. H. (1982) "1927 Class Lectures in Social Psychology", In D. L. Miller ed., *The Individual and the Social Self: Unpublished Work of George Herbert Mead*, The University of Chicago Press, Chicago and London, pp. 106-175.

Neisser, U. (1988) "Five kinds of self-knowledge", *Philosophical Psychology*, vol. 1, 35-59.

Neisser, U. (1993) "The self perceived", In U. Neisser ed., *The perceived self: Ecological and interpersonal sources of self-knowledge*, Cambridge University Press, pp. 3-21.

Perner, J. (1988) "Higher order beliefs and intensions in children's understanding of social interaction", In J. Astington, P. Harris, & D. Olson eds., *Developing theories of mind*, Cambridge University Press, pp. 271-294.

Piaget, J. (1947) *La psychology de l'intelligence*, Armand Colin（ピアジェ, J.／波多野完治・滝沢武久訳（1960）『知能の心理学』みすず書房）.

Schellenberg, J. A. (1981) *Master of Social Psychology*, Oxford University Press.

Tomasello, M. (1993) "On the interpersonal origins of self-concept", In U. Neisser ed., *The perceived self: Ecological and interpersonal sources of self-knowledge*, Cambridge University Press, pp. 174-184.

Turner, R. H. (1976) "The real self: From institution to impulse", *American Journal of Sociology*, vol. 81, 989-1016.

第 **3** 章

自己実現の人間教育論的意義

佐々木英和

1　自己実現を考察するための基本的視座

　自己実現。教育界では，この言葉を良い意味で用いる人が多数派を占め，教育理念として大事にすべきだと考えている人も多い。だが，自己実現について，実践的な説得力を伴わせて明快に説明できる人は少なく，抽象的な観念論の域にとどまって定義されるのみで，それに対する理解は上滑りして終わりがちである。他方で，この曖昧な言葉は，人によってさまざまな解釈が可能で，意味が拡散し，思い込みや誤解も多い。教育界として，この状況を決して放置すべきではない。

　では，いったい自己実現とは何か。この問いを追求する際に必要な学術的発想は，自己実現を考察するための基本的視座として，「自己実現そのもの」と「自己実現によってもたらされる効果」とを区別することである。これによって，人間教育の実践指針として自己実現を生かすための有効な足がかりが得られるであろう。

　ただし，こうした議論を効果的に進めていく上での準備段階として，学術的議論も含めて，これまでの自己実現の概念がどのように理解される傾向にあったのかを確認する必要がある。まずは，多少の歴史的観点を踏まえながら，自己実現という言葉の具体的内容について，大まかな類型化を試みて体系的に整理することにしよう。

2　自己実現論の類型化と諸課題
——生きがい感，人格の完成，個人と社会との調和——

　既成事実として出来上がっている自己実現の概念は，さまざまな要素が絡み合い，立体的に構成されていると見なせる。そこで，そのような大本となる源流のうち，代表的な理論モデルを取り出せば，一般的・通俗的用語法としての「充実・快感モデル」，教育的用語法としての「成長・完成モデル」，歴史的用語法としての「調和・適応モデル」といった三種類に大まかに類型化できる。

（1）充実・快感モデル——生きがい感

　通俗的な用語法では，短時間もしくは瞬間的であれば，誰にとっても生じうるのが自己実現であり，万人に開かれた概念である。仕事に熱中していたり趣味に打ち込んでいたりするときに，「自己実現できた」という達成感，「自己実現できている」という充実感，「自己実現しつつある」というワクワク感，さらには「自己実現できそうだ」という期待感などは，誰でも味わった経験があるだろう。これらは，持続的というより一時的・瞬間的なことがほとんどである。こうした感覚や感情は，生きている意味や喜びや楽しみなどを実感する瞬間と密接につながっているという意味で，「生きがい感」と言い換えてよい。

　さらに，自己実現について多面的に研究し続けていた心理学者マズロー（マズロー，Maslow, A. H.）によれば，「至高経験」（peak experience）という概念が重要である。これは，言葉にできないくらいの至福の感情を味わったり，神々しさにひれ伏すようなほどの深い感動を味わったりするときの「自己実現感」である（マズロー，1964）。それは，個別的体験なのにもかかわらず，超個的で普遍的な広がりを伴った感覚である。

　ただし，「一時的・瞬間的な快さ」としての自己実現には，そのときの心地よさを求めすぎて，自分の世界に深く浸りきりになりかねないといった危険性が潜んでいる。自己実現の名の下に，自分の世界に埋没したり，自分の快感を

追い求め続けたりするのであれば，社会的には，もっぱら快楽ばかり追い求める状態への堕落のように言われてもやむをえない。それらの体験には，第三者からは，わがままや独りよがりとして評価されてしまう危惧が残る。

（2）成長・完成モデル——人格の完成

　自己実現という言葉が，目標達成の文脈で用いられることはたびたびある。自己実現が人間の成長段階における最上位の到達点に置かれ，「理想の自分」として美化される傾向は，教育界で顕著である。このとき，自己実現が「人格の完成」と同義に見なされ，崇高な教育目標に置かれることが頻繁にある。

　1947（昭和22）年に公布・施行された教育基本法の第1条では，「教育の目的」として，「教育は，人格の完成をめざし，平和的な国家及び社会の形成者として，真理と正義を愛し，個人の価値をたつとび，勤労と責任を重んじ，自主的精神に充ちた心身ともに健康な国民の育成を期して行われなければならない」と規定されている。また，2006（平成18）年に改正された教育基本法の第1条の「教育の目的」でも，「教育は，人格の完成を目指し，平和で民主的な国家及び社会の形成者として必要な資質を備えた心身ともに健康な国民の育成を期して行われなければならない」と規定されている。このように，第二次世界大戦後の民主主義教育によってめざされ続けている目的として，「人格の完成」という成語が前面に打ち出され，新旧の教育基本法で表記も一貫している。

　教育関係者の認識として，この「人格の完成」と自己実現とが，事実上の同義語として扱われることが多い。このことは，2008（平成20）年に国が出した教育振興基本計画で，「改正教育基本法の理念」を「人間像の観点」から言い換えた場合の三本柱の一つとして，「知・徳・体の調和がとれ，生涯にわたって自己実現を目指す自立した人間の育成」が挙げられていることからも明らかである。つまり，「めざす教育目的としての自己実現」というのが，教育についての公式見解である。自己実現は，教育基本法において教育目的として明示されているわけではないが，「人格の完成」という意味合いと重なりながら歴史的底流を成している。この場合の自己実現観は，以下のような特徴を持つ。

　第一に，瞬間的な悦びや楽しみに自己実現を見出すような一般的理解とは対照的に，教育的文脈における自己実現は，高みをめざすという意味での高尚な目標である。自己実現した人は，自らの人格を完成させた人物と見なされるので，自己実現は，必ずしも誰もが到達できるものではない。だが，「完成した人格」は，ほとんどの人がたどり着かなくとも，そこを常に見すえ続けて指針とすべき「北極星」のような努力目標として位置付けられるのである。

　第二に，この文脈における「人格」は，個人的次元に限定された概念として理解されやすい。このため，潜在的には「自立」がキーワードになり，自己が独り立ちするという意味合いで，自己実現が用いられる。ときに，社会の中におけるポジションを絡めて，個人の「立身出世」と自己実現とを重ね合わせて考える人もいる。

　第三に，個人レベルでも，とくに内面に関わるものと考えられがちである。よって，めざされる「人格の完成」という状態が示すものは，自己の内面を錬磨していくことによりたどり着くイメージであり，社会とのつながりはあまり強く意識されておらず，あくまでも個の内面で達成すべき課題として理解されがちである。

　では，「完成主義」の自己実現観に問題ははらまれていないか。生真面目な人ほど，自己実現への強迫観念に駆られれば駆られるほど，完璧主義への執着を生みやすく，自己実現をめざすことが苦しみの直接原因になるという問題構造を抱え込んでしまう。裏を返せば，一生懸命に自己実現へ向かう途上であっても，ときに肩の力を抜くような「ゆとり」と「遊び」が必要な場面がある。

（3）調和・適応モデル——個人と社会との調和

　現代に生きる多くの人が，「自己」という言葉に対して，もっぱら「社会とは独立して存在する個人」をイメージしがちなため，自己実現は，もっぱら個人的課題だと思われがちである。さらに，自己実現が個人の身勝手と混同されることすらある。だが，「個人と社会との調和」に，自己実現を見出すタイプが存在する。それどころか，この考え方こそが，日本語の「自己実現」の原点

に位置する。それは，19世紀末にまでさかのぼって，その当初の歴史を振り返れば，「自己現化」や「自我実現」といった日本語として登場したことから確認できる（佐々木，2014）。

　明治・大正期に活躍した哲学者・倫理学者たる中島力造が1892（明治25）年に，新カント派の思想家であるイギリス理想主義者トーマス・ヒル・グリーン（Thomas Hill Green）を紹介して以来，グリーンの "self-realization"（イギリス英語で "self-realisation"）について研究する日本の思想家がかなり出てきた。その後，中島が，1895（明治28）年にグリーン派の思想家であるミューアヘッド（Muirhead）の倫理学書について紹介した際に，「人は社会を離れて生存するを得ず，故に一個人より云へば人の目的は其の人の真の<ruby>自我<rt>セルフ</rt></ruby>の<ruby>実現<rt>リアリゼーション</rt></ruby>なりと雖も，之を社会の外に於てはなし得べからず」という言い方をして，「徳と見るものは一般の善即ち真の自我実現なればなり」と宣言したことにより，「自我実現」という日本語が公の場に初登場した（中島，1895）。この後に，"self-realization" の訳語として，「自我実現」と「自己実現」とが混在して広まっていった。

　グリーンやミューアヘッドの自己実現理論においては，個人と社会とは同時並行的に実現していくものであり，自己と社会とが調和的に発展していくことを自己実現と見なすことが基本になっている。つまり，自己とは「個人と社会との調和」において成り立つという状況が自己実現の理想とされた。この考え方は，明治・大正期における自己実現思想の理論的王道を歩んでいた。

　さらに言えば，自己実現思想は，「人格の完成」という表記の歴史的源流に位置している。1918（大正7）年に出された教育事典においては，前出の中島が，「道徳的行為の直接の目的は社会の進化発達にして，人格の実現は，其の間接の目的なり」という考え方を根拠にして，「自己を完成するは人格の理想なり」と結論付け，「人格の完成を最高目的と認むる説を人格実現説といふ」と説明している（中島，1918）。自己実現思想において「人格」という言葉が前面に出てきた背景には，「自己」という言葉がもっぱら「社会とはつながりの薄い閉じた個人」として理解される傾向が強いので，代わりに「人格」が「個

人と社会との調和」を象徴する単語として用いられたという事情がある。この意味で，教育において自己実現をめざすことは，個人的次元で人格が完成に向かうだけでなく，社会的理想を完成に近づけるという意味合いを含んでいる。

　だが，自己実現を，個人が社会や世界の中で調和的に実現するものと見なす考え方は，個人と社会との力関係が対等でなく非対称だという現実的条件により，自分に社会を合わせるよりも，社会に自分を合わせるという結論に落ち着きやすい。こうして，「調和」が「適応」に転化して，時に「迎合」に陥る危険性がはらまれていることは見逃せない。そのため，社会と個人との関係次第では，このタイプの自己実現観には，「迎合体質」へ本末転倒する危険があり，権力者にとって「都合のよい人」が，「よい自己実現者」という話になりかねない。実際，「個人と国家との調和」の名の下に全体主義的雰囲気が醸成されれば，もっぱら国権主義的な意味合いで自己実現思想が活用されうる。そうだとすれば，個人をないがしろにし，崩壊させるといった，まさに自己矛盾した自己実現に陥る危惧が現実化してしまう。

3　自己実現の本質
——「いま，ここ」の充実，欲求・欲望の主人たること，しっくりくる自分——

　自己実現について定義するにしても，その定義の抽象度が高すぎては，その本質は覆い隠されたままになる。ここでは，自己実現について考える切り口として，時空間，欲求，関係性といった三つの角度から掘り下げていくことにより，少しでも生活実感を伴った自己実現理解ができるように努めよう。

（1）時間論・空間論的理解——「いま，ここ」の充実

　そもそも自己実現とは，それを目的・目標として設定すれば，たどり着けるものなのか。実は，当事者として意識的に努力したからといって，自己実現に近づけるとは限らない。むしろ，日々を一生懸命生きていく中で「気がつけば，いつのまにかできていた」という形で，その達成に事後的に気づくことが多い。

　マズローは，過去や未来も忘れ，ただその瞬間にのみ集中することの意義を強調し，「現在のことで夢中になる能力」を重視している（マスロー，1973）。この見解にしたがえば，自己実現の時間的本質は，「いま＝現在」の充実である。「いま」に没頭している瞬間瞬間には，たとえ大人であっても，さまざまなしがらみから精神的に解放され，あたかも赤ん坊や幼児に戻ったような無邪気さを伴った充実感を味わえるのである。

　だが他方で，自己実現における「実現」という言葉が「現実化」を意味するように，自己実現的に充実する「いま」は，きわめて「現実的」であって，空想的でも妄想的でもない。自己実現する瞬間瞬間とは，どこか別の世界を想像し，そうした想像世界に逃げ込んでしまうのでは決してなく，まさに自分自身が依って立つ目の前の現実世界，すなわち「ここ」に没入していく過程である。

　心理空間的な次元で，自己の立ち位置として「ここ」を基準にすることとは，自分の位置付けや意味付けを，「そこかしこ」にいる「他者」との比較によって定めることとは違う。「ここ」に集中することは，決して他者を拒絶することではないけれども，他者との比較に振り回されて自分を見失うのでなく，まさに固有の「自分限りの自分」を中心に置いて自己認識することである。

　つまるところ，時間論的な角度だけでなく空間論的な角度も重ね合わせて立体的に考えれば，「いま，ここ」の充実に，自己実現の本質を見出せる。踏み込んだ言い方をすれば，自己実現の心理的本質とは，「いま，ここ」を生きる自分自身が，反復不可能な一回限りの生を営み，他の誰とも交換できない存在であるという揺るぎない事実に肯定的価値を実感することである。

　誰であれ，時をさかのぼってやり直そうとしてもやり直せず，他の誰かと取り替えたくても取り替えられない人生を生きる以外の選択肢はない。精神状況が不安定で悪い方向に向かっている人ならば，「いま，ここ」という不可避の限定性に対して，あたかも牢獄に閉じ込められているような窮屈さや息苦しさを感じがちだ。だが，だからこそ，根本的に発想転換して，「いま，ここ」という有限性の極致に存在する自分自身に肯定的価値を見出すことが，自己実現の原点になるというわけである。互換不可能で一回限りの儚さを伴う各人の生

命体としての一瞬一瞬には，「永遠」と呼んでよいほどの存在価値が集約されているという逆説がある。

　むろん，このことを，自己実現している当事者が必ずしも自覚し意識化できているわけではなく，まして言語化できていることは稀である。自己実現する瞬間は，こうした事実性を，知性的・理性的・論理的に理解するというよりも，いわば心の底で感覚的・感性的・感情的に感受できたがゆえの充実感である。

（2）欲求論的理解――欲求・欲望の主人たること

　通俗的に広まっている誤解なのだが，自己実現が，個人の欲望を，段階を経て十分に満たすことだと見なされる場合がある。というのは，自己実現といった場合，マズローの名前を思い浮かべる人が多く，それと同時に，彼の有名な理論である「欲求階層論」を想起するからである。そこで，マズローが欲求について考察した内容を再確認し，その意義を改めて検討する必要がある（マズロー，1987）。

　この理論について，教科書的に単純化されて普及している五段階論を解説する。空気や水や食物などの生存基盤を求める「生理的欲求」，危険な状態を回避しようとする「安全欲求」，何かに所属したり誰かに愛されていたりしたいと願う「所属と愛情の欲求」，他人から認められたがる欲求と自尊欲求とが対になった「承認の欲求」の四階層を順次満たした後に，「自分らしくありたい」と心の底から欲する「自己実現（self-actualization）の欲求」が出てくる。このようにして，人間の欲求は，生存それ自体を目的とした段階から，生存から実存へと至る中で人間的価値を求める段階へと移行していく。マズローの言い方では，不足・欠損しているものを満たそうとする「欠乏欲求」から「成長欲求」へと重心が移動するという話になる（マズロー，1964）。つまり，「それがある程度まで満たされていないと，求め続けてしまう欲求」から「自らを高めることを欲する欲求」へと，その根本的性格を変えていくのである。こうして，低次欲求が意識下へと消えたとき，それらに心を奪われずに済む存在へと，人間は変容する。

　そこで，自己実現の概念を的確に捉えるための発想転換として，欲求階層論について，「欠乏欲求の奴隷」から「自己欲求の主人」へと成長を遂げていく発達段階だと解釈し直してみよう。そう考えると，自分の欲求や欲望について，自分の都合次第で勝手気ままに満たせることを「自由」と見なすのは，決して適切でない。人間は，そうした欲求や欲望に心や身体を支配された「不自由な」奴隷的存在から脱して，自己欲求を自ら制御できる存在と化すほうが「自由」なのである。

　まずは，人間が生存を欲する動物である以上，生存のための条件がある程度満たされなければ，それらを強く求めるのは，生物学的に自然の理にかなっている。どんな人間であれ，自分の周りから空気がなくなれば，呼吸ができず，生存そのものが不可能になる。また，食べ物が手に入らず，空腹が激しければ激しいほど，身体が落ち着かなくなるし，精神的にも苦しい状態に陥り，食べ物のことが頭から離れなくなって，その意味で，食欲の奴隷にならざるをえない。同様に，たとえば物理的な意味で危ない場所にいるときなど，生命の危険を強く感じる状況にあれば，危険から逃れて，身の安全を守ろうとすることにもっぱら気を奪われ，危険回避欲求の奴隷的存在であり続ける。逆に，このような生存に関わる状況を脱することができているときには，生理的欲求や安全欲求から自由になれる。これらの欲求は，ある程度満たされてしまえば，それを欲していたことが意識下に引っ込み，普段はあまり意識しないで済む。

　次に，そのような段階を越えても，いかにも人間らしい欲求として，社会的関係を求める欲求が発現する。つまり，何らかの集団や社会組織に属していたり，誰かに愛されたり誰かを愛したりして自己存在を社会とつなげておきたいという欲求である。人間は，ただ生きるためのみに生きることでは満足できず，人間的つながりを求めてしまう社会的生き物である。マザー・テレサ流に言えば，最もひどい貧困とは，愛されていないという思いや孤独であり，愛に対する飢えは，パンに対する飢えを取り除くことよりもはるかに難しいという話になる（マザー・テレサ，2000）。周りの人々から相手にしてもらえない状態が続けば，集団からの孤立感が深まり，仲間が欲しいという欲求が強くなり，より

意識上に浮かび上がる。人によっては，愛されたいという欲求が肥大化し続ける場合があるが，何らかの集団にそれなりに首尾よく所属できていると実感できれば，ある程度のところで落ち着くだろう。その場面では，こうした欲求への囚われから相当に自由になれるというわけである。

　だが，所属と愛情を求めるという意味での社会的欲求がある程度満たされたからといって，人間は，社会的関係を求める欲求から完全に自由になれるわけでなく，新たな段階の欲求が発現する。たとえば，自分なりに頑張っているのに，誰も認めてくれる人がいないと感じられれば感じられるほど，誰かに認めてもらいたいという願望が強くなる。逆に言えば，他人に認められて自分なりに自尊心を保てていれば，こうした欲望に心が支配されることは少なくなる。

　これらが，いわゆる「承認欲求」である。この承認欲求には，他人に認められたいというような「他者からの承認欲求」だけでなく，自分で自分の存在を受け入れて自分に誇りを持ちたいという意味での「自尊欲求」も含まれ，両者は対になって相乗的に作用する。実際，他者から認められたり賞賛を受けたりしたいと願うのは，実のところ，自己存在の価値を受け入れて自らを認めたいという欲求を満たすための手段的意味合いが強い。この承認欲求は，社会的地位などが上がるにつれて，半ば無限に肥大することもあるが，たいていは，ある程度のところで折り合いがつく欲求である。そうなれば，他人の評価に振り回されがちな自分から自由になれるし，その分だけ自由を得たことになろう。

　マズローの欲求階層論に従えば，下位の欲求が充足され，そうした欲求から自由になってくれば，より上位の欲求が人間の行動動機となり，最終段階として自己実現欲求が発現することになる。「所有（＝to have）」への囚われから解放され，「行動（＝to do）」の欲求もある程度満たされてくれば，「存在（＝to be）」レベルで充実感や満足感を求め出すというわけである。この欲求が満たされていない状態とは，「自分自身がどのような存在でありたいのか？」という根源的な問いが心の中に発生してきて，「こうありたい自分」が一個人の「本音」として自覚され，「現在の自分」に何らかの違和感を感じ始める状態である。

逆に言えば，自己実現欲求が満たされているときには，「現在の自分」に対して，しっくりした感じを味わっていられる。たとえて言えば，履いている靴に違和感を感じて走っていては，そのことが気になって全力を出せないが，靴を履いていることを全く意識しないでいられれば，走ることにひたすら打ち込むことができ，自分なりの全力が出せる。わざわざ「自分が自分であること」を考えなくてよいほど，自己存在に対するフィット感を持っている状態である。

ここでのポイントは，欲求充足プロセスにおいて，自己実現欲求に向かうという志向性があるか否かである。物欲を満たすことが自己実現の過程で必要なことは多々あるが，物欲にとりつかれてしまうのであれば，各段階の欲求を満たすことが自己目的になってしまうため，自己実現からはほど遠くなる。

むろん，諸々の欲求には，それらが満たされないと生存や実存が脅かされるといった性質が含まれる。だが，ある程度満足できれば，そうした欲求から自由になれると反転して考えられる。人間は，欲求の段階的充足により「欲望の奴隷」でいなくてよくなるので，自己実現に向けて，低次の欲求や欲望を律することができて，囚われなくてよくなればなるほど，自由存在になれる。

さらに言えば，自己実現すらも求めない，いわば自己実現を越えた「自己超越」（self-transcendence）の段階も想定できる（マスロー，1973）。「突き抜けてしまっている」存在の人は，利己的な自分から自由になって，自己中心主義から解放されていく。それにより，「自由」というより「自在」の域に至り，自分自身にしっくりしているか否かも気にせず，しなやかな生き方をする人もいる。だから，自己実現が「自己放棄」へと至り，いざというときには自己犠牲も厭わないという逆説も生じるのである。

ところで，いわゆる「社会的成功」は，自己実現そのものではない。たしかに，大きな成功によって，他者からの承認欲求が満たされるならば，自己実現欲求の前段階にまでは到達していることになる。また，成功体験に浸れることで自己実現できたと実感することもある。だが，周囲から社会的成功者と評価される人が，自己充実感が薄かったり，自己存在に対してしっくり感じていなかったりするなら，自己実現しているとは言いがたい。それよりむしろ，社会

的評価は高くなくても，日々のささやかな成功体験の積み重ねの過程に自己充実感を味わえている人のほうが，自己実現的な生き方をしていると言える。

（3）関係論的理解──「しっくりくる自分」の社会的配置

　欲求論的観点の延長上で考えれば，「こうありたい自分」を自己発見することが，自己実現の必要条件に相当する。そして，自分の内面に生じた「こうありたい自分」が「しっくりくる自分」として感じられたとき，個人的な自己実現が達成される。たとえば趣味など，ひたすら自分の世界に没頭しているときに，生きがい感の実感として自己実現に到達できることがある。

　だが，自己実現とは，社会的文脈に自己存在を適切に配置できたときのほうが，広がりはもちろん，深みも出てくる。その場合，「一個人としての自分が，社会や世界との関係でどのような存在であるべきか？」という当為的課題が生じている。個人的要望の延長上に発現する「こうありたい自分」が，社会的要請と絡み合いながら定まってくる「そうあるべき自分」と一致するときに味わえる「しっくりくる自分」は，多方面から社会性を取り込むので，独りよがりに終わらない。

　むろん，一個人としての「こうありたい自分」と，社会的関係性を背負った「そうあるべき自分」とは必ずしも予定調和の関係にはないし，状況次第では背反してしまうことも多い。それどころか，「こうありたい自分」が「そうあってはならない自分」として我慢すべきものに感じられ，自ら押し隠してしまうこともあるかもしれない。ゆえに，個人的欲求と社会的責務との調和を実現しようとする葛藤の中に，社会的な自己実現の深まりの程度の問題が存する。

　社会的自己実現感の典型が「使命感」であり，その基盤には，自分が「生きている」というよりもむしろ「生かされている」ということに対する感謝の感覚があり，「生かされている」責任を果たしたいという欲求がある。使命感を強く感じて，それを十分に果たしたいと行動する人は，「こうありたい自分」と「そうあるべき自分」との親和性が高くなっている。

　このような場面では，自己実現欲求を満たそうとする対象が，自己求心的と

いうよりも自己遠心的に作用して，自分の身の回りの社会および世界に向かうこともある。自己実現を求める欲求が，承認欲求の延長上で自分自身を社会の中に位置付けたいという形の「社会参加欲求」として発現することがあるのはもちろん，他人様や世の中のお役に立ちたいというような「社会貢献欲求」としても発露することがある。よって，第三者から見れば，義務を果たしているように見える人も，使命感を果たしているときのほうが「自分としてしっくりくる」のであり，本人としては自然体で自己実現欲求を満たしているにすぎない。自己犠牲的なほど，他人に尽くすことによってこそ「しっくりくる自分」を感受できる人が出てくるのも，決して不自然ではない。

社会的な自己実現の逆説として，「個としての自己」に対する囚われから自由になるという一面がある。自分のことに囚われないで良い分だけ，そのエネルギーの余力を，直面する問題の解決や，他者への労りへと注いでいける。義務感でなく欲求として社会貢献的であろうと欲する人は，「個としての自己」に閉塞せず，「他者や世界へと開けた自己」へと自らを実現しようとしている。

よって，自己実現的文脈における「自立」は，本質的に「社会からの孤立」とは異なる。自己実現する個人は，理不尽さの蔓延など，世の中が大きく間違った方向に向かっていると危機感を抱く場合など，いざとなれば社会から孤立無援となってでも戦うような強い覚悟を内に秘めた「自立的存在」ではあるが，普段は今ある社会と共生し，その未来を少しでも良くしようと，その人なりのやり方で社会と調和しながら社会に関わり続けている。

4　自己実現の効果
——かけがえのなさ意識，能力や可能性の最大限の発揮，自己肯定力——

自己実現の反対語としては，自己存在を自分自身でよそよそしく感じて落ち着かなくなってしまうことを意味する「自己疎外」がある。これを基準に考えれば，自己実現とは，「自分を疎外するところに追い込まれざるをえないような受動的自己」を「自らを自ずと実現しようとする能動的自己」へと転換する

ことであり，それにより自己存在を「よそよそしい自分自身」から解放して
「しっくりくる自分自身」へと切り替えていくことを意味する。では，こうい
った状態が発生するとき，いったいどんな効果が生じてくるのだろうか。

（1）「かけがえのなさ意識」の社会的広がり

　いかなる人間であれ，「ここにいる私」は，他の誰とも替えが利かないし，
「私の生きるいま」という瞬間瞬間も，過去や未来のいかなる時点とも替えが
効かない。そのような意味で，自己とは，各々が，まさに「かけがえのない」
存在である。自己実現が深まれば深まるほど，その当事者は，自己存在の交換
不可能かつ反復不可能な固有価値を実感できる。そして，このような「かけが
えのなさ意識」には，段階的に社会的広がりを持つという効果がある。

　第1段階は，まさに「個としての自己」のかけがえのなさの自覚である。
「こんな私でいい」という妥協でなく，「こんな私がいい」という納得感は，自
己存在を「あるがまま」に受け入れようとする自然な自己受容を促す。

　第2段階は，自己と他者との「であい」に対するかけがえのなさの実感であ
る。「いま，ここ」を逃せば成しえなかった「であい」とは，それ自体が繰り
返せず，どの場面とも取り替えることができない。だから，そのような形で他
者と「つながり」を持てていられることが，かけがえのない経験になる。その
感覚が深まれば深まるほど，自分が社会や世界とつながっていられる「有り難
み」を感じ取れて，「自分だけ」が固有存在だという特権意識にはまりこむこ
とを回避できる。自己実現的な広がりは，独善に陥りがちな「閉じた自己」か
らの脱却へと向かい，他者や世界に開いた「しなやかな自己」を生成する。

　第3段階とは，「他者」に対するかけがえのなさの実感である。まさに自分
自身の人生の反復不可能性と交換不可能性を再確認する意義は，「であい」や
「つながり」のかけがえのなさを実感する経験を経て，相手たる「他者」のこ
とも固有存在として意識できるところにある。つまり，ぞんざいに「自分」と
「自分以外のその他の存在」を区別するのでなく，相互に「各々の自己」とし
ての固有性を尊ぶことができれば，「自己としての自己」を尊重できることが

「別の自己」を尊重することへとつながり，「尊重された側の他者」による自己認識も「自己尊重」へと転換する。こうして，「自己尊重」がそのまま「他者尊重」につながる感じ方は，「自他が尊びあう関係」を相乗的に生成する。

　こうした状況は，案外と日常的に生じている。たとえば，他者から尊重される経験が豊富な子どもほど，相手の尊重の仕方を自ずと身に付け，尊重することそれ自体を当たり前のこととして習慣にする。逆に，尊重される経験に乏しかった子どもは，他の誰かを尊重する仕方を学ぶ機会を持てないし，虐げられる経験ばかりの子どもは，他者を否定する流儀がコミュニケーションの基本形として内面化してしまい，苦しみの原因を抱えこむことになる。

　いずれにせよ，多くの人が自己実現できることによる社会的効果とは，お互いがお互いの存在のかけがえのなさに気づきやすくなり，お互いに尊びあうような人間関係を生み出しやすくなることである。「自己実現社会」という言い方をするならば，それは相互尊重による相乗効果を自己生産する社会である。

（2）能力や可能性の最大限の発揮

　辞書を引けば，自己実現が「能力や可能性の最大限の発揮」と定義されていることがある。ここで，自己実現により発揮される「可能性」とは，さまざまな状況に応じた適応的な性質というより，その人らしい固有性を強く表出している場面なので，「適性」というより「個性」が発揮された状況に相当する。

　だが，この定義は，個人が自己実現している状態の一面を的確に言い当てているにすぎない。まして，「個性および能力や可能性を最大限に発揮すること」が自己実現そのものを意味すると考えてしまえば，筋違いになる。たとえば，大変に切迫した状況に追い込まれて，自分でも決して想像できなかった「火事場の馬鹿力」を発揮できたからといって，その状況をそのまま「自己実現した」とは見なせない。

　とはいえ，個人が自己実現できているときの効果が，なぜ能力や可能性の最大限の発揮につながっていくかは，一考する余地がある。その鍵は，「いま，ここ」への集中である。俗な言い方をすれば，余計なことに気を取られずに

「いま，ここ」への集中力を発揮していくがゆえの実際的効果が生じるという
わけである。

　一瞬一瞬の現在に集中して生きていくこととは，過去に背を向けるのでもな
ければ，未来に目をつぶることを意味するのでもない。問題解決に集中してい
るときなら，過去の問題から逃げたり，未来に問題を先送りしたりするのでも
ない。未来創造につなげるために過去を直視する勇気を保てる程度には，過去
に対しても未来に対しても「開けた現在」に生きる。それでいて，未来的目標
を持っていても，それに従属しないし，過去的経験を土台としつつも，過去に
支配されないというような「自立した現在」に生きる。こうした覚悟を持って
自分自身に集中して生きている人は，能力が最大限に発揮されやすいのである。

　また，イヤイヤ感でなく「こうありたい」と心の底から欲する自分に対して
正直かつ誠実な生き方ができている人は，エネルギッシュになりやすい。そし
て，その人のみなぎる充実感が，まるで泉から絶え間なく湧き出して，周囲へ
と溢れて行き渡るがごとく，周りの人を元気付けるという効果を生み出す。

（3）「自己肯定感」から「自己肯定力」へ

　自己実現することによる個人的効果の一つは，その時点での能力や可能性を
最大限に発揮できることである。それにより，子どもたちは，一時的にとはい
え「自己肯定感」を味わい，いわゆる前向きな気持ちも生まれやすくなる。こ
うした経験を積み重ねることにより，自分自身に対する自信を深めることがで
きれば，自己を肯定しようとする志向性として一時的にすぎなかった感覚や感
情が「力」へと育まれていき，心奥に深く根付いて定着する。自己存在を，そ
の根底から無条件に強く肯定しようとする「生きる底力」のことを，「自己肯
定力」と呼んでよい。

　自己肯定力が重要なのは，長い人生では，思いがけない不運や不幸などの否
定的状況に襲われることが度々あり，必ずしも肯定的感情にのみ満たされて生
きていけるわけではないからである。実際，自己がかけがえのない存在である
ことに気づけたからといって，それがそのまま気分の良さとか快適さをもたら

すとは限らない。それどころか，自分自身が替えの効かない貴重な存在であると自覚できるからこそ，非常に厳しい現実に直面した場合，「現実の自分」を自ら引き受けるという強い覚悟が必要となる。こんなとき，自己肯定力は，自らを勇気付け鼓舞する原動力になる。自己肯定力を基軸とした言い方をすれば，自己実現とは，良くも悪くも逃れようのない自分の人生を精一杯に生き，自己を肯定しながら淡々とでも生き抜こうとするプロセスそのものである。

　なお，「他者否定をテコにして獲得する自己肯定」は，「肯定」の名にふさわしくない。たとえば，誰かを見下す反動により得られる自己肯定感は，偽物である。というのは，この場合の「肯定すること」の本質は「否定的」な性格だからである。このような類いの自己肯定は，「否定」を偽装して「肯定」であるかのごとく見せかけた欺瞞にすぎず，実際は「自己否定」の変種である。

5　自己実現に向けた教育方針
――「その他大勢の一人」感覚から「かけがえのない〈わたし〉」感覚へ――

　自己実現に関わる国民教育の基本指針を日本国憲法に求めるならば，第13条の冒頭の「すべて国民は，個人として尊重される」という条文に行き着く。ここで，文字上は抽象的に一元化して表記せざるをえない「個人」の内実はまさに具体的で多種多様であるにもかかわらず，「個人」を「ヒト全般」や「人間一般」などに還元して霧消させても，そのことに鈍感な国民が多くないか。理想の実現を国家任せにしたまま，国民自身が，この条文を「自他認識」として実践しなければ，それは実効化しない。

　個人のかけがえのなさを尊ぶ自己実現を，人間教育として実質化する手がかりは，教師だけでなく学習者もその一員である「教室コミュニティ」に対する児童・生徒・学生の感覚や意識を，傍観者的なものから当事者的なものに転換させ，コミュニティに対する責任意識を高めることである。そのため，「上から論す」方式に収束しがちな一斉講話形式の授業方法の限界と問題点を意識し，いわゆるアクティブ・ラーニング型の「学びあい」を洗練させたい。教育者基

点でなく学習者基点で教育方法を刷新することが必須であり，一人一人の子どもが自分自身と向き合えるチャンスを授業時間内に増やすことが肝要である。

　大人数を対象にして一斉講話を行う「教えこみ」方式の授業は，児童・生徒・学生に，教師だけが主人公で，自らを“One of them”（ワン・オブ・ゼム）すなわち「その他大勢の一人」の匿名的存在に埋没させるような感覚を潜在的に植え付けがちだ。そんな経験を積み重ねながら授業に参加しているだけなら，学習者の教室コミュニティに対する意識は，傍観者的性質を強める一方である。もっぱら教師の授業を受け身で承るだけの一斉講話形式は，教え授けられる内容が自分と無関係と思われる経験が続く限りは，学習者自らが参加しているはずのコミュニティに対する責任意識を希薄化させてしまい，個が全体の中に埋没していく。教師と学習者とのタテのつながりはできても，学習者どうしのヨコのつながりができにくいので，個がバラバラのまま，上からの指示に従う以外の選択肢が限られてしまう。こうした教室空間は，潜在的な意味で全体主義の温床になっている。

　これに対して，学習者どうしの「学びあい」を基軸とした授業形態は，自分が教室コミュニティに当事者として主体的に参画しているという意識を高めるチャンスに恵まれている。個々の学習者が自分自身と向き合うとともに，学習者どうしがヨコにつながって，コミュニティを創出していくことに意味がある。教師がファシリテーターとなって上手な配慮を実行できれば，子どもたち各々が，自己存在について“Only 1”（オンリー・ワン）すなわち「かけがえのない〈わたし〉」と感じるチャンスに満ちた教室が生まれるだろう。たとえば，ちょっとした遊び心やユーモアのある教師が，笑いの出やすい雰囲気を醸し出して，子どもの生き生きとしたエネルギーを引き出すことがあれば，互いに学びあい尊びあう人間関係の創出を手がかりにして，子どもたち一人一人の自己実現につなげていく可能性が広がるのである。

　自己実現を実質化する学校教育を実行・実現したいのであれば，誰よりも先に教師自身が，組織人・職業人としてのみならず，「かけがえのない〈わたし〉」として自己を学び続けなければならない。まさに一人の教師として，こ

うした学びが深くなれば深くなるほど，一人一人の子どもを慈しみ尊ぶ心構え
を自らの中に育めるはずだ。

 さらに学びたい人のための図書

神谷美恵子（1966）『生きがいについて』みすず書房。
　▶生きがいと自己実現とは深層で密接につながっている。本書は，自分を見つめ
　　直しながら自己実現について深く考えていくための良書である。
フランク・ゴーブル／小口忠彦監訳（1972，原著1970）『マズローの心理学』産業
能率大学出版部。
　▶生涯にわたり自己実現を研究したマズローの思想や理論の概略を把握するため
　　に有益な良書である。

引用・参考文献

佐々木英和（2014）「明治中後期における自己実現思想の輸入の様相──日本語『自我実
　　現』の創造にイギリス理想主義が果たした役割」行安茂編『イギリス理想主義と河合
　　栄治郎』世界思想社，196-212頁。
中島力造（1895）「ジェー，エチ，ミュイアヘッド氏倫理学」哲学会編『哲学雑誌』第11
　　巻第106号，977-986。
中島力造（1918）「理想」『［大正七年増訂改版］教育大辞書』（『大日本百科辞書』シリー
　　ズ）同文館，1951-1952頁。
マザー・テレサ／ジャヤ・チャリハ＆エドワード・レ・ジョリー編／いなますみかこ訳
　　（2000）『マザー・テレサ　日々のことば』女子パウロ会。
Ａ・Ｈ・マズロー／上田吉一訳（1964，原著1962）『完全なる人間──魂のめざすもの』
　　誠信書房。
Ａ・Ｈ・マズロー／上田吉一訳（1973，原著1971）『人間性の最高価値』誠信書房。
Ａ・Ｈ・マズロー／小口忠彦監訳（1987，原著1970）『［改訂新版］人間性の心理学』産業
　　能率大学出版部。

第 4 章

人間中心の教育
——信頼と尊重——

伊藤義美・水野行範

1 パーソンセンタード・アプローチと人間中心（尊重）の教育

（1）パーソンセンタード・アプローチ（PCA）

　パーソンセンタード・アプローチ（Person-Centered Approach, 以下 PCA と略記）は，人間中心または人間尊重のアプローチと訳される。人間中心（尊重）の教育は，PCA の教育への適用である。PCA の創始者は，アメリカの臨床心理学者カール・R. ロジャーズ（Rogers, C. R.）である。PCA は，1940年代に新しいカウンセリングの方法——非指示的カウンセリング——として創始された。その後非指示的カウンセリング（Non-Directive Counseling：NDC, 1940〜1950年）から来談者中心療法（Client-Centered Therapy：CCT, 1950年〜），体験過程療法（Experiential Therapy：EXT, 1957年〜），エンカウンター・グループ（Encounter Group：EG, 1960年代半ば〜），そしてパーソンセンタード・アプローチ（PCA, 1974年〜）と発展している。

　用語や名称が変わり，より包括的な名称になってきている。PCA の社会的適用が積極的に試みられ，教育・学習，家庭・結婚，グループ・リーダーシップ，集団，産業，地域緊張，異文化間理解，国際・平和関係の分野へと拡大してきたのである。

　PCA の基本的仮説は，一貫して不変である。それは，(1)人間という有機体の実現傾向（有機体を維持し強化する方向に全能力を発展させようとする，有機体に内在する傾向）を仮定し，その傾向を深く信頼する，(2)実現傾向は，特徴的

な人間関係によって解放される，というものである。

　(2)の特徴的な人間関係とは，建設的なパーソナリティ変化の必要十分条件
(Rogers, 1957a；1957b) を指している。必要十分条件は，次の 6 条件である。

　①二人の人が心理的な接触をもっていること。

　②第 1 の人（クライアントと呼ぶことにする）は，不一致の状態にあり，傷つきや
　　すく，不安な状態にあること。

　③第 2 の人（セラピストと呼ぶことにする）は，その関係の中で一致しており，統
　　合していること。

　④セラピストは，クライアントに対して無条件の肯定的関心を経験していること。

　⑤セラピストは，クライアントの内的照合枠を共感的に理解しており，この経験を
　　クライアントに伝えようと努めていること。

　⑥セラピストの共感的理解と無条件の肯定的関心が，最低限クライアントに伝わっ
　　ていること。

　①の条件は，最低限の関係，すなわち心理的な接触が存在しなければならな
いということである。カウンセラー（セラピスト）とクライアントの二人の間
に心理的なつながりがあることが前提である。この前提条件が成立しないと，
後の条件が無効になる。②と⑥の条件がクライアントの条件であり，③，④，
⑤がカウンセラーの条件である。②の条件は自己不一致とも呼ばれ，クライア
ントの実際の経験と自己像のズレが大きい状態で，否認や知覚の歪曲の防衛が
生じている。③の条件は，自己一致，真実性，純粋性，透明性とも呼ばれる。
クライアントとの関係の中で，カウンセラーは自由にかつ深く自分自身であり，
現実に経験していることが自分自身の気づきとして正確に表現されているとい
うことである。④の条件は，尊重，受容，所有欲のない愛情とも呼ばれる。ク
ライアントの経験しているあらゆる局面を，そのクライアントの一部としてカ
ウンセラーが温かく受容しているということである。⑤の条件は，クライアン
トの気づきについて，そして自分自身の経験について，正確なそして共感的理
解を体験していることである。クライアントの私的世界を自分自身の世界であ
るかのように感じとり，しかも「あたかも……のごとく」という性質をけっし

て失わないことである。これらの真実性，無条件の肯定的関心，共感的理解が
カウンセラーの中核３条件とされる（Mearns & Thorne, 1988/2000）。⑥の条件
は，クライアントが最小限にでも，カウンセラーがクライアントに対して経験
している受容と共感を知覚していることである。これらカウンセラーの態度条
件がある程度伝わっていなければ，クライアントに関する限りこれらの条件は
その関係の中で存在しないのであり，セラピー（カウンセリング）の過程は始
まっていないのである。

　クライアントに変化が生じるには，これらの６条件がすべてそろい，ある期
間継続することが必要である。

（2）学習者中心（尊重）の教育

　PCA は一つの人間観・人間思想というべきものである（Mearns & Thorne,
1988/2000）。その教育への適用が，学習者中心（尊重）の教育である。ロジャ
ーズはすでに1951年に学習者中心の教育の基本的仮説を述べ，『学習する自由』
（Rogers, 1969）や『学習する自由――80年代のために』（Rogers, 1983）では自
分の経験から「授業と学習についての私見」を提出している。ここでは，私見
の13項目のうち主な７点について紹介しておく。

　⑴私の経験では，他人に教え方を教えることはできないというものであった。
　⑵人が他人に教えることができるものは比較的重要でないものが多く，行動に重要
　　な影響を与えることがほとんどないか，まったくないものである。
　⑶行動に重要な影響を与える唯一の学習は，自分で発見したものであり，自分で自
　　分のものにしていった学習である。
　⑷こうした自己発見した学習，つまり自分のものにし，経験の中に同化してきた真
　　理は，他人に直接伝えることができない。このような経験を直接に伝えようとす
　　ると，それは教えることになってしまい，その結果はつまらないものになってし
　　まう。
　⑸私は，教えること（教授）の結果は重要でないか，もしくは有害であると感じる
　　ようになってきた。

(6)自分一人か，他の人間との関係において学習することは得るところが多いものであることが分かってきた。

(7)私にとって学習していく上で重要なのは，自分の経験が持つ意味に接近していくことである。

　やや極端ともいえる項目もあるが，学習者中心の教育ではとくに(3)(4)(6)(7)が重要と思われる。教育や学習の本質に立ち戻らせる命題を提起しているといえるだろう。

（3）教師中心の教育と学習者中心の教育の比較

　伝統的な教育は，教師が教える教師中心の教育である。パーソンセンタードの教育は，学習者が自発的に学習する学習者中心の教育である。両者は，表4-1にみられるようにかなり対照的で，一つの連続体の両極と見なせるだろう（Rogers, 1977）。学習者中心の教育では前提条件が存在することが重要であり，教員は生徒の学習の促進者（ファシリテーター）として機能するのである。また学習者の自発的な学習プログラムの継続と自己評価が重視される。こうした教育観の違いは，学級経営（表4-2）にも反映される。教師中心の学級では，教師のリーダーシップ，監督としての教室経営，規律，規則，教師の責任が強調される。一方学習者中心の学級は，思いやること，ガイダンスとしての教室経営，協力，学級のすべての成員に妥当する発展的な自己規律の構築を強調する。生徒が自分で考え，お互いに助け合うよう勇気付ける。また異なる学習環境（教室）における学習者の受動性－能動性（表4-3）にも顕著にあらわれる。受動的な教室は，生徒が孤立的で，参加，関与，理解，感動の実感を持たない。それに対して能動的な教室には，親密で豊かな共同関係があり，意欲，関与，創造，自律，責任などがある。学習者中心の教育観に立った学級経営は，子どもが魅力と意欲を感じる成長促進的な学習環境といえよう。子どもが受動的に過ごす場よりも，能動的に学び成長発達していく人間尊重の学習環境をつくることが求められる。

表 4-1　伝統的な教育と学習者中心の教育の比較

伝統的な教育の特徴	学習者中心の教育の特徴
・社会的慣習に従った教育。	・前提条件：リーダーあるいはその状況の中で権威者と見なされる人は，その人自身の中でも他人との関係においても，十分に安定しており，他人が自分自身を考え，自分自身を学んでいく能力に本質的な信頼を経験している。その人は，人間を信頼するに値する有機体と見なしているのである。もしこの前提条件が存在するならば，次の局面が可能になり，実行される傾向にある。
・教師は知識の所有者であり，生徒はその受取人である。	・促進的なリーダーシップには波及効果がある。
・講義や教科書，その他の言語による知的教授法が，受取人に知識を注入する主要な方法である。試験は，生徒がその知識をどの程度受け取ったかを測定する。これが，この種の教育の中心的な要素である。	・促進的な教師は，生徒や親や地域住民といった他者と学習プロセスの責任を分かち合う。
・教師は権力の保持者であり，生徒はそれに服従する者である。	・促進者（ファシリテーター）は，自分自身の内面と経験から，また文献や資料や地域社会の経験から学習資源を提供する。
・権威者による規則は，教室の中で守られるべき政策である。	・生徒は，自分独自で，もしくは他者と共同で，自分自身の学習プログラムを発展させる。
・信頼は最小限しかない。	・促進者（ファシリテーター）は，学習の継続的な過程を強化することに焦点を当てる。
・生徒を，断続的または継続的な恐怖状態におくことで最もよく管理される。	・生徒は，自己規律によって個人的な目標に到達する。
・民主主義とその価値は，実践の場では無視され，軽蔑されている。	・生徒は，自分自身の学習を評価する。
・教育組織では，知的なもののみがあり，全人的人間の存在する余地はない。	・成長促進的風土において，伝統的な授業よりも学習は深まり，急速に進展し，生徒の生活と行動に一層浸透する傾向がある。

（出所）Rogers（1977）と Rogers & Freiberg（1994）より筆者作成。

表 4-2　教師中心の学級経営と学習者中心の学級経営の比較

教師中心の学級	学習者中心の学級
・教師が唯一のリーダーである。 ・経営は監督の一形式である。 ・教師がすべての文書業務や組織の責任をとる。	・リーダーシップは共有される。 ・経営はガイダンスの一形式である。 ・生徒が学級活動の促進者（ファシリテーター）として責任をとる。
・規律は教師からやってくる。 ・少数の生徒が教師の援助者である。	・規律は生徒の自己からやってくる。 ・すべての生徒に学級経営の中心的役割を担う機会がある。
・教師が規則をつくり，生徒に提示する。	・規則は教師と生徒によって学級の規約もしくは契約としてつくられる。
・結論はすべての生徒に固定的である。 ・報償はたいてい本質的でない。 ・生徒に限定的な責任しか認めない。 ・コミュニティのメンバーが教室に入ることはほとんどない。	・結論は生徒個人の違いを反映している。 ・報償はたいてい本質的である。 ・生徒は学級の責任を共有する。 ・生徒の学習の機会を豊かにし拡大するために，ビジネスやコミュニティ・グループとのパートナーシップが結ばれる。

（出所）Rogers & Freiberg（1994）より筆者作成。

表 4-3　受動的な教室と能動的な教室の比較

受 動 的 な 教 室	能 動 的 な 教 室
・観光者としての生徒。 ・低レベルの課題を行う。 ・生徒は個々人で活動する。	・責任の分担者としての生徒。 ・小グループでプロジェクトに取り組む。 ・二人もしくは四人の共同的な学習グループで活動する。
・教師が提供する課題に基づいて活動する。	・プロジェクトを通して新たなアイデアや資料を創案する。
・書きものをすることはめったにない。 ・生徒の活動が取り上げられることはほとんどない。	・毎日よく書く。 ・生徒が選択した課題が取り上げられる。
・生徒たちの解答の理由はあまり討論されない。	・生徒たちが解答を導き出した方法が討論される。
・クラスに参加することはほとんどない。 ・教室を他人のものとしてみる。 ・教師管理型の規律。 ・クラスにあまり友だちがいない。 ・学校に遅れるのが普通である。 ・たびたび学校を休む。 ・学校をニュートラルに感じるか嫌っている。	・教師や仲間との相互作用を積極的に持つ。 ・教室を自分たちのものとしてみる。 ・共同的な規律。 ・クラスに何人もの友だちがいる。 ・学校に間に合うか早く行くのが普通である。 ・欠席は比較的少ない。 ・学校を楽しんでおり，学校にとけ込んでいる。

（出所）Rogers & Freiberg（1994）より一部改変し筆者作成。

2　学習の促進条件と学習者・教師の変化

（1）学習の促進条件（特質・能力）

　学習者中心の教育では，教師は児童生徒の学習を促進する促進者（ファシリテーター）になるのである。そこで促進者が，どのような促進条件（特質・能力）を備えているかが重要となる。備えるべき特質・能力として次の三つが挙げられる。

　①学習の促進者が学習者との関係において真実または純粋であること

　促進者は真実の人，すなわちあるがままであり，表面的な態度や取り繕った態度をとることなく学習者と関係を持つとき，はるかに効果的である。これは，促進者が自らの感情を感じとり，それに気づくことができ，自分自身の感情を生きることができ，必要なときには自分の感情を伝えることができるということを意味している。それは促進者が，学習者と人間対人間の基盤に立って直接出会うことを意味している。促進者は自分自身を否定しないで，自分自身であることを意味している。

　②促進者が学習者を尊重・受容・信頼すること

　促進者が学習者の感情・意見・人柄を尊重することである。それは，学習者を好きになることであるが，所有的なものではない。一人の価値ある個人として受け入れることである。それは，学習者は基本的に信頼できるという確信を持つことである。

　③促進者が学習者を共感的に理解すること

　促進者が学習者の反応を内面から理解でき，教育と学習の過程が学習者にどのように見えているかを鋭敏に気づくことができることである。教室の中で学習者の立場に身を置き，その学習者の目で世界を見ることができることである。

　促進者が実現するこれらの学修の促進条件は，第1節の（1）項で述べたパーソンセンタードのカウンセラーの中核3条件（自己一致，無条件の肯定的関心，共感的理解）にほかならない。

（2）学習の促進条件による生徒・教師の変化

　アスピー（Aspy, D.）らの NCHE（The National Consortium for Humanizing Education，教育を人間化するための全国協会）は，学習の促進条件と学習者の変化の関係を明らかにすべく，教師600人と10,000人の児童生徒（幼稚園児〜高校3年生）を対象に行った研究を報告している（Rogers & Freiberg, 1994）。

　学習の高水準の促進条件を備えた教師に教えられた児童生徒は，低水準の教師の児童生徒に比べて，①欠席日数が年間4日分少ない，②自己概念の肯定的な向上，③学力の上昇，④規律上の問題の減少，⑤破壊行為の減少，⑥知能指数の向上，⑦創造性の向上，⑧自発的で高い水準の思考，が認められた。

　促進条件の一つである共感スキルの高い教師は，共感スキルの低い教師に比べて児童生徒との間で次の行動を多く示す傾向がみられた。

　①児童生徒の感情に反応する，②進行中の教示場面の応答において児童生徒の考えを取り入れる，③児童生徒と討論（対話）する，④児童生徒をほめる，⑤教師は自己一致した会話（儀式的でない会話）を行う，⑥児童生徒個人の照合枠に沿った内容につくり変えようとする（学習者の直接のニーズに応えるよう説明される），⑦児童生徒とよく笑う，である。

　また，共感スキルの高い教師が行う活動には，次のような特徴があった。

　①学習目標を児童生徒と協力して決める。②教室に展示物などが多く，教室が生き生きして見える。③学習事項の順序が柔軟に変更される。④生産性や創造性が重視され，成績評価やテストは重視されない。

（3）教師の促進条件の訓練成果

　前述の調査の後，3年にわたって行った教職員の促進条件（共感，自己一致，肯定的関心）の訓練の結果，次のことが明らかになったのである。

　①教師，校長，カウンセラーの促進条件を，訓練プログラムによって初歩レベル以上に引き上げることができた。

　②人種，性，教育の経験年数，地理的場所には，訓練の違いがみられなかった。

　③小学校の教師よりも中学・高校の教師の方が，より長期的な，あるいは強

力な訓練を必要とした。

　④学習場面に応用する訓練が行われたとき，学級での教師の機能レベルについて定期的なフィードバックが与えられたとき，講師自らが効果的な初歩レベル以上の機能をもって指導したとき，教師はより効果的に学習した。

　⑤校長や学校システムの管理者が，深く訓練に関わる動機を教師に与えることで訓練プログラムを支持するとき，教師のスキル獲得も進み，その成果が教室で頻繁に実現された。

　⑥校長が教師とこの訓練を受けた場合，教師は(a)生徒に高レベルのスキルを用い，(b)職場環境と教える仕事を魅力的と報告し，(c)転職率と欠勤率が減少した。

　⑦教師の共感の水準によって，生徒の成長（自己概念・学業成績・出席率の向上，破壊行動の減少）が予測できた。

　教師などの学校関係者が訓練によって学習の促進条件の習得が可能であり，そのことが学習者との関わり方と関係性に影響を与え，また教師の意識と行動を変えることが明らかにされた。

　なお，教育組織を変革する試みが，エンカウンター・グループを活用して，カリフォルニア州ロスアンゼルスのイマキュレート・ハート学校区やケンタッキー州ルイヴィル市中心部の学校区で行われている。

3　畠瀬稔と「人間中心の教育」

（1）ロジャーズを受け継いで

　ロジャーズのパーソンセンタード・アプローチ（PCA）に共感し，終生，「人間中心の教育」の研究と実践を続けたのが，戦後日本の臨床心理学の草分け的存在の畠瀬稔である。この節では，畠瀬の思想と実践を振り返りながら，「人間中心の教育」の原理について紹介していきたい。

　1967年から1969年にかけての２年間，ロジャーズのもとに留学した畠瀬は，1970年以降，「エンカウンター・グループ」（対話による出会いのグループ）を各地

で実施し，1979年には，教育に焦点を当てて，「教育のためのエンカウンター・グループ経験と人間中心の教育研修会」（有馬研修会）を神戸有馬温泉で始めた。

　有馬研修会のねらいについて畠瀬（1990）は次のように記している。

　「従来の教師研修が，情報伝達や教科中心の内容であるのに対して，エンカウンター・グループによる情動的体験的な対人関係の理解と促進をはかる研修を中心に，併せて，『人間中心の教育』という cognitive（認識的）な側面の理念についてもいくつかのモデルを提示することにより，認識的側面と感情・情動の側面の統合的研修を実践，開発しようとしたのである。言わば，この研修会そのものが，人間中心の教育のひとつの体験の場であることを志向した。」

　有馬研修会は，畠瀬が亡くなった2014年以降も，現在（2020年）に至るまで続けられている。畠瀬は，1982年に日本人間性心理学会を立ち上げたあと，大学の教員養成機関に無力感と失望感を感じていたこともあり，有馬研修会を母体として，1984年には「人間中心の教育研究会」を設立した。

（2）「人間中心の教育」とは何か

　「人間中心」は，環境破壊や戦争を生み，自然や生命に対する人間の傲慢さを表すものとして批判的に使われることも多いが，ここでは，「個性的存在として，ありのままのそのひとの存在と可能性を大切にする」という意味を持つ "person-centered" の訳語として使われている。

　畠瀬は，「人間中心」の真のねらいは，「教師と生徒が胸襟を開いて対話し，信頼の場を作り上げていくこと，決して生徒にすべてを一方的に任せてしまうものではないこと，教師と生徒の両方が "パワー"（権力）を共有すること」であり，「どちらか一方が権力・支配を持とうとする思想から自由でなければ，学校は信頼感と自己実現の促進の場にはなりえないことなどを明確にする意味で，『人間中心の教育』の名称を選んだ」と記している（畠瀬，1990）。

　教師や親が一方的に子どもを指導するのではなく，かといって，子ども第一で教師や親がそのために尽くすのでもない。「教師中心」「親中心」でもなく，「児童生徒学生中心」「子ども中心」でもないという意味での「人間中心」なの

である。

　畠瀬は「人間中心の教育」の特色として，次のように，説明している（畠瀬,
1984）。

　①「教育理念」

　伝統的立場の教育が教科中心のカリキュラムを中核として，文化遺産として
の知識の伝達に重点をおくのに対して，**人間中心の教育は個人自身の体験的理
解と成長，つまり全人としての学習により，「生きる力」と「自己実現」を援
助促進する**ことを強調する。

　②「社会的使命」

　したがって，自己自身の理解，他人の理解，対人関係の理解と促進を中核に
すえながら，集団・組織・社会への認識にも眼をひろげ，**「自己実現的人間」
の成長を促進するような社会の発展**を課題としている。これは現在の教科中心
のカリキュラムの中には，具体的なものとしては取り入れられていない。現行
の主流は「知識」と「頭」中心主義であり，学校時代の成績と現実の自己実現
度との間に大きなギャップが存在することは御承知の通りである。しかも，社
会のあり方はしばしば自己実現を阻む形でしか存在しない。少なくとも**学級，
学校，教育組織は自己実現を援助するモデル社会**として構築されるべきであり，
それは社会のあり方のモデルとしての先進性を持たねばならない。

　③「平等な風土・組織」

　伝統的教育は，教師中心の一斉授業である。教師が権力（power）を持ち，
教師が「生徒によかれ」と考えるペースで授業を進めるのが一般的である。し
かも，教師の考える基準によって生徒を一方的に評価してゆく。極言すれば教
師の色眼鏡を通してものを見ることを教えられ，それに外れたものはバツであ
る。**人間中心の教育は，生徒も教師も「平等の地平に立つ人間」として，時に
は教え，時には教えられる，共に学び成長し合う学習の風土を作る**ことを課題
としている。そこでは，生徒の発想，関心，意見は最大限に重視され，生徒自
身による自己評価や相互評価を取り入れ，教師も生徒によって評価＝フィード
バックを受ける，「権力による支配のない教育」「新しい体験と認識に開かれて

ゆく教育」をめざそうとしている。

④「学校組織」

以上のような教育の実現のためには，学校教育組織そのものの変革も必要となってくる。すなわち，**学習の徹底的個別化，管理と規則づくめの教育の現状の見直し，画一的でない，自由で活気と創造性にみちた雰囲気，保護者・生徒・教師・住民の四者によって民主的に運営される学校**，大規模学校でなく人間的ふれ合いの可能なミニスクールというように，人間中心の教育が実現しやすい環境と組織改革が望まれる。

といって，現行の教育組織の基準と学習指導要領を無現することはできないので，現行の制約下の中でこれらの理念を最大限に生かす道を求め，できれば次の変革に向けて実証的な資料と提言を提起したいと考える。

⑤「哲学」

以上のような「人間中心の教育」の基礎には，**人間の自己成長力に対する信頼の哲学がある。人はそれぞれ個人差を持ち，能力にかかわりなく自分の運命・資質を，努力をもって開花させる権利と潜在力を持っている。その潜在力を開花させるにふさわしい風土があれば，必ずや自己実現的な人間として，活力ある一生を成長しつづけることであろう。**それは，親，教師，社会，国家の権力によって歪められ，抑圧されてはならない貴重な個性であり，人権である。一人一人が自分の内なる可能性にめざめ，それを実現させ，自分の人生と社会に責任を持てる人間として成長をめざすことこそ人間中心の教育だと考える。

⑥「方法としての『対話』」

この人間中心の教育の理念を達成するためには，「対話」が重要な方法となる。現行の多くの授業にみられる一方的な知識伝達的方法では，以上の課題は達成できないであろう。対話の中から，自己への気づき，他人への理解，権力の平等化，集団・組織への認識が促進されるであろう。エンカウンター・グループ（対話による出会いグループ）は，この課題に向かっての一つの基礎的なアプローチを提供するものである。

（「人間中心の教育」研究会設立趣意書より）

　「平等の地平に立つ」「率直でありのままの自分でいたい」とは畠瀬が常日頃よく言っていた言葉である。

　成績評価や単位認定の権限を持っている教師が，生徒と「平等の地平に立つ」人間同士として，「共に学び合い，成長し合う」同士としての関係を作るには教師自身の意識改革が必要である。かといって，現在広がりつつある，生徒に教師の授業力を評価させ，教師の勤務評定に含みこみ，給与に影響させるやり方が見合っているとは思えない。一見，生徒の意見を反映しているようであるが，そこには対話も信頼感もなく，教師が生徒を評価し，生徒が教師を評価するという権力の行使の競い合いと不信感があるだけだ。

（3）人間中心の教育の二つの柱

　畠瀬（1996）は，人間中心の教育の実践的研修として二つの柱を立てた。

　第一の柱は，エンカウンター・グループ経験である。そこでは，参加した教師たちがお互いに心を開いて，聴き合い，語り合うことで，受容・共感・純粋性という三つの態度条件を体験し，養っていく。「自分がよりありのままであり，自分の真実に目覚めるほどに共感的な理解や受容的な感情が一体となって体験される」ことを期待したのである。

　学校教育において，教師はホームルームや授業，部活動などで複数の生徒たちと関わることが多い。その時，教師は上からの命令で指導するのではなく，生徒たち自身が自分の問題を自分で解決していくことを促進していくファシリテーターとしての役割を取るべきであり，そのためにも教師にとって，グループ体験がとても重要だと畠瀬は語っていた。

　人間中心の教育の第二の柱は，教師主導の一斉授業から一人一人の自己実現を目的とした授業への転換である。

　畠瀬は，福岡の小学校教師であった古賀一公の「ひとり学習」の理念と実践を高く評価して，第二の柱の中核としたが，あらためて次節で取り上げたい。

　畠瀬やロジャーズの願いに反して，現代日本の教育現場では，教職員は，上からの命令に従うことが強調され，一人一人の生徒の成長より，高得点をとる

能力をつけるための競争が強いられている。教師も生徒も管理され，官僚主義と市場主義によってますます非人間的な方向に進んでいるように思える。

　畠瀬は自身の軍国主義下での教育体験と重ねて現在の教育のあり方を次のように憂慮していた。

　「多くの教育組織は，口では民主主義を唱えながら，ひと握りの管理職が強権によって学校を運営しているのではなかろうか。そのような組織では，教師も職員も上に対しては心ならずも従うが，下に向かっては権力をふるうことに慣れがちである。そこでは，末端の学生・生徒は，叱咤激励され，しめつけなければ学習しないと信じられているように思う。その極端が戦時下の強権と暴力の横行した教育であった。あの暴力をふるった教師たちを思い出すと，小ヒットラーはいつでも出現する可能性があると思う。そして生き生きした学習の経験を一度経験したならば，その後の人生の自信に深くつながってくるものであることを思う」（畠瀬，2002，264-265頁）。

4　古賀一公と「ひとり学習」

（1）「ひとり学習」とは何か

　古賀一公は，福岡の公立小学校教師として，人間中心の教育を具体的に実践し，そこから「ひとり学習」と呼ばれる教育理論を生み出した。同時に，「教育とは何か」「人間とは何か」について深く考察した教育思想家でもある。

　1968年からはじめた「学習者中心の学習指導法の研究」は，1974年に担任をした小学 4 年生の「崩壊学級」への取り組みをきっかけに，「ひとり学習」へと深化していった。

　基本となるのは，「目の前のひとりの生徒」の存在である。その姿をよく観察し，その意味を考え，工夫を重ねることを基本に，「精神的自己実現力」（人間としてよりよく生きる力）の成長を援助していこうと考えた。「ひとり学習」は，「パーソンセンタード・ラーニング」（person-centered learning）すなわち，「人間中心の学習」なのである。

　「ひとり学習」はたんなる「個別学習」ではない。生徒一人一人が，自分の課題を設定し，自分の計画にしたがって，学習を進めていくと同時に，生徒の発表や生徒同士が相手を理解するための「聴き合い」も重視される。

　そこでは，一斉授業の形で，教案を効率よく，決められた過程通りに運ぶ「過程による授業」ではなく，生徒が主体となって学習を進める「場による授業」が行われる。教師の活動は，個々の生徒の姿を観察して，その意味を洞察し，成長のための工夫をしていくこと（「姿と意味」と呼ばれる）と学習カウンセリングとも呼びうる生徒との１対１の「勉強相談」が中心となる。

　古賀は，仲間たちと1980年に福岡「ひとり学習」の会を発足させ，会員数も一時，100名を超えるところまで広がった。

　「ひとり学習」という教育活動について，福岡「ひとり学習」の会は次のように定義している（古賀，2004）。

(1)目の前の「ひとり」の「精神的自己実現の援助」を基本理念にしている。

(2)目の前の「ひとり」の「人間としてよく生きる力の成長の援助」を基本目標にしている。

(3)「目の前の『ひとり』の姿とその意味をよく見，よく考え，援助者自身の力と責任で，人間としてよく生きる力の成長援助のための具体的な工夫に取り組む」ことを実践の基本態度にしている。

(4)「１対１のパーソナルな援助的人間関係を基本とし，援助者と学習者，学習者と学習者の間に心の絆が育つように援助する」ことを実践の基本関係にしている。

(5)「課題の選定，立案と計画，実際の行動，過程の反省までの課題達成のための一連の過程を，全部その学習者自身の力と責任で進めさせ，目の前の『ひとり』の人間としてよく生きる力の発揮体験が効果的に生じやすいように援助する」ことを実践の基本方法にしている。

　福岡「ひとり学習」の会は，「姿と意味のノート」「観察カード」「聴き合い」「ひとり一工夫」「教育的制限」など，精神的自己実現の援助のためのさまざまな方法を開発，実践しながらも，発起人の高齢化とともに2004年に閉会した。

その後，子ども幸福度調査でいつも上位にくるオランダの教育を知った時に「ひとり学習」とよく似た教育がされていることに驚いたことがある。「ひとり学習」はこれからの教育のあり方を考える上で大きな財産を残してくれている。

（2）「受容」「共感」と「純粋性（一致）」との間の矛盾

次に，「人間中心の教育」を実践していく上での重要な問題を紹介したい。

ロジャーズの著作を通して「学習者中心の授業」や「心理的成長を促す三原則」について学び，大きな影響を受けた古賀だったが，現場の実践の中で，受容・共感と純粋性（一致）との間の矛盾の壁に直面した。

ロジャーズの理論によれば，教師（援助者）が生徒（学習者）に対して「無条件の積極的な関心」を抱き「共感的（感情移入的）な理解」をしようとし，しかも教師（援助者）自身が「純粋」で「自己一致」している関係性があれば，生徒（学習者）は，自ら成長していくと考えられている。3条件の中でも，とりわけ，純粋性が教育において最も重要であるとロジャーズは考えた（Rogers, 1967）。

「（学習を促進する有効条件の）第一はファシリテーターの透明な真実性であり，一人の人間であろうとする意欲であり，その瞬間の感情と思考そのものになり，それを生きようとすることである。この真実性が，学習者への尊重，配慮，信頼と敬意を含んでいるとき，学習を促進する風土は高められるのである。その真実性が敏感で正確な共感的傾聴を含むとき，自主的な学習と成長を刺激するような自由の風土がまさにそこに存在する。生徒は発達するものと信頼されている」。続いて，ロジャーズは，そのような態度で行動する教師は，もはや，「教える人」ではなく，「自由と生命と学習の機会を与える触媒者であり，ファシリテーターである」と表現している。

ある時，古賀は，反抗的な言葉を返してきた生徒を前にして，否定的な感情が沸き上がり，受容や共感の方に感情が動かない体験をした。

「援助者が，学習者に対して否定的な感情と考えを持った時，学習者中心の学習指導を効果的に行うことができなくなる」という現実に直面し，「もし，

援助者がその独自な感情と考えを捨てたとすると，そのことは，自分をひとりの人間から，単なる役割へと変えてしまうことになる。それは，結局，学習者をひとりの人間と見ないで，ひとつの役割として見る，という原理に自分を立たせてしまう。これではひとりひとりの学習者の，独自の目的と方法を最大限に尊重しようとしている学習者中心の基本的な立場，その人間尊重の思想的基盤はまったく失われてしまう」（古賀，1973，2頁）と悩んだ古賀は，福岡市教育センターでの長期研修でその体験を中心的課題にして研究に取り組んだ。

　ロジャーズやジェンドリン（1966）の文献研究を手がかりに研究を進めた古賀は，尊重，共感と純粋性の矛盾を超える方向性を純粋性の持つ逆説性の中に発見する。

　「援助者が反抗する子どもに純粋に共感できれば，子どもが成長するというなら，援助者が，子どもを受け入れられない自分自身に純粋に共感し，自分の不完全さを受容するならば，援助者も成長するのではないか」（古賀，2000，28頁）

　要するに「援助してあげる役割の人」ではなく，同じ地平に立つ「何とかして援助者になりたいという願いを捨てきれない不完全なひとりの人間」になること。感情を技術や相手を支配する道具として扱わずに，自分の中に起こっている感情として，つまり，自分に向けられているものとして受容し，そして相手に表明すること。そして，「自己の内部にある，相手への尊重共感の感情と否定的感情をありのままに受容すること。すなわち，自分を矛盾の同時存在として肯定する時，相手もまた自分をそのような存在として受容する可能性がでてくるのではないか。教師が自分自身の不完全さを受け入れることができることが，子どもの不完全さをも受け入れることができる土台になるのではないか」（古賀，2000，28-29頁）と考えたのである。

　その後，現場に戻った古賀は，自分の中に否定的な感情が沸き起こった時に，その感情を認め，表明することで，自由になり，生徒のこともより理解できるようになり，結果的に，生徒との関係性がよくなる経験を重ねていった。

　古賀は「教育は心理治療以上にむずかしい」という。なぜなら，「心理治療

では，『いま，ある』姿と意味の尊重と共感が重要」だが，「教育は，『あるべき』と『ある』の矛盾する二つの内容をどちらも尊重し，共感しなければならない」からだ。たとえば，子どもの成長を援助するための「教育的制限」（教育指導）を課すためには，教師にとって体験の積み重ねと高度な訓練が必要だという（古賀，2000，33-34頁）。

　古賀は，有馬研修会において，「教育専門職」のための「人間中心の教育」の研修と相互援助のグループを立ち上げた。参加者は，「教育理念」「教育目標」「教育方法」「教育内容」「教育研究法」「教師養成」「教育制度」の七つのテーマについて，毎年一つずつ，自分の考えと裏付けとなる根拠（事実）と説明を，自分の実践を手掛かりに報告し，聴き合い，1年がかりでレポートにまとめていくという課題に取り組んだ。

　すべて，終わるまで7年を要する研修だった。古賀は，エンカウンター・グループを土台に「人間中心の教育」を担う教育専門職を養成し，日本の教育を底辺から変革していきたいと切望していたのである。

 さらに学びたい人のための図書

畠瀬稔・水野行範・塚本久夫編（2012）『人間中心の教育』コスモス・ライブラリー。
- ▶畠瀬稔をはじめ，有馬研修会のスタッフと参加者により書かれた人間中心の教育とエンカウンター・グループの体験に触れることができる。

カーシェンバウム，H. & ヘンダーソン，V. L. 編／伊東博・村山正治監訳（2001）『ロジャーズ選集（下）』誠信書房。
- ▶第Ⅵ部には，教育に関する「20　教授と学習についての私見」「21　学習を促進する対人関係」「22　教育の政治学」の三編が収められている。

ロジャーズ，C. R. & フライバーグ，H. J. ／畠瀬稔・村田進訳（2006）『学習する自由［第3版］』コスモス・ライブラリー。
- ▶ロジャーズの名著『創造への教育』『新・創造への教育』にその後の米国の教育状況の変化を踏まえて，フライバーグによって増補改訂し1994年に出版された。パーソンセンタードの教育論・実践が発展的に継承され，教育状況の改善に資する内容へと改訂されている。

伊藤義美・高松里・村久保雅孝編（2011）『パーソンセンタード・アプローチの挑戦』創元社。

　▶エンカウンター・グループを中心に，日本における PCA 活動を展開してきた人間関係研究会の創設40年を記念して発刊された論文集。

引用・参考文献

古賀一公（1973）『学習者中心の学習指導法の性格の研究』福岡教育センター。

古賀一公（2000）『学級崩壊からの教育再生』人間中心の教育研究会。

古賀一公（2004）「『人間としてよく生きる力』が育つ実践の工夫」福岡「ひとり学習」の会。

ジェンドリン，E.／村瀬孝雄訳（1966）「言語下のコミュニケーションと治療者の自己表明性」『体験過程と心理療法』牧書店，190-206頁。

畠瀬稔（1984）「人間中心の教育」研究会設立趣意書。

畠瀬稔（1990）『エンカウンター・グループと心理的成長』創元社。

畠瀬稔（1996）「教師教育の立場から」『人間性心理学研究』第14巻第2号。

畠瀬稔（2002）「戦時下の学習と大学院における自己実現学習」京都大学教育学部第2期生有志（稲葉宏雄他）『あの頃の子どもたち』クリエイツかもがわ。

Mearns, D. & Thorne, B.（1988）*Person-centred counselling*, SAGE（ミャーンズ，D. & ソーン，B.／伊藤義美訳（2000）『パーソンセンタード・カウンセリング』ナカニシヤ出版）.

ロジャーズ，C. R.（1957a/2001）「16　セラピーによるパーソナリティ変化の必要にして十分な条件」H. カーシェンバウム & V. L. ヘンダーソン編／伊東博・村山正治監訳『ロジャーズ選集（上）』誠信書房，265-285頁。（Rogers, C. R.（1957a）"The necessary and sufficient conditions of therapeutic personality change", *Journal of Consulting Psychology*, 21(2), 95-103, を Kirschenbaum, H. & Henderson, V. L. eds.（1989）*The Carl Rogers reader*, Sterling Lord Literistic, に掲載し，本書を翻訳した。）

ロジャーズ，C. R.（1957b/2001）「20　教授と学習についての私見」H. カーシェンバウム & V. L. ヘンダーソン編／伊東博・村山正治監訳『ロジャーズ選集（下）』誠信書房，54-58頁。（Rogers, C. R.（1957b）"Personal thoughts on teaching and learning", *Merrill-Palmer Quarterly*, 3, Wayne States University Press, pp. 241-243, を Kirschenbaum, H. & Henderson, V. L. eds.（1989）*The Carl Rogers reader*, Sterling Lord Literistic, に掲載し，本書を翻訳した。）

ロジャーズ，C.R.（1967/2001）「21　学習を促進する対人関係」H.カーシェンバウム＆
V.L.ヘンダーソン編／伊東博・村山正治監訳『ロジャーズ選集（下）』誠信書房，
59-84頁。（Rogers, C.R.（1967）"The interpersonal relationship in the facilitation of
learning", R. Leeper ed., *Humanizing Education*, Alexandria, pp.1-18, を
Kirschenbaum, H. & Henderson, V.L. eds.（1989）*The Carl Rogers reader*, Sterling
Lord Literistic, に掲載し，本書を翻訳した。）

Rogers, C.R.（1969）*Freedom to Learn*, Charles E. Merrill Publ. Co.

ロジャーズ，C.R.（1977/2001）「22　教育の政治学」H.カーシェンバウム＆ V.L.ヘンダ
ーソン編／伊東博・村山正治監訳『ロジャーズ選集（下）』誠信書房，85-100頁。
（Rogers, C.R.（1977）"The politics of education", *Journal of Humanistic Education*, 1
(1), 6-22, を Kirschenbaum, H. & Henderson, V.L. eds.（1989）*The Carl Rogers
reader*, Sterling Lord Literistic, に掲載し，本書を翻訳した。）

Rogers, C.R.（1983）*Freedom to Learn for the 80's*, Charles E. Merrill Publ. Co.

ロジャーズ，C.R.／友田不二男・伊東博監訳（1984）『新・創造への教育1　自由の教室』
岩崎学術出版社。

ロジャーズ，C.R.（1986/2001）「10　クライエント・センタード／パーソン・センター
ド・アプローチ」H.カーシェンバウム＆ V.L.ヘンダーソン編／伊東博・村上正治監
訳『ロジャーズ選集（上）』誠信書房，162-185頁。（Rogers, C.R.（1986）"A cli-
ent-centered/person-centered approach to therapy", In I. Kutash & A. Wolf eds.,
Psychotherapist's Casebook, Jossey-Bass, pp.197-208, を Kirschenbaum, H. &
Henderson, V.L. eds.（1989）*The Carl Rogers reader*, Sterling Lord Literistic, に掲載
し，本書を翻訳した。）

Rogers, C.R. & Freiberg, H.J.（1994）*Freedom to Learn*, 3rd edition, Prentice Hall, Inc.
（ロジャーズ，C.R.＆フライバーグ，H.J.／畠瀬稔・村田進訳（2006）『学習する自
由［第3版］』コスモス・ライブラリー）.

第**5**章

精神分析を学ぶこと
──己との語り合い──

木部則雄

1　己との語らいにおける心的葛藤と疼痛

（1）エディプス・コンプレックス（Oedipus complex）の発見

　精神分析はフロイト（Freud, S.）によって19世紀末に創案されたが，その道筋は試行錯誤，紆余曲折を経た。フロイトはウィーン大学医学部を卒業し神経学者として医師のスタートを切ったが，ユダヤ人であるがゆえに大学での昇進は望めず，最終的には開業医の道を選ぶことになった。この間，神経細胞の研究，パリのシャルコー（Jean-Martin Charcot）の下でのヒステリーの研鑽，麻酔剤としてのコカインの発見などの経験をした。1896年10月，フロイトは父ヤコブの死を契機に，そのモーニングワークの中で，自らの無意識の探索という自己分析に乗り出した。それは父の死後，3か月後に近親相姦の夢を見たことに起因していた。フロイトはヤコブが42歳の時の子どもであり，父は82歳で亡くなった。ヤコブは安定した権威を持ちながら，進歩的で，親切な情愛深い寛大な人物であった。フロイトは父親への敵意や憎悪を意識することなく，愛情深い父子関係を形成していた。フロイトにとって，ヤコブへの敵意と憎悪を意識することは，自らの無意識を知るという過酷な作業であった。このモーニングワークに関わったのは，ベルリンの耳鼻科医であるフリースであった。1887年，ウィーンでフリースと出会って以来，1900年までフロイトはフリースを理想化した親友，父親が亡くなった後は父親の代理として傾倒した。後に，フロイトはこれを「転移」と呼ぶようになった。その意味では，フロイトはフリー

スを分析家と見なし，自己分析を深めることになった。これは「フリース体験」と称せられるものであり，フロイトからフリースへの手紙は『フロイトフリースへの手紙——1887-1904』（Masson, 1985）として刊行されている。

　フロイトの自己分析におけるモーニングワークの経験は，『夢解釈』（Freud, 1900）から『悲哀とメランコリー』（Freud, 1917）に至るまでの著作に記述されている。さらに，フロイトは父の死後，自分の中に父親への敵意，幼児期に母親が裸でいた時に感じた性的興奮などを抱いたことを想起した。フリースへの手紙に，「私にも母親に対する愛と父親への嫉妬を発見した。それは幼児期には普遍的に見られる現象であると信じる。……誰もがエディプスの芽を持っている」とエディプスの発見について書いた。このフリース体験を契機に，フロイトは心的外傷（性的誘惑）を子どもに与えるのは外的対象である他者ではなく，子ども自身に潜む性的欲動であることを発見し，性的外傷説から乳幼児期から潜む幼児性欲，エディプス・コンプレックス（Oedipus complex）を自覚し，このフロイトの自己分析での自己洞察が精神分析の誕生をもたらした。フロイトはエディプス・コンプレックスを神経症の中核的要因として，幼児性欲に基づいて両親への敵対的な衝動とその抑圧であると考えるようになった。神経症は自分自身の中の無意識的葛藤にその原因があり，それを意識化することが精神分析治療の目的となった。

（2）母子関係

　フロイト以後の精神分析家であるメラニー・クライン（Klein, 1932），ウィニコット（Winnicott, 1965），ボウルビィ（Bowlby, 1988）らは父子関係よりも母子関係に精神分析の視点を遷し，そこにある複雑な心的世界を描きだした。クライン（Klein, 1935；1946）は生下時からの乳児と乳房との関係について臨床実践と乳児の観察から勘案して，妄想・分裂ポジションから抑うつポジションへの発達論を考案した。乳児にとって生下時には，自分に授乳する乳房はよい乳房であり，空腹に苛まれ泣き喚く乳児に授乳しない乳房は悪い乳房であり，このスプリットした乳房との関係性が妄想・分裂ポジションであるとした。こ

のスプリットした乳房がよい乳房の体験に優ると乳児は悪い乳房も同じ乳房であることに気づき，理想的な乳房を喪失するために，抑うつポジションとした。悪い乳房の体験が優りよい乳房の体験が万全でない場合はこの喪失に耐えられず，これは被虐待児や境界例などの精神病理とされている。

　古澤平作（古澤，1954）はフロイトの父子関係に関する葛藤であるエディプス・コンプレックスに比し，母子関係を重視する阿闍世コンプレックスを提唱した。古澤はこの論文をフロイトに提出したとされているが，フロイトは関心を示すことはなかった。しかし，これは日本人論の一つとして見なされ，小此木・北山（2001）はこの理論を整理し，理想的な母親との一体感から，母親による父親との関係を含めた裏切りの段階を経て，怨みを超えた母親へのゆるし合いの過程であるとした。

（3）きょうだい葛藤

　己との語り合いは，子どもでも同じように為され，それはより活発であるとも言える。クライン（Klein, 1932）によれば，子どもは発達の基盤となる好奇心によって，母親の身体内に関心を抱き，そこにある父親のペニスや子どもたちを攻撃するとしている。このことはセンダック（Sendak, 1970）の絵本である『まよなかのだいどころ』に描写されている。4，5歳の男児ミッキーは真夜中に物音で目が覚める。ミッキーは子ども部屋から物音の方に行こうとするが，地下にある台所に落下してしまう。そこには3人の奇妙なパン屋さんがパンを作っていた。ミッキーは危うくパンと間違えられて焼かれそうになるが，脱出する。ミッキーは毎朝，美味しいパンができるわけが分かったという顚末である。ミッキーは両親の寝室という「まよなかのだいどころ」に忍び入り，子どもができることをパンの製造と同等視すること，つまり象徴形成をすることを意味している。このことは，子どもの己との語らいの上で重要な作業である（木部，2012）。

　フロイトは精神分析の理論として引用していないが，ソフォクレスはエディプス死後のストーリーとして『アンティゴネー』（ソポクレース／中務訳，2014）

を記している。エディプスの娘であるアンティゴネーは妹イスメネーとともに，エディプスの死後，テーバイへ帰郷した。そこでは，兄のポリュネイケスとテーバイの王位にあった同じく兄のエテオクレスが刺し違えて亡くなった。叔父クレオンがテーバイの統治者となった。クレオンは国家の反逆者であるポリュネイケスの埋葬や一切の葬礼を禁止し，見張りを立ててポリュネイケスの遺骸を監視させる。アンティゴネーはこの禁令を犯し，見張りに捕らえられてクレオンの前に引き立てられる。クレオンはたった一日分の食料を持たせてアンティゴネーを地下に幽閉した。その後，クレオンはアンティゴネーへの処分を撤回し，ポリュネイケスの遺体の埋葬を決める。しかし時は遅く，アンティゴネーは母イオカステと同じように首を吊り，父クレオンを恨んだハイモンも剣に伏して自殺した。さらにハイモンの死に絶望した妻までもが自殺して，クレオンは自らの運命を嘆く。ここにはきょうだい葛藤による権力争いによる殺し合い，その兄を思いやる妹の心情，社会の掟と個人の対決，母親と同じ自殺や心中という結末など，あらゆる悲劇が織り込まれている。こうしたトラウマの歴史に苛まれた人たちにとって，己と語り合い，己を知るという作業はきわめて困難になるであろう。

（4）見ることのできないこと──エディプスの顚末『コロノスのオイディプス』

　ソフォクレスはテーバイから立ち去ったエディプスの顚末として『コロノスのオイディプス』（ソポクレス／高津訳，1973）を書き残した。

　英国の精神分析家であるシュタイナー（Steiner, 1993）は，エディプスが勇気を持って親殺しについての真実に向き合おうとするものの，母親イオカステの自死を知り，その態度を維持できなくなり，自らの目を潰して，真実から目を背けることになったことを指摘している。次に，シュタイナーは『コロノスのオイディプス』に注目した。この戯曲の概略は次のようなものである。エディプスは自らの呪われた運命を知り盲目となり，テーバイの国から放浪の旅に出る。舞台は盲目で年老いたエディプスが娘であるアンティゴネーに手を引かれて登場し，コロノスの神域の近くまで来たところから始まる。そこにコロノ

スの老人たちに扮したコロスが登場し，すぐに立ち去ることを要求する。

　ここに王テセウスが登場し，エディプスはこの地で亡くなり，ここに葬ってほしいことをテセウスに伝える。テセウスはこれを受け入れる。エディプスはクレオンと息子のポリュネイケスの帰郷の説得に屈服せずに，この地で亡くなることを決断する。この時，天は急に荒れ，雹が降り，雷が鳴り響く。エディプスは終焉が近いことを覚悟し，神殿に入り，これに付き従ってテセウスと従者も姿を消す。その後，使者が現れ，エディプスの最後の一部始終を語り，エディプスが死んだことを告げる。その後は二人の娘による嘆きで劇は終わる。「オイディプス王」では自らの悲惨な運命を嘆くが，自らの運命を自らのものとして抑うつ感情に触れていた。しかし，ここでは一貫して自己の正当性を主張し，父親を殺したのも正当防衛であったし，その時は最善の選択をした結果であり，そこに恥じるところはないとエディプスは断言して，神になった。シュタイナーは，エディプス葛藤の抑うつ的な結末が耐え難いものである時に，エディプスは万能的な解決に頼り，暴君的な父親と同一化し，実際に自分の息子にも自分が受けた仕打ちを繰り返した。心的疼痛を抑うつ感として，こころに留めることができれば，大きなこころの成長を達成する。エディプスであれば，亡くなった両親の冥福を祈り，自分に降りかかった運命を受け入れ，息子たちに愛情を傾けることであったであろう。しかし，抑うつ感をこころに留める作業は難しく，心的疼痛は時にこころに混乱を引き起こす。この『コロヌスのオイディプス』はこの混乱の詳細を巧みに描写しているものである。さらに，心的疼痛はこころの領域から外在化され，それは被害妄想として襲ってくる。エディプスに襲い掛かったクレオンとポリュネイケスはこうした存在であった。

　己と語り合うという作業において，自らの責任を引き受け，これを継続することの困難さをこの戯曲は明示しているが，これはエディプス・コンプレックス以上に重要なことである。

2　精神分析のフィールド

（1）精神分析の治療構造と「転移」，技法

　精神分析における己と語り合う作業は，微妙かつ複雑なものであり，特殊なフィールドである治療構造を必要とする。精神分析はフロイト（Freud, 1913）の「治療設定」というカラクリを基に発達してきた。フロイトはとても時間に几帳面であり，禁欲的であり，科学という客観性を重視するといった気質があり，それを治療の枠組みに反映させたのが「治療設定」という仕掛けである。フロイトの日常生活はその性格を反映して恒常的なものであり，一人のクライアントに対して1時間という枠組み内で，50分間のセッションと10分間のブレイクというしっかり区切られたものであった。また，当時のフロイトのクライアントたちはウィーンの上流階級のユダヤ人コミュニティの人たちであり，その村社会の守秘義務のために，待合室を通り過ぎることなく，診察室から出ることができる別のドアが用意されていた。これはクライアント同士が出会うことで，治療上の悪影響である葛藤や行動化を招いてしまうからというより，狭い社会で神経科医の診察を受けているといった気まずさやゴシップの防止といったところであった。こうした観点からすれば，精神分析の「治療構造」の基礎はフロイトの性格とウィーンの上流階級のユダヤ人社会の必要に迫られて創案されたものであった。

　フロイト（Freud, 1905b）はドラという若い女性の精神分析の失敗から「転移」という現象を発見した。ドラは，フロイトに面接の「外」の父親への愛情を，面接の「内」のフロイトに投げ込んだが，この時のフロイトにはこれを十分に理解することができなかった。「転移」の発見前まで，フロイトはクライアントの面接の「外」の世界で起きた性に関連した空想を整理することでヒステリーの症状が回復することを経験した。しかし，クラインアントの語る現実はすべて事実という訳でなく，クライアントの心の中での事実（心的現実）であると考えるに至り，それは性的外傷説の放棄であった。フロイトは「転移」

こそ，精神分析の治療の中心テーマと見なした。そして，この「転移」を起こしやすい環境，つまり「治療構造」の重要性に気づいた。

　精神分析は頑なに治療構造について語るが，これは「転移」を起こすためのカラクリだからである。分析家はクライアントに対して常に一定の受動性，中立性で臨むことが大切なことになる。このカラクリ部屋は「転移」産生のためのフィールドであり，この「転移」解釈をすることによって初めて，精神分析が体を成すことになる。解釈は「転移」内容を変化させ，これによってセラピーが進展することになる。さしずめ，精神分析の三種の神器は「治療構造・転移・解釈」である。

　精神分析の面接の「内」では，クライアントはゆっくりと自分の狂気の世界に浸る。これは転移性精神病と称せられるが，原則的に面接の「内」では狂気に，「外」では適応的にといったのが理想的な展開である。フロイトは分別のあるクライアントによって精神分析を確立したとも言える。この治療構造に耐えることができたのは，自己愛人格障害や，境界性精神病とも診断される狼男（Freud, 1918）までである。しかし，狼男（Wolf-Man, 1972）はフロイトの死後，フロイトとの精神分析の体験を生活の糧，それそのものを人生の誇りにしたという観点からは，治療構造の枠組み内という判断も困難であるかもしれない。さらに，分別のないクライアント，つまり統合失調症と子どもに対しては精神分析の適応に四苦八苦した結果，フロイト自身はそれを断念した。面接の「内」と「外」のカラクリを守ることができないと考えたからに違いない。また子どもに関しては，養育者に依存する存在であり，転移そのものの特質に疑問があり，言語表現に限界があるために，精神分析そのものの適応外と考え，アンナ・フロイト（Freud, A., 1946）にこれを代弁させた。

　このフロイトの面接の「外」と「内」のカラクリの限界に果敢に挑戦したのが，クライン（Klein, 1923）であった。クラインは子どものプレイの無意識的意味を読み取り，ヒア＆ナウという歴史的再構成を必要としない，その瞬間，瞬間の「転移」を解釈するといった技法によって，治療構造を維持することを可能にさせた。一方，統合失調症については，ローゼンフェルド（Rosenfeld,

1987)，ビオン（Bion, 1957）などの試行によって，精神分析そのものの適応を拡大した。

　クラインは「転移」至上主義であり，面接の「外」の養育環境，保護者の対応などを悉く無視したとされている。実際には，アンナ・フロイトのようには重視しなかったというのが適切な評価であろう。クラインは子どもが不適切な保護者を持つにしても，それを超えて人生にはさらなる苦難が待ち受けているゆえに，保護者の問題を棚に上げ，子どもの対象関係を修正することが重要と考えた。クラインは素因，無意識的空想，死の本能から派生する羨望などの空想と対象との関係を精神分析の中心に据えた。さらに，現実そのものもすべて死の本能からの投影という色眼鏡で現実は歪曲化され，混沌とし，すべてを「転移」関係の枠組みで捉えることが可能であると考えた。さて，なぜクラインは歴史的再構成を軽視したのかと言えば，それは子どもが自分の過去を体系的に語ることはできないからであり，また大人のように脈絡ある言語的応答は困難だからである。つまり，瞬時の転移の流れを読み取り，それを解釈するヒア＆ナウの方法しかなかったのである。微細な「転移」の世界を読み取るには，厳密な治療構造が必要になり，そこには現実との接点の乏しい面接の「内」，セラピストとの関係性のみに焦点を当てることが重視されたのである。

（2）己と語り合う作業——教育分析と個人分析

　フロイトは，フリースを分析家のような存在として自己分析を行ったが，その後のフロイトの弟子や後継者は，フロイトやその後継者から自由連想法による精神分析を受けて，精神分析家として活動することになった。たとえば，精神分析が創設されてから数十年後，古澤平作は1932年からウィーンに留学し，ステルバの教育分析とフェダーンからのスーパーヴィジョンの指導を受けたが，教育分析は数か月間であった（永尾・ハーディング・生田，2016）。

　教育分析は精神分析家になるための訓練であり，ここでは訓練分析と同義のものである。これは国際精神分析協会によって規定され，最低週に4回，2年間以上，訓練分析家のもとに通い，それを体得することを目的としている。そ

れに対して，個人分析はあくまでも個人の必要性のために精神分析を行うものであり，教育分析（訓練分析）のような頻度や期間に決まりはなく，週1回から週5回まで，短期間から数年以上に及ぶこともある。

　精神分析を行うセラピストは自らの分析体験に基づいてその後の臨床実践を行うものであり，そのプロセスにおいて，当初のエディプス・コンプレックスの徹底操作だけでなく，より無意識的な複雑な関係である母子関係や真実といったテーマにおける己を知る作業には終わりがなかった。そのため10年以上におよぶ長期間の教育分析が稀でなくなった。その後，自閉症の精神分析という果敢な挑戦をしたタスティンはビオンを訓練分析家として紹介された（Spensley, 1995）。タスティンはビオンの真理への揺るぎない執念を抱く態度に感銘を受け，たびたびビオンへの深い敬愛を語っている。タスティンの訓練分析は，米国留学などの中断があったものの14年間におよんでいる。

　精神分析家と教育分析，個人分析を受ける人（アナリサンド）との関係は，「転移」関係に基づくものであるために，精神分析家には中立性，受身性が必要とされる。これは通常の教師と教え子といった関係とは程遠く，精神分析家が分析を受ける人に叱責や激励を与えたり，ものを教えたりすることは決してない。あくまでも，精神分析家は「転移」下の母親や重要な人物であり，多彩な役割を担うことになる。この時点で起きている情緒的な反応とその起源を含めて，精神分析家は解釈として個人分析を受ける人（アナリサンド）に反復的に伝える。精神分析では基本的に同じ曜日同じ時間に面接が行われるが，精神分析家はこの枠組みを壊すことがないように尽力する。しかし，この治療構造は夏休みなどの休暇，双方の都合などで維持されることはなく，こうした分離に伴ってドラマが展開することが多い。とても基本的な例であるが，ある個人分析を受ける人（アナリサンド）は，休暇に対して無意識的に怒りを感じ，何気なく亡くなった母親の思い出を語ることもあるだろう。そこには，休暇という分離体験は母親の死への怒りを想起し，精神分析家は亡くなった母親という転移下にあることになる。

　こうした意味で，精神分析家と分析を受ける人との関係は，精神分析家個人

への崇拝や敬愛ではなく，精神分析家の情緒的に理解して援助する機能をその人の中に内在化することである。

（3）精神分析過程

　精神分析のプロセスについて，メルツァー（Meltzer, 1967）は主に子どもとの精神分析過程について，授乳という母子関係の喩えを用いて論じている。難解な理論であるが，精神分析という緻密な作業プロセスが語られている。メルツァーは転移を自然に展開可能とさせる分析的空間を創造することが重要であり，その空間は分析的設定の中で分析的態度を堅持することで為されるとしている。この精神分析の設定下では，まず，無意識下にある乳幼児的部分が解放され，ばらばらな断片は分析家や分析室にばら撒かれる。精神分析家はそれを理解し，その不安を軽減し変容させる作業を「転移の収束」とした。こうした重要な存在となった精神分析家の存在は休日や休暇に分離した存在となる。この精神分析家との分離に耐えることができず，それを否認するために過剰な投影同一化を作動して自他境界を破壊し，精神分析家との一体化の試みを行う。この段階を「転移の深化」として，子どもは精神分析家を徹底的に支配しようとする。この壊された自他境界は再建され，心的疼痛，迫害不安，自己の望まれない部分は外部に排除される。この時の精神分析家の機能はこれを受け入れることであり，メルツァーは栄養を与えるはずの乳房がトイレのような排泄を受け入れる容器となることから，これを「トイレット・ブレスト」と名付け，「地理的混乱と自己と対象の区別」とした。「トイレット・ブレスト」は外部に存在する依存の対象となり，子どもは欲望と嫉妬心に満たされる。これはエディパルなテーマであり，子どもは性的満足への欲求から，乳首はペニスや舌，便とペニスは赤ん坊と同一視するといった「領域的混乱」が出現する。精神分析家への依存は愛憎一体化したものとなり，憎悪は「トイレット・ブレスト」として下半身に向かい，愛情は上半身に投影／摂取される。この上半身の機能は「フィーディング・ブレスト」として機能し始める。しかし，上半身の乳房はスプリットされたものであり，本来の機能を取り戻したとは言い難い。しか

し，子どもに情緒的な栄養を与えて，一部ではあるが適切な依存関係が達成される。このスプリットした乳房は，悪い対象や自己の破壊的部分からの攻撃に耐えながら，修復と保護の機能を遂行するよい対象の能力の源である「フィーディング・ブレスト」への信頼を確立する。これはクラインの「抑うつポジションへの入り口」を意味している。こうして，精神分析家は子どもにとって全体対象として一人の人物として見なされ，自己の統合や自立への葛藤がテーマとなる。パーソナリティの一部の成熟した部分は，自ら内省し分析的に思考し，責任を負うことが可能となる。子どもはこうした機能を自らの中に内在化することができて，はじめて「離乳」ができることになる。メルツァーは精神分析の目標を自己分析が行えるようになることであると記述している。こうした意味から，精神分析作業は精神分析家との関係から始まるが，自己分析は永遠に続く道のりであり，生きている限り続くことになる。

3　「O」（究極的現実・真性）について
──『色彩を持たない多崎つくると，彼の巡礼の年』より──

　ビオン（Bion, 1970）は精神分析の対象は見たり聞いたりできる感覚的現実ではなく，感覚的な特徴のない精神的現実であるとした。この対象をビオンは「O（origin）」と名付け，「究極的現実」，「真性」であるとした。ビオンはこの「O」と関わること自体が精神分析の目的であり，心的葛藤や疼痛という領域を遥かに超えた次元に道を開いた。これは仏教的な悟りにも似た概念であり，ビオンがインドで生まれ，8歳で英国の小学校に入学するまでインドで過ごした影響があるのかもしれない。

　村上春樹の小説『色彩を持たない多崎つくると，彼の巡礼の年』（村上，2013）から，「O」とその変形について試論する。本小説のあらすじなどはここでは省略する。

　巡礼の旅は主人公の「つくる」が過去の事実を知り，克服しようとする意図にその端を発している。ビオン（Bion, 1965）は究極的事実，真性を「O（origin)」という記号を用いて表した。つくるがめざしたのはこの事実，「O」であった。しかし，「O」について知ったり，伝えたりすることは可能であるが，「O」そのものを知ることはできない。なぜなら，「O」はあらゆるものの真性，ものそのもの自体であるとビオンは記している。「O」は常に変形を受け，人はその変形されたものだけを知覚し得る。ビオンは風景の絵画を例にとって，風景という「O」は画家（Tα）によって変形され最終産物（Tβ）となる。同じ風景を描いても，最終産物は画家によって異なるもの（変形物）となるが，不変のものもある。つくるがグループから追放されたという起源となった事実「O」はすべてのメンバーに降りかかった災いであるが，つくると他のメンバーの絵には当然，変形した部分と不変な部分があった。ビオン（Bion, 1965）は「O」の変形に関して，硬直性運動変形，投影性変形，幻覚心性変形の 3 タイプに分類できることを記述している。

　つくるは「O」を知るために 3 名に会いに行く。まずアオと会い事情を説明する。アオは「『おまえに会えてよかった』，彼はつくるの目をのぞき込みながらそう言った。相手の目をまっすぐ見て話をし，力を込めて握手をする。昔から変わらない」（村上，2013，175頁）と表現され，アオの高校時代から変わりない気質が記してある。これは硬直性運動変形であり，過去と現在の関連が明確である。つまり，この変形はある感情や思考が過去のある領域から現在の他の領域へと至ったことが自明であり，これは神経症性パーソナリティに属する。また，精神分析における重要な転移神経もこの変形に含まれる。こうした観点から，アオが健全なパーソナリティの持ち主であることを示唆している。

　次に，つくるはアカに会いに行く。アカは名古屋で「最も成功した三十代の独身男性」の一人であると女性誌に掲載されていた。しかし，そのビジネスの実態は自己啓発的なセミナーの主催であり，アオはそれに嫌悪感を抱いていた。アカは大学卒業後，大手銀行に入社し，3 年後にサラ金会社に転職した。そこでは上司と意見が合わずに退職し現在に至っている。アカのプログラムは「そしておれは自分が好きじゃないこと，やりたくないこと，してほしくないことを思いつく限りリストアップしてみた。そしてそのリストを基に，こうすれば

上からの命令に従って系統的に動く人材を，効率よく育成できるプロラグムを考案した」（191頁）というものである。この怒り，攻撃性をアカはセミナー受講生に向けて，「上から命令を受けてその意のままに行動する層があり，その層が人口の大部分を占めている。全体の八十五パーセントとおれは概算している」（188頁）と投げ込んでいる。これはアカが社会から敗北したことへの否認であり，投影同一化による徹底支配である。ビオンはこうした精神病的部分が優位な変形を投影性変形とした。その特徴は，自他の区別のできない混乱状態である。アカは無意識的な屈辱感を排泄するコンテイナーの役割を果たす受講生を必要とし，この情動は注目を確実にするために誇張され，コンテイナーはさらに暴力的な排泄によって反応する。アカの過剰な投影同一化はセミナー受講生と一体化することで感動，洗脳することを可能にする。アカは否認，投影同一化，誇張など精神病的パーソナリティが優位であることが示唆される。しかし，アカとの会話の最後に，「自分が相手に向かって『おまえ』と呼びかけていたことに，つくるはふと気づいた」（206頁）とあるのは，つくるがアカに昔の不変物を発見したことを意味しているのであろう。

　シロに関しては，つくるというコンテイナーの喪失に耐えることができず，幻覚心性変形に至った。これは心的現実への憎悪，欲求不満への耐性の欠如，精神装置の排除，身体化などが挙げられるが，この変形は心的現実への憎しみを伴う人格の精神病的部分による変形である。シロは産婦人科医の娘として養育されたが，父親の堕胎という仕事に大きな罪悪感を抱き，苦慮していた。スピッツ（Spitz, 1945）によれば，乳児院に入所した依託性鬱病の乳児は発達初期の思考作用，意識，注意，判断と結合したすべての自我機能からも意図的に逃れようとして死に至ることがあると述べている。つくるを失ったシロはこれに通じるところがある。コンテイナーを失ったシロのパーソナリティはばらばらになって，生気と意味が失われたのであろう。シロは父親の仕事に激しい憎悪を抱き，内的には過酷な罪悪感を抱いていたが，これは精神病的パーソナリティそのものである。クロはシロに対して，「あの子には悪霊がとりついてた」（村上，2013，304頁），「そいつはつかず離れずユズの背後にいて，その首筋に

冷たい息を吐きかけながら，じわじわとあの子を追い詰めていった」（301頁）
と語る。シロの悪霊とはいかなる存在であったのであろうか。シロはコンテイ
ナーを失い，精神病的パーソナリティに侵された。フロイト（Freud, 1920）は
人の存在を生の本能（エロス）と死の本能（タナトス）とのせめぎ合いである
と考え，本能二元論を提唱した。死の本能は一般的には生の本能と融合し，そ
の実態は間接的にしか垣間見ることができないとした。死の本能を包容するコ
ンテイナーが喪失したために，シロの本能が身体外に存在するようになったこ
とを，クロは敏感に察知していたのであろう。シロは最後に謎の死を遂げるが，
これはシロが死の本能に蝕まれた結果と考えることができるかもしれない。

　つくるは最後に，フィンランドのクロに会いに行く。クロはグループの破綻
後に，拒食症になったシロを必死に看病した。その後，クロは陶芸の世界に出
合い，フィンランド人の陶芸家と知り合い，シロの看病を断念しフィンランド
に渡った。つくるの突然の訪問に，クロは狼狽しながらも，つくるを確かめた。
そして，クロは自分とシロの名前を昔の呼び名でなく，エリ，ユズと読んでほ
しいことを伝える。エリはつくるへの昔の恋心を語り，それにユズが嫉妬した
のかもしれないという仮説を語るが，ユズの発言とは了解可能な連結は見出せ
なかった。二人は真実「O」を知ろうと試みるが，納得した結論を見出すこと
はできなかった。双方ともに，真っ向からこれを考えることはできなかったに
しても，グループの破綻から16年，ユズの惨事から6年の歳月が経過していた。
二人は早急に理由を求めることをせず，不確実さ，謎の中で時を過ごした。こ
れはビオン（Bion, 1965）の強調する負の能力であり，自分の無知，理解力の
なさに気づくことができる力である。そして，二人は「O」を知ることを断念
する。ビオンは「O」について，「O」を知るといった既述の三つの変形のほ
かに，「Oになること」を語っている。ビオンは現実を定義することで現実を
知ることはできないが，それでも現実は存在する（be），在り続ける（been）
ことはできるとし，このことを「Oになること」と考えた。「Oになること」
は，自分自身をあるがままに受け入れ，その受け入れに抵抗した自分自身の事
実に目を向けることである。これは「O」における変形であり，大きなリスク

を伴うものである。「O」における変化は破局的変化であり，それは暴力，体系の転覆，不変物という危険をはらむが，同時に成長を導く可能性もある。エリは「ねえ，つくる，あの子は本当にいろんなところに生き続けているのよ」（村上，2013，307頁）と語り，ユズがピアノを弾く時の思い出がつくるの脳裏を占める。そして，二人は強く抱きしめ合う。16年間を飛び越えて「それは過去と現在と，そしておそらくは未来がいくらか混じりあった時間だった」（309頁）と書かれているように，二人は超越した時間軸の中に存在した。二人が「O」を知ることでなく，「O」になることを選択した瞬間であった。つくるは「僕はこれまでずっと…（中略）…僕は犠牲者であるだけじゃなく，それと同時に自分でも知らないうちにまわりの人々を傷つけてきたのかもしれない。そしてまた返す刀で僕自身を傷つけてきたのかもしれない」（318頁）と過去の信念の体系を転覆し，さらに「そして僕はユズを殺したのかもしれない」（318頁）と暴力について語る。エリは「ある意味においては，私もユズを殺した」と語り，「私たちはそれぞれに，そういう思いを背負っている」と続ける。そして二人はアカのカソリック施設への寄付，アオの純粋な心という不変物について語り合う。ここでの二人の関係はビオンの語る共在的関係である。つまり，二つの対象が第三者を共有して，それが三者すべての益となるものである。二人は自らの真実を語り，それはユズへの大きな喪の作業となった。

　ビオンは「O」と関わることが精神分析の本質であるとしているが，このつくるとクロの関係性のありさまが分析家とアナリサンドの関係性である。「O」そのものを知るための努力は断念される。しかり二人は「O」の語る「O」そのものになり，成長し合う。これこそが精神分析的体験であり，言語領域を遥かに超えた世界であろう。

　精神分析を学ぶことは，フロイトやクラインの著作を知的に理解することだけではなく，自分自身が己と語り合う体験を行うことである。学ぶことはLearning であり，Studying ではない。己と語り合うこと，己の汝と語り合うこと，「O」を知ること，「O」になることは自分自身の無意識という宇宙に遭

遇することでもあり，語り尽くすことのできない魅力的な世界である。

 さらに学びたい人のための図書

新宮一成他編（2006-2020）『フロイト全集』岩波書店。

　▶精神分析の起源から全貌を学ぶ。

木部則雄（2006・2012）『こどもの精神分析　Ⅰ・Ⅱ』岩崎学術出版。

　▶クライン派の子どもの精神分析を学ぶ。

木部則雄（2019）『こころの発達と精神分析』金剛出版。

　▶芸術作品，現代社会を精神分析的に読み解く。

引用・参考文献

Bion, W. R.（1957）*Differentiation of the Psychotic from the Non-psychotic Personalities*, In *Second Thought*, Karnac, London（ビオン，W. R.／松木邦裕監訳（2007）『再考　精神病の精神分析論』金剛出版）．

Bion, W. R.（1962）*Learning from Experience*, Karnac, London（ビオン，W. R.／福本修訳（1999）『精神分析の方法Ⅰ』法政大学出版局）．

Bion, W. R.（1965）*Transformation*, Heinemann, London（ビオン，W. R.／福本修・平井正三訳（2002）『精神分析の方法Ⅱ』法政大学出版局）．

Bion, W. R.（1970）*Attention and Interpretation*, Basic Books, New York（ビオン，W. R.／福本修・平井正三訳（2002）『精神分析の方法Ⅱ』法政大学出版局）．

Bowlby, J.（1988）*A Secure Base: Clinical applications of attachment theory*, Routledge, London（ボウルビィ，J.／二木武訳（1993）『ボウルビィ　母と子のアタッチメント──心の安全基地』医歯薬出版）．

Cassese, S. F.（2002）*Introduction to the Work of Donald Meltzer*, Stylus Pub, London（キャセッセ，S. F.／木部則雄他訳（2005）『入門 メルツァーの精神分析論考──フロイト・クライン・ビオンの系譜』岩崎学術出版社）．

Freud, A.（1946）*The Psychoanalytical Treatment of the Children*, Image, London（フロイト，A.／北見芳雄・佐藤紀子訳（1961）『児童分析──教育と精神分析療法入門』誠信書房）．

Freud, S.（1900）*The Interpretation of Dreams*, SE Ⅳ-Ⅴ（フロイト，S.／新宮一成監修（2007）「夢解釈」『フロイト全集4・5』岩波書店）．

Freud, S.（1905a）*Three Essays on the Theory of Sexuality*, SE Ⅶ（フロイト，S.／新宮一

成監修（2009）『フロイト全集 6』岩波書店）．

Freud, S.（1905b）*Fragment of an Analysis of a Case Hysteria*, SE VII（フロイト，S.／新宮
　　一成監修（2009）『フロイト全集 6』岩波書店）．

Freud, S.（1909）*Analysis of a Phobia in a Five-Year-Old Boy*, SE X（フロイト，S.／新宮
　　一成監修（2009）『フロイト全集10』岩波書店）．

Freud, S.（1913）*On Beginning the Treatment*, SE VIII（フロイト，S.／道籏泰三監修
　　（2010）『フロイト全集13』岩波書店）．

Freud, S.（1917）*Mourning and melancholia*, SE XIV（フロイト，S.／鷲田清一監修
　　（2010）「悲哀とメランコリー」『フロイト全集16』岩波書店）．

Freud, S.（1918）*From the history of an infantile neurosis*, SE XVII（フロイト，S.／新宮一
　　成監修（2010）『フロイト全集14』岩波書店）．

Freud, S.（1920）*Beyond the Pleasure Principle*, SE XVIII（フロイト，S.／新宮一成監修
　　（2006）「快原則の彼岸」『フロイト全集17』岩波書店）．

木部則雄（2006）「精神分析的考察『海辺のカフカ』」『こどもの精神分析——クライン
　　派・対象関係論からのアプローチ』岩崎学術出版社。

木部則雄（2012）「まよなかのだいどころ」『こどもの精神分析Ⅱ』岩崎学術出版社。

木部則雄（2013）「『色彩を持たない多崎つくると，彼の巡礼の年』の精神分析的考察——
　　グループ心性とコンテイナーの機能」『白百合女子大學研究紀要』49, 101-122。

Klein, M.（1923）"Early Analysis", In *The Writings of Melanie Klein*, vol. 1, The Free Press
　　（クライン，M.／提　啓訳（1983）『早期分析. メラニー・クライン著作集 1』誠信書房）．

Klein, M.（1930）"The importance of symbol-formation in the development of the ego", In
　　The Writings of Melanie Klein, vol. 1, Hogarth Press, London（クライン，M.／村田豊
　　久・藤岡宏訳（1983）「自我の発違における象徴形成の重要性」『メラニー・クライン
　　著作集 1』誠信書房）．

Klein, M.（1932）*The Psyche-Analysis of Children*, Hogarth Press, London（クライン，M.
　　／衣笠隆幸訳（1996）「児童の精神分析」『メラニー・クライン著作集 2』誠信書房）．

Klein, M（1935）"A contribution to the psychogenesis of manic-depressive states", In *The
　　Writings of Melanie Klein*, vol. 3, Horgath Press, London（クライン，M.／安岡誉訳
　　（1983）「躁うつ状態に関する心因論に関する寄与」『メラニー・クライン著作集 3』
　　誠信書房）．

Klein, M.（1946）"Note on some schizoid mechanism", In *The Writings of Melanie Klein*,
　　vol. 3, Hogarth Press, London（クライン，M.／持野力八郎・渡辺明子・相田信夫訳
　　（1985）「分裂的機制についての覚書」『メラニー・クライン著作集 4』誠信書房）．

古澤平作（1954）「罪悪意識の二種——阿闍世コンプレックス」『精神分析研究』第 1 巻第 1 号（小此木啓吾・北山修編（2001）『阿闍世コンプレックス』創元社に収録）。

Masson, J. M.（1985）*The Complete Letters of Sigmund Freud to Wilhelm Fliess, 1887-1904*, Belknap Press, Harvard（マッソン，J. M./河田晃訳（2001）『フロイト フリースへの手紙——1887-1904』誠信書房）.

Meltzer, D.（1967）*The Psycho-Analytical Process*, Heinemann, London（メルツァー，D. /松木邦裕監訳（2010）『精神分析過程』金剛出版）.

村上春樹（2002）『海辺のカフカ（上・下）』新潮社。

村上春樹（2013）『色彩を持たない多崎つくると，彼の巡礼の年』文藝春秋。

永尾雄二郎・クリストファー・ハーディング・生田孝（2016）『仏教精神分析——古澤平作先生を語る』金剛出版。

小此木啓吾・北山修編（2001）『阿闍世コンプレックス』創元社。

Rosenfeld, H.（1987）*Impasse and Interpretation*, Tavistock, London（ローゼンフェルト，H./神田橋篠治監訳（2001）『治療の行き詰まりと解釈——精神分析療法における治療的/反治療的要因』誠信書房）.

Sendak, M.（1970）*In the Night Kitcken*, Haper & Row Pub, New York（センダック，M./神宮輝夫訳（1982）『まよなかのだいどころ』冨山房）.

ソポクレース/中務哲郎訳（2014）『アンティゴネー』岩波文庫。

ソポクレス/藤沢令夫訳（1967）『オイディプス王』岩波文庫。

ソポクレス/高津春繁訳（1973）『コロノスのオイディプス』岩波文庫。

Spensley, S.（1995）*Frances Tustin*, Routledge, London/New York（スペンスリー，S./井原成男他訳，木部則雄解題（2003）『タスティン入門——自閉症の精神分析的探求』岩崎学術出版社）.

Spitz, R. A.（1945）"Hospitalism: An Inquiry into the Genesis of Psychiatric Conditions in Early Childhood", *The Psychoanalytic Study of the Child*, vol. 1, 53-74.

Steiner, J.（1993）*Psychic Retreats: Pothological Organization in Psychotic, Neurotic, and Borderline Patients*, Karnac, London（シュタイナー，J./衣笠隆幸監訳（1997）『こころの退避——精神病・神経症・境界例患者の病理的組織化』岩崎学術出版社）.

Winnicott, D. W.（1965）*The Maturational Process and the Facilitating Environment*, Hogarth Press, London（ウィニコット，D. W./牛島定信訳（1977）『情緒発達の精神分析理論——自我の芽ばえと母なるもの』岩崎学術出版社）.

Wolf-Man（1972）*My recollection of Sigmund Freud, In The Wolf-Man and Sigmund Freud*, Hogarth Press, London.

第 6 章

閾において人間教育を再考する
―― 人間学と教育 ――

矢野智司

1 「人間教育」という主題の構造

　人間教育の人間学的原理について考える。「人間」も「教育」もとても大き
な主題である。しかもいまここで論じようとする人間教育は，「人間の教育」
でもなければ「人間と教育」でもなく，「人間」と「教育」とが直ちにつなが
っており，この距離のなさに注意を払うべきである。しかし，この直接性に留
意しつつ，ここでは二つを切り離し，まず人間教育の立場において主体であり
対象でもある「人間」の側から思考を開始し，その後に人間教育を考えること
にする。
　「人間」にポイントをおいて考えはじめると，単独に見える「人間」という
主題のうちに，すでに多くの関連する概念が織り込まれていることに気づくだ
ろう。「人間」という言葉でまず最初に思い浮かぶのは「国民」や「市民」と
いった隣接する類似の概念である。ここから，なぜ国民教育や市民教育ではな
く人間教育なのか，という問いが前景へと浮かびあがってくることになる。こ
のことは「国民」や「市民」を最初から排除することではなく，「人間」を前
景に押し出すことではじめて見えてくることに着目するという意味である。
「国民」でもなく「市民」でもない「人間」という位相で語られる「教育」と
は一体どのようなものか。
　思考を進めてみる。そして，これら以外にも「人間」という言葉には重要な
概念間の差異の切り分けが埋め込まれていることが分かる。「人間」という概

念の提示における人間と動物との切り分けを思いつく。「人間」について考えるときに，私たちはこれまでいつも動物を比較の参照項とすることによって，規範的価値的な意味を帯びた「人間の固有性」なるものを明らかにしてきた。「動物は○○であるのにたいして，人間は……」というレトリックほど人間学にありふれた表現はない。そして，このような明示的に動物との比較が論じられていないときでさえも，「人間は……」といった語りになるとき，そこには暗黙のうちに比較の項として動物たちが隠されている。たとえば，人間は理性的動物である，人間は社会的動物である，等である。あとで詳しく述べることになるが，近代西欧に誕生した教育学は，教育をこの「人間／動物」の切り分けによって導かれた「人間の固有性」に基礎付けられてきたといってよい。

　そして，この「人間／動物」についてさらに思索を深めるなら，教育思想の歴史に触れたことのある者には周知のことだが，自己の内部においても同様の二項対立の構造が見出されてきたことに気づくだろう。「人間性／動物性」という自己の内部における二項対立は「人間／動物」が形を変えて表現されてきたものである。そしてこの自己の内部の「人間性／動物性」の二項対立を再び，自他の関係に置き換えると，この「人間性／動物性」の関係は，「大人／子ども」といい表すことができる。人間教育の「人間」は，刻々と休むことなく稼働している一連の二項対立からなる運動体系と深く結びついているのである。

　この「人間／動物」の人間と動物とのあいだを区切っている閾を表すこのスラッシュ「／」（閾）は，人間と動物とを隔てる境界線であると同時に，人間と動物とを結びつける関係のあり方を示してもいる。本章でこれから以降スラッシュが登場するときには，この両方の意味を含意するものとして使用する。自他の境界線「／」において差異は明示化され，その差異によって両者を識別することが可能となることを考えると，このスラッシュの持つ認識上の威力の大きさを推し量ることができるだろう。しかし，その境界線・分割線は固定的で実定的なものではなく，実際の国境線がそうであるように，境界線には識別不能な領域が生まれ，刻々と微細な亀裂（思想的齟齬）が入ったり，交通路（溶解体験）が開かれたりもしており，それによって境界線画定の根拠や正当

性が揺さぶられ，生きた国境線は日々その形を変えている。本章でのこれからの議論は，教育学における人間と非人間（人間ならざるもの）とのさまざまな位相を区切る境界線「人間／非人間」の「／」をめぐる探究＝冒険物語といえるものである。

　本章の主題は，「人間の固有性」を探究する人間学の成果に基づく教育学の構築といった，従来の教育人間学の学的構図を批判しつつ，新たな「人間／動物」の境界線（閾）の画定の仕方を模索し，それと関係付けて「大人／子ども」の境界線のあり方を再吟味し，その上で，「人間になる」とはどのようなことなのかを解明するための，「境界線（閾）に立つ教育人間学」を構想することである。さらに，これらの境界線の画定の仕方に注意を払いながら，人間教育を再考することである。

2　「人間の固有性」に基づく教育人間学の試み

　従来の教育人間学の構図をあらためて確認しておこう。日本の教育人間学において最も包括的な著作である森昭の『教育人間学』（森，1961）で，どのように教育と人間との関係が描かれていたのかを手掛かりにしよう。教育人間学は，「人間とは何か」「人間とは誰か」という人間学の原理，つまり「人間の固有性」に基づいて教育を考える。たとえば，マックス・シェーラー（Scheler, M.）の人間学の原理のように，動物は生まれつきその動物固有の環境世界に埋め込まれているのに対して，人間は世界に開かれている，人間（大人）は「世界開放性」を生きているという命題に基づいて，子どもというあり方を捉え，その大人と子どもとの差異を埋めるものとして教育を考える。森は，動物と比べるとき，子どもも確かに世界に開かれているが十分ではなく，「不十分ながら世界に開かれた存在」と捉えた。子どもも人間ではあるが，しかし，子どもはさまざまな自然に制約されており，十分に世界に開かれているとはいいがたい。そこから導かれる教育の原理は次のようになる。子どもにとって「世界開放性」は本性ではなく課題として現れるのだと。その課題を十全に達成するこ

とが，すなわち十全な人間へと形成することが教育の課題となる。このように
して，「人間の固有性」の原理は，その固有性なるものが何を意味するかにか
かわらず，長年にわたり教育人間学に限らず教育学の哲学的思考を基礎付けて
きた。

　このような子どもの十全ではないあり方は「世界開放性」の課題に限られて
いるわけではない。かつてシュプランガー（Spranger, E.）は，人間を階層論的
に捉えて，生物的次元，精神的次元，実存的次元として提示し，その次元の差
異に応じて，それぞれ固有の教育の形態が成立すると考えた。つまりこの三つ
の次元において子どもは不十分な存在として理解されている。そこに教育学的
思考が挿入されてくる。生物的次元には「養育」が，精神的次元には「文化の
伝達としての教育」が，そして実存的次元においては「覚醒としての教育」が
生起するといった具合にである。

　森は，当時の哲学が切り出した人間観はそれぞれが人間理解として妥当性を
持つものとして認め，それらの人間観を人間に固有のあり方を示すものとして
体系化して描いて見せた。そしてシュプランガーやフリットナー（Flitner, W.）
らの教育学を踏まえた形で，森は教育の観点から「生成」（人間の変容のこと）
を四つの相に分けている（表6-1を参照）。このようにして，生成に，プラグマ
ティズムの教育学に基づく「成長者助成の教育観」，マルクス主義に基づく
「歴史的形成の教育観」，精神科学的教育学の「精神的陶冶の教育観」，そして
実存哲学に基づく「人格的覚醒の教育観」が組み入れられている（森，1961）。
森の議論は多岐にわたるが簡単に整理すると次のようになる。「生成するもの」
とそれに対応する「生成の名称」とがそれぞれ異なることに注意しておこう。

　京都学派の哲学者である田邊元の弟子として，森は人間学をたんに自覚的存
在論としてだけではなく，社会的歴史的存在の次元を組み入れた存在的－存在
論的立場に立ち，同時代の主要な哲学を否定することなくそれぞれの妥当性を
評価し弁証法的体系のうちに位置付けた高山岩男の人間学の試みのように，異
なる立場の教育観を体系のうちに位置付け，しかも当時の先端的な科学的成果
も取り入れた，従来になかったほど包括的で総合的な教育人間学の構築をめざ

表6-1　森昭による「生成」の四つの相

生成に対応する教育観	生成の諸相	生成するもの	生成の名称
成長者助成の教育観 ―	生命的存在の成長 ―	生命的存在 ―	成　　長
歴史的形成の教育観 ―	人間の社会的形成 ―	人　　間 ―	社会的形成
精神的陶冶の教育観 ―	精神的主体の陶冶 ―	精神的主体 ―	陶　　冶
人格的覚醒の教育観 ―	人格的自覚の覚醒 ―	人　　格 ―	自覚の覚醒

そうとした。この表6-1に示された教育と生成の諸相の分類の仕方は，今日でも教育学的な妥当性を持つものとして十分に通用するものでもあろう。しかし，「人間の固有性」から教育の必要性と正当性そして目的とを導く思考には問題がある。

3　「人間／動物」の境界を生みだす「人間学機械」の問題

(1)　人間を映す鏡としての動物

　古代の人間は，今日の私たちには思いもよらぬほど野生の動物たちの存在を身近に感じ，その獰猛さを畏れる一方で，同時にその力と優美さに魅了されてもきた。そして，自分たちが何者かを知るために，動物たちを自分たちとの比較の鏡としてきた。古代の神話に見られるように，古代人にとって「人間／動物」の境界線の引き方は，風土・環境の違いや民族・文化の違いによって大きく隔たっていたし，多神教かあるいは一神教かによって異なってもいた。神道や仏教では人間と動物との境界線は相対的なもので，互いに越境可能なものだったのに対して，ユダヤ‐キリスト教においては，神の似姿として創造された人間とそうではない動物とのあいだには，飛び越しがたい絶対的な深淵が存在していた。このことは西欧の人間学を理解する上で重要なことである。人間が動物にその名前を与え，ノアの箱舟の洪水以降には神から動物の支配を委ねられており，人間は宇宙の中心に位置してきたのである。

　ユダヤ‐キリスト教に基づく西欧の哲学思想では，人間と動物の境界は飛び越しがたいものとして捉えられてはいたが，動物は人間と同じく不死の魂を持つのか，あるいは動物はたんなる自動機械にすぎないのかなど，その境界画定

の原理にはさまざまなバリエーションが存在した。重要なのは，この「人間の固有性」は何であるのかという課題は，哲学の課題であると同時に政治的経済的課題でもあったことである。人間の殺害は罪となるが，人間と外見は似ていても非人間（人間ならざるもの）の殺害は罪とはならない。そのため，「人間」と認められなかったインディオやアフリカの人々は，人間に似た動物（人間的動物）として奴隷的支配の対象でありつづけた。「人間／動物」の境界線の画定は，奴隷制度や差別迫害といったことの正当化から主権の存立の機構に至るまで，政治的にも経済的にも重要な課題であった。

　イタリアの思想家ジョルジョ・アガンベン（Agamben, G.）は，『ホモ・サケル──主権権力と剥き出しの生』（アガンベン，2003）において，カール・シュミット（Schmitt, C.）の例外者の理論と対置しながら，主権による生政治（法の対象ないし主体としての人間［ビオス］／「剥き出しの生」を生きる生き物としての人間［ゾーエ］の境界付けという行為）について論じている。シュミットの定義とは，主権者とは「例外状態に関して決定する者」というものである。そのとき重要なのは，この例外者を生みだす主権による「例外化」の論理である。

　「例外化とは一種の排除である。例外は，一般的な規範から排除された単独の事例である。しかし，例外をまさしく例外として特徴づけるのは，排除されるものが，排除されるからといって規範とまったく関連をもたないわけではない，ということである。それどころか，規範は，宙吊りという形で例外との関係を維持する。**規範は，例外に対して自らの適用を外し**（排除），**例外から身を退くことによって自らを適用する**（包摂）。したがって，例外状態とは秩序に先行する混沌のことではなく，秩序の宙吊りから結果する状況のことである。この意味で，例外はまさしく，その語源 ex-capere のとおり，**外に捉えられている**のであって，単に排除されているのではない。」（アガンベン，2003，29頁，ゴチックはアガンベン，括弧内は筆者）

　もともとこのような「例外化」は，内戦状態やクーデターといった戒厳状態のような非常時に，一時的な措置として通常の法による支配が停止され，法の執行が宙吊りにされる例外状態にすぎなかった。しかしそれが今日では「強制

収容所」として常態化しているというのである。収容されるとき人は通常の法の適用の範囲から排除されると同時に，別の形の秩序によって包摂もされるのである。さらにアガンベンはここでの原理が，今日の私たちの政治空間の母型となっているという。つまり今日の主権は，統治の技術として例外状態を生みだすことで，私たちの通常の法的な権利を剝奪し「剝き出しの生」として宙吊りにしているというのである。

　このテクストの主題は，政治領域における主権の解明にあるのだが，この例外化の原理は政治領域に限らず，境界付けるという行為が関わる人間の全領域の問題と結びついていると解するとき，どのような領域においても，同様の事態が生起するといえる。教育学においても，あとに見るように同様の事態が生起しているのだが，人間学における事態についてアガンベンが論じているので，その解明を先に見ていくことにし，それを手掛かりに教育学での事態を解明することにしよう。

（2）人間と動物とのあいだにおかれる人々

　アガンベンには『開かれ――人間と動物』というハイデガー（Heidegger, M.）との関連をうかがわせる標題のテクストがある（アガンベン，2004）。副題が示すように，ここでは人間と動物との関係が論じられているのだが，私たちに関係するのは，このテクストの中で使用されている「人間学（人類学）機械」という概念である。「人間学機械」とは「人間の固有性」をもとに発動する権力装置である。それは「人間／非人間（人間ならざるもの）」，より限定するなら人間と動物たちとの境界線，「人間／動物」の境界線を画定する装置である。これまでの哲学では，「理性」や「言語」や「責任能力」といったことが，動物を参照項とすることで「人間の固有性」として提示されてきた。しかし，こうした「人間の固有性」として提示されたものは，明確に境界線を確定することが困難な領域「識別不能域」を生みだしてしまう。つまりこの確定作業は，かならずどちらにも判定しがたい例外者を生みだすことになる。

　たとえば，まるで動物のように４足で歩行し言葉を解さない野生児や野生人

は，動物の姿をした人間である「動物的人間」なのか，あるいはそうではなくて人間の姿をした動物である「人間的動物」なのか，この両者を明確に切り分けることは困難であった。ヨーロッパの各地で発見された野生児の報告をもとに，18世紀の代表的博物学者であるリンネ（Linné, C. v.）は，現在知られている人種とは別に「野生人」という人種として「ホモ・サピエンス」の中に分類していたほどである。リンネは人間と動物との境界領域に立つ猿たちにすっかり魅了され，自宅でも猿を飼っていたといわれている。この時期，驚異の存在としてオランウータンやチンパンジーたちが生け捕りにされ，遠くヨーロッパにまで見世物として連れてこられていたのだ。重要なことは，この「人間／動物」の境界線の切り分けの問題が，学者間のアカデミックな問題に留まりはしなかったことである。それというのも同時代の奴隷制度の擁護者の中には，オランウータンを人間にまで格上げし，反対にアフリカ人を人間の下位に位置付け，アフリカ人を人間から排除し同時に奴隷として包摂されるべき「例外者」として位置付けようと画策しようとする者もいた。こうしてアフリカ人を，人間と人間ならざるものとの曖昧な位置に宙吊りにすることで，奴隷状態を正当化しようとしたのである。このようにして例外者としてのアフリカ人は差別と排除と暴力の対象となる。

　「人間学機械」は，「人間／動物」の境界線の画定において例外状態を作るといったが，この例外状態の中に入る者のリストには，野生児や野生人のみならず，未開人，野蛮人，そして移民，難民，無国籍者，種々の少数者，……といった者のほかに「女性」や「子ども」も入るのである。森（1961）が人間の固有性から子どもという生のあり方を十全な人間ではないと考えたとき，子どもはこの例外状態におかれているのだ。未だ「十全でない」存在として人間から排除されると同時に「保護」「指導」「教育」という名で包摂されるというように，「人間学機械」による排除と包摂の原理は「大人／子ども」の場合にも働いている。このことは子どもの権利と大人の権利とが異なっていることを考えれば，そして人間としての「子どもの権利」が長い間ないがしろにされてきたことを考えれば，よく理解できるだろう。しかし，子どもはこの例外状態か

ら教育によって非例外状態へと移行することができる存在でもある。そのことが子どもという存在者を他の例外者たちとは異なる特異な位置におく理由である。しかし，このことを考えるためにはもう少し議論を重ねる必要がある。

4　教育を駆動する「国民／非国民」と 「大人／子ども」の境界への問い

（1）「国民／非国民」という境界線を生みだす教育

　教育は，世界を秩序付ける最も基本的で根本的な原理（自然観）としての「文化／自然」の二項対立の原理に立っている。この世界の秩序は，あまりにも自明と見なされてきたために，それ自体疑われることのなかったものである。しかしこれなしには次に説明するさまざまな二項対立はその根拠を失ってしまうだろう。この「文化／自然」の根本的自然観の上に，人間学的原理として「人間の固有性」をもとにした「人間／動物」の二分法の原理が成立している。そしてさらにその上に，教育学的原理として「人間性／動物性」を背景とした「大人／子ども」の二分法と，それと関係付けながら「国民／非国民（国民ならざる者）」の二分法の原理が重層化するという，一連の二項対立の組みあわせを根拠にして，教育は長い年月をかけて組織化され，制度化され，駆動されてきた。

　このように考えると，教育が組織的に駆動されるときには，そこにはいつもそれぞれの時代・社会の人間学的原理に規定された独自の形態の「人間学機械」が発動しているといえるだろう。近代の学校教育は，国民国家の主体となる国民を形成することを中心課題としてきた。このとき十全な人間とは端的にいえば国民であった。学校制度はその装置として誕生し，その課題を果たしてきたといえるだろう。明治期に近代の軍隊制度と学校制度とがほぼ同時期に作り出されたのは，明治政府が近代の国民国家の仕組みと課題とをよく理解していたことにほかならない。義務教育制度の誕生ということでは，日本での開始は当時の先進国などと比較してもそれほど遅いわけではない。

（2）国民を作る国語と時空に境界線を生みだす歴史と地理

　子どもは最初から特定の「国民」として生まれてくるわけではなく，教育に
よる文化伝達を通して「国民」へと形成される。その形成のプロセスは社会的
に有能な「一人前の大人」へのプロセスと重なりあってもいる。「国民」とい
う生のあり方は，当然のことながら国民国家の誕生以後の概念である。国民形
成には国民としての統一を象る国語・国史・国土の地理が不可欠であった。信
仰や生活習慣の異なる他民族を，そしてさまざまな地域を郷土として生きる
人々を，同じ国家に所属する同胞として，同じ「国民」「民族」として統合す
ることは，国民国家建設の上で喫緊の課題であった。そのため多様な言語を統
一言語に作りかえることが不可欠であった。フランスでもイギリスでもドイツ
でも，近代において国民国家を形成した国家において，最初から統一された共
通の「フランス語」や「英語」や「ドイツ語」が話されていたわけではなかっ
た。国民国家成立以前においては，多くの地域（地方）においては，それぞれ
の土地で育まれてきた特有の抑揚やリズムによって言語が話されていた。統一
された言語が「国語（標準語）」として機能しはじめたあとには，それらは訛
りのある「方言」として「標準語」の下位に位置付けられることになる。この
ことは日本でも同様であり，明治期まで統一言語としての日本語＝国語などは
なく，明治以後になって試行錯誤を経て今日の「国語」は発明された。翻訳と
文学におけるさまざまな文体の実験は，日本語の形成期において重要な役割を
果たしただけでなく，そのような国語によって生みだされた小説は，「国民文
学」として「国民」という感情の共同体を形成する上でも大きな役割を果たし
たといわれている。

　同様に空間と時間において，国家の境界を画定する役目を担う学問として地
理学と歴史学とが誕生した。地図を作成し隣国との境界線を名実ともに画定す
ることに限らず，国民が自ら占める空間を領土として，さらにその領土（景観
や風土）を他国ではないほかならぬ「私たちの祖国」としてナショナル・アイ
デンティティを形成することは，国民国家の形成にとってきわめて重要な課題
であった。そのため歴史学は普遍的な世界史の学としてではなく自国の発展の

歴史＝ナショナル・ヒストリーとして生まれ発展してきた。周辺地域の歴史は，自国中心主義の歴史観によって，自国との関係という観点から出来事は整序され史料が選び出され編集され解釈され位置付けられ叙述された。それまで交通（売買や婚姻や戦争など）を通してさまざまな民族と文化とが出会い複雑に交錯し互いに影響を与えあっていた地域が，国民国家（ネーション-ステート）として境界線（国境）を持つことで人工的に分節化された。そして，あたかも近代の国家成立以前に当初から統一された同質の文化を共有し枠付けられていたかのような民族の歴史が作られ，さらに近代の国家成立までのプロセスが，現代のまなざしから史料が収集され読解され編集されて，発展の物語として語られた。出版メディアの発展が国民国家という「想像の共同体」（ベネディクト・アンダーソン）を形成したといわれるが，日本では江戸時代において出版革命がなされ，明治以前にすでに「この国」という認識が列島に居住する人々のうちに存在していたといわれている。

　子どもは，こうした国をめぐるさまざまな規範的な物語（建国神話・歴史・国民文学）を学ぶことによって共同感情が育まれ，現実には不平等や格差があっても，また直接的な互酬的関係がなくても，同胞（国民・民族）としての一体感を抱くようになる。「国語」「国土」「国史」を学ぶことによって，「国民」としてのナショナル・アイデンティティが形成されるのである。そしてこのナショナル・アイデンティティの形成において明治以降の学校教育制度の果たした役割はきわめて大きいということはすぐに分かる。

　「ネーション」が「国民」と「民族」とを意味する用語として使用されてきたように，国民は民族と重なりはするが，この二つの概念は同じものではない。「日本帝国」が多くの民族によって形成されていたように，国家は単一の民族によって形成されることなどはないし，民族も同様に同質性を持ち自己完結した存在であったことはない。教育によって「国民」は形成されるのである。このように考えると，教育は「国民／非国民」の境界線において，非国民から国民へと移行させる実践と見ることができる。近代教育制度の学校の主要な任務の一つは，こうした国民形成にあることはいうまでもない。シュプランガーら

の「文化教育学」は，こうした教育の枠組みと課題とを自覚的に捉えたものだが，「文化伝達としての教育」という教育の機能はこの議論とつながっており，森（1961）の「精神的主体の陶冶」もこの事態を指している。

　しかし，この「国民／非国民」の原理は，日本の歴史が証明しているように，包摂と排除を駆動させる「人間学機械」によって，差別と排除と暴力とを生みだす二項対立の原理でもあった。この国民形成の教育は，同胞との互酬性に満ちた交換の道徳を教えることはできても，同胞ではない人々（非国民＝国民ならざる人々）への交換を超えた無条件の贈与（純粋贈与）の倫理を原理的に教えることはできない（矢野，2008）。もし私たち（この「私たち〔邦人・同胞・仲間〕」という言葉が必然的に生みだす「彼ら〔異邦人・外国人・余所者〕」との境界線のあり方がまさにここで問われているのだが）が同胞の境界線の範囲を超えて人類へ，そして動物たちへ，さらには生命全体へ，生命を超えたものたちへと全面的に開かれることが今日の人類の課題だと考えるならば，私たちはたんに国民であるだけでは十分ではないのだ（矢野，2019）。

（3）「大人／子ども」の人間学

　森の『教育人間学』（1961）で見たように，人間学に基づく教育学的思考に立つとき，子どもは十全な意味で人間ではない。子どもはそのままでは人間として不十分であり，だからこそ教育されるべき対象となる。「大人／子ども」の二項対立は，「人間／動物」そして「国民／非国民」の二項対立と重なりあいつつ，また異なった位相の原理でもある。「人間／動物」とは異なり，「大人／子ども」の関係は同じ人間という同一性に支えられているように見えるが，その同一性の内部にさらに「人間性／動物性」の差異性を含んでいる。人間とは，内部に「人間性／動物性」の二重性を持った存在であり，子どもとはこの動物性に強く規定された存在である。したがってこの自己の内部の動物性（衝動的行動・直接的な欲求や欲望の実現・抑制のきかない暴力性の突出などが考えられるが，この動物性が何を指しているかは，人間性との対照関係において規定されることから，ここに「人間／動物」の人間学が形を変えて現れていると理解するこ

とができる）をいかに克服するかが教育の課題となる。たとえば，カント（Kant, I.）は『教育学講義』（1803）の中で次のようにいっている。

「人間は教育されなければならぬ唯一の被造物である。言いかえれば，教育とはここでは養護（扶養，保育）と訓練（訓育）と教授ならびに陶冶との意味に解されるのであるが，これに従って人間は乳児であり——生徒であり——そして学生であるのである。……中略……訓練または訓育は動物性を人間性へと変えてゆく。動物はその本能だけですでに一切であり，ある他の理性がすでに動物のためにすべてを世話しておいたのである。ところが人間は自分自身の理性を必要とする。人間は動物のような本能をもたず，自分で自分の行動の計画を立てなければならない。しかも人間は生まれるとすぐからそうすることができるというわけではなく，むしろ自然のままで世に出てくるのであるから，他の人々が代ってそれをしてやらなければならぬのである。」（カント，1959，331-332頁，傍点は筆者）

　このとき「大人」を象っている原理は，啓蒙主義時代には理性の十全な使用者である。この「理性」にあたる部分には，カント以降にもいろいろと入れ替わっていくのだが，大人の定義となる特徴は，いつもその時代において見出された「人間の固有性」に由来する。つまり子どもは「人間／動物」において見出された「人間（＝大人）の固有性」を尺度にしてその基準に未だ至らぬものとして「子ども」と見なされているわけだから，子どもが「動物」との類縁性の中で捉えられてきたのは当然ともいえる（矢野，2017）。

　前節でも述べたように，私たちは「大人／子ども」の二項対立構造のうちにも「人間学機械」の働きを見ることができるし，子どもという生のあり方が「例外状態」として差別と排除におかれている構造を理解することができるだろう。しかし，このように捉えてみることで，「子どもの発見」とは人間としての子どもの発見であったことの意味とその重要性を，あらためて理解することができるだろう。そしてその発見者がリンネと同時代の思想家ルソー（Rousseau, J.-J.）であったことは偶然ではない。18世紀には霊長類の発見や野生児の発見，そして中南米やアフリカなどでの自分たちとは異なる野生の文化を生きる「未開」で「野蛮」な人々の生活の情報が入ってきた。人間中心主

義・ロゴス中心主義の伝統の中，キリスト教徒・白人・男性・大人という「人間」に対して，「動物（自然）」そして人間と動物との境界線上に位置付く曖昧な存在者たち＝「動物的存在者」と見なされた「野生児」・「野生人」・「未開人」・「野蛮人」……が，人間と動物との境界線を揺るがせつつ，「人間とは何か」をめぐって重要な研究の主題となった時期である。人間諸科学の揺籃期といってよい。

　従来の人間観が揺さぶられるなか，ルソーは『人間不平等起源論』（1755）において，発見されたばかりの霊長類（オランウータン）を未知の人種に属する人間であるかもしれないとして，「人間／動物」の境界線を大胆に開いて見せた。それだけではない。ルソーは「憐れみの情」を境界線が誕生する以前の人間の初源的で根本的な体験と見なすことで，「人間／動物」といった種差の境界線のみならず，「私たち／彼ら」といった異文化を生きる人々に対しても境界線をも乗り超えて結びつくあり方を提示してもいた。レヴィ＝ストロース（Lévi-Strauss, C.）がルソーを人類学の創始者と見なした理由でもある。そしてそのルソーが人間としての子どもを発見する。ルソーが子ども（エミール）の現在を未来の大人へと至るたんなるプロセスとしてではなく，それ自体に比類のない価値あるものとして捉えたのは，「大人／子ども」の二項対立をめぐる思想史において画期的なことであった。このようにルソーは「人間／動物」，「国民（私たち）／非国民（彼ら）」，そして「大人／子ども」と境界線の画定の仕方を変更しようとした革新的思想家であった（このことはルソーの政治思想がアガンベンの指摘した主権の問題を克服していることを意味するものではないが）。次節と関わるが，慈悲・寛大さそして人類愛の源と見なされた「憐れみの情」の思想の背後に，ルソー自身の自己と世界との境界線が溶解するという体験があったことは重要である。

5　「文化／自然」の境界を刷新する「人間教育」の方位

　教育的思考の基本構造を作り出してきた一連の二項対立の原理を駆け足で概

観し，境界線を画定し分割する二項対立原理が生みだす問題点を提示してきた。ここからどのように「人間教育」の思想を捉えていけばよいのだろうか。

　いつの時代にもその時代に固有の課題があるが，私たちが生きている時代の課題はこれまで人類が経験してきた課題とは大きく異なっている。それというのも私たちの直面している課題は生命の絶滅という危機への応答であるからだ。グローバリゼーションによる生態系にかなった地域経済の破壊，狭隘なナショナリズムの蔓延によるテロや戦争の拡散，地球温暖化などによる地球環境の悪化，これらの事柄は互いに結びあい生命の絶滅という黙示録的シナリオの可能性を現実のものとしている。そしてこの災厄の可能性が，「人間／自然」を中心に，「国民／非国民」，「人間／動物」，「大人／子ども」といった原理のあり方，その境界線の画定の仕方や境界線の存在自体への懐疑と反省とを促し，さらに新たな境界線の画定の仕方の試みを促してもいる。先の地理学と歴史学でいえば，「持続発展教育としての地理教育」や一国史や地域研究を超える「グローバル・ヒストリー」の試みがすでになされている。また世界市民主義への新たな関心も高まっている。私たちは，国民と同時に国民を超えて人類＝人間の次元で考えねばならず，人間であると同時に動物たちやさらには生命全体の次元で考えねばならず，「文化／自然」の境界線の作られ方を根底的に問い直さなければならない。

　近代に登場してきた「人間」，その人間を研究の主題としてきた人文科学，そしてその人間を価値の中心としたヒューマニズム（人間中心主義）を，普遍的価値として無条件で肯定することは困難な時代といえよう。それでは「人間教育」の「人間」という主題はもはや教育学的思考の対象にはならないのかというとそうではない。事態はむしろ反対といわねばならない。それというのも，「国民」や「民族」が共同体の境界線において例外者を生みだすことにおいて，「人間」は未だその境界線を超える意味で重要な理念でありつづけている。しかし，これまで人間は宇宙の中心・世界の中心そして生命全体の中心に位置していると考えられてきたが，このような人間中心主義は，歴史の中でその具体を見れば，多くの場合において，原理的にはロゴス中心主義でありそれを体現

したものとして自民族中心主義であった（この両者は「国語」の思想でつながっている）。すでに述べたが，そのような人間中心主義は原理的に「私たち」から排除された「彼ら」（移民・難民・無国籍者・種々の少数者_{マイノリティー}，……）を例外状態におくことになる。単純に「人間」なるものに立ち戻ることはできない。

　このアポリアの中で，今日，「人間」を問うことは，このような人間中心主義・ロゴス中心主義自体を問い直し，「人間」をめぐる境界線画定の原理自体を原理的実践的に変更することである。つまり「人間」への戻り方は，これまで述べてきた「人間の固有性」をめぐる議論，例外者を産出する「人間学機械」の議論をなかったものとして，閉ざされた境界線によって同一性を保持し動物たち（他者）との交感のない「人間」や，譲渡不可能であるはずにもかかわらず国籍法によって制約されている「人権」や，世界・自然・他者からの声を聞くことのできない人間中心主義の「ヒューマニズム」へと立ち返ることではない。「人間」へと戻るときの中心課題は，二項対立における境界線の作られ方自体の刷新にある。そのためには，私たちは「人間／非人間」をめぐる二項対立の境界線（闘）に自覚的に立つことが求められるのである。

　ここまで「人間／非人間」という一連の二項対立の考察は教育学の学問論として論じられてきたが，ここに至ってそれが教育課題の探究でもあったことが分かるだろう。つまりこうだ。一連の二項対立への批判的吟味は，今日の状況が問いかける思想的課題であり，その課題に応答する学問は，それ自体が状況の課題を生きる人間のあり方を提示しもする。二項対立の境界線（闘）に立つことは，アポリアに応答する研究者の思想的課題に留まらず，現代を生きる人間の倫理的課題でもあり，それは同時に教育的課題でもあるのだ。このようにして「人間教育」の「人間」を問う学は，「人間」に関わる思考の形を批判的に捉えかえすことによって，同時に「人間教育」の新たな方向を提示することになる。

　しかしこのような人間教育はいかにして可能なのか。それはジョルジュ・バタイユ（Bataille, G.）によってすでにその方位が示されているのだが，人間と人間ならざるものとの境界線を侵犯する終わりなき運動態として「人間」を捉

える生命論的転回によって可能となる。教育学的思考に立って捉え直せば，そこでは発達概念に代表されるように経験を通して人間として象る「人間化」の運動と，純粋贈与や蕩尽や供犠や遊びといった有用性が破壊され自己と世界との境界線が溶解する体験（溶解体験）によってもたらされる「脱人間化」の運動という，二重の異なる方向の運動態として人間を捉えることになる（矢野，2000）。とくに後者の「脱人間化」の体験は，ルソーの溶解体験と同様，人間中心主義を破壊して，自己が生命全体へと開かれていく溶解体験によってもたらされるものであり，さまざまな境界を超える根本的な出来事であるところから，この「人間／非人間」の二項対立を境界線（閾）において捉え直す核となるべき出来事である。

　これもまた人間学ではないかと問われそうだが，これはどこまでも同一性をもとに人間中心主義的・ロゴス中心主義的に「人間の固有性」を探究する人間学を侵犯する，人間学ならざる人間学である。区切るとともに結びつける閾に立つとは，否定と肯定とが同時に生起する逆説的な領域を生きることであり，人間教育はここから再考する必要があるのだが，このことについて語る紙数はもはやない。矢野（2000；2008；2016；2019）を参照されたい。

 さらに学びたい人のための図書

梶田叡一（2016）『人間教育のために――人間としての成長・成熟を目指して』金子書房。

　▶日本の教育学のオリジナルな学説系譜として，西田幾多郎の自覚論に発する「自覚の教育学」（篠原助市や木村素衞ら）の系譜があるが，本書はこうした自覚論の心理学的展開のバージョンとして位置付けることができる。

矢野智司（2014）『幼児理解の現象学――メディアが開く子どもの生命世界』萌文書林。

　▶一見すると幼児教育の表題だが，そうではなく人間教育について組織的に論じた人間教育の研究書である。人間教育の諸相を，身体とメディアの観点から具体的に論じている。

引用・参考文献

アガンベン，G.／高桑和巳訳（2003）『ホモ・サケル——主権権力と剝き出しの生』以文
　　社。

アガンベン，G.／岡田温司・多賀健太郎訳（2004）『開かれ——人間と動物』平凡社。

カント，I.／清水清訳（1959）『人間学・教育学』玉川大学出版部。

森　昭（1961）『教育人間学——人間生成としての教育（上・下）』黎明書房。

矢野智司（2000）『自己変容という物語——生成・贈与・教育』金子書房。

矢野智司（2008）『贈与と交換の教育学——漱石，賢治と純粋贈与のレッスン』東京大学
　　出版会。

矢野智司（2016）「子ども論の生命論的転回のほうへ」佐藤学他編『岩波講座　教育変革
　　への展望　第3巻　変容する子どもの関係』岩波書店，187-216頁。

矢野智司（2017）「子どもという多様体のための覚書　　人間／非人間の境界線にかかわ
　　る18世紀フランス思想の試み」白梅学園大学子ども学研究所『子ども学』第5号，萌
　　文書林，104-126。

矢野智司（2019）『歓待と戦争の教育学——国民教育と世界市民の形成』東京大学出版会。

ルソー，J.-J.／坂倉裕治訳（2016）『人間不平等起源論　付「戦争法原理」』講談社学術文
　　庫。

第Ⅱ部　人間教育と現代の教育課題

第 7 章

人間の学びを問い直す
―― アクティブ・ラーニング ――

益川弘如

1 知識構成型のアクティブ・ラーニングの姿

これからの学校教育でめざすべきアクティブ・ラーニングの姿はいかなるものなのだろうか。この節では，この問いに対する答えを対比的に整理した上で具体的な事例を紹介する。

（1）「後向きアプローチ」から「前向きアプローチ」へ

アクティブ・ラーニングを導入する目的は，21世紀の知識基盤社会において一人一人なりに「他者や社会等と相互作用しながら新たな知識を創り出す」ことができる主体としての力を育成するためである。この学び方を単なる「型」として習得しただけでは，振る舞うことができても主体としての力を育成することにはつながらない。そうではなく，主体自身が良さを納得できるレベルで力を使いたい，発揮したいと思える形で得ていく学習経験が人間教育として重要である。そのため，教育課程内において一貫した形で「他者や社会等と相互作用しながら新たな知識を創り出す」活動を経験させることが重要だろう。

学校教育で導入すべきアクティブ・ラーニングは，教師が設定した学習目標の範囲内での知識習得を直接的な目的とする「後向きアプローチ」による授業設計ではなく，教師が設定した学習目標を超え，学習者自身が知識を創造し続けていくことを意図した「前向きアプローチ」で授業設計する必要がある。「前向きアプローチ」と「後向きアプローチ」をそれぞれ「目標」「知識」「資

表7-1　「後向きアプローチ」と「前向きアプローチ」の対比

	「後向きアプローチ」の授業設計	「前向きアプローチ」の授業設計
目　標	広い知識と資質能力を個別順番に育成	深い知識と資質能力を同時に育成
知　識	将来，獲得した知識が直接的に適用できるよう広く浅くたくさん知っていることが重要	将来の問題解決・学習の準備の核となる部分を中心に構成された領域知識を持つことが重要
資質能力	それぞれの資質能力を発達段階に合わせて教えていくもの	すべての人が持っていて，知識や文脈，目的に依存して発揮されるもの
学習活動	できるだけ分かりやすい問いを教師が与え，グループ活動では，得意な人が教え合って広げ，最後に正解を教師が解説して段階的に定着させる活動	挑戦したい問いを設定共有させ，グループ活動では悩みながら対話し各自なりの知識を創造させつつ，同時に，次の問いや疑問が生まれさらに深める活動
準備教材	教材内容そのものが知識習得させたい事柄を直接的に記した内容	知識創造させるために必要な部品として構成されている内容
評　価	総括的評価：事実をどれだけ覚えているか，覚えたことを使って問題が解けるかどうか，学習目標にどれだけ近づいたかをテストして点数化することによる評価	変容的評価：授業前と後を比べた変容具合，資質能力を発揮しながらの知識創造プロセス，次の学習につながる問いや疑問が生まれたかの評価

(出所)　筆者作成。

質能力」「学習活動」「準備教材」「評価」の視点から対比整理したのが表7-1である。

　「後向きアプローチ」の授業設計は，学習活動を通して教師が設定した正解に到達すること自体が目標となる「正解到達型授業」である。一方，「前向きアプローチ」の授業設計は，学習活動を通して教師が設定した正解に到達すると同時に，そのプロセスの中で他者との対話を通じてさらなる疑問や問いが生まれ，自分なりの理解や考え方の適用範囲を広げ，創出していくような「目標創出型授業」である。学習科学・認知科学の研究領域では，「人はいかに学ぶか」という知見が蓄積されており，それら知見を活かす形で「前向きアプローチ」の授業設計や授業づくりによる教員コミュニティ形成をめざしている。

（2）知識構成型ジグソー法を核としたCoREFの取り組み

　東京大学CoREFでは，学習科学・認知科学の知見を社会実装し，「前向き

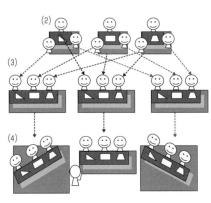

(1)主課題の提示
与えた資料を基に解決してほしい問い
（主課題に対して知っていることを一人でまとめる）

(2)エキスパート活動
担当資料を理解する・解く
（一人で挑戦→グループで確認）

〈グループ組み換えのため席替え〉

(3)ジグソー活動
担当資料を紹介し合い，主課題の解づくりに取り組む

(4)クロストーク活動（教室全体）
主課題の解を発表し合い，全体で議論する

(5)授業終了時
主課題に対する解をもう一度一人でまとめる

図 7-1　知識構成型ジグソー法の流れ図

（出所）筆者作成。

アプローチ」の授業づくりや教員ネットワークの構築を推し進めるため「実践学としての教育学」を展開している。学習科学・認知科学者の三宅なほみが立ち上げ，現在，白水始，飯窪真也，齊藤萌木らが推し進めている（東京大学CoREF 他，2016）。知識構成型ジグソー法は，図 7-1 に図示したような流れで展開していく。詳細については表 7-2 にまとめている。

　CoREF では，「知識構成型ジグソー法」を核にして授業づくりと評価の研修を行っている。知識構成型ジグソー法はあくまで型であるが，その型の背景には，一人一人なりの対話的な知識構成を引き出す「前向きアプローチ」の考え方が埋め込まれている。そのため教員らは，その型の制約を生かす形で具体的な授業や単元を計画し，教員同士で，その授業設計によって学習者に期待するような学習活動や理解を引き出すことができるかどうかの情報交換をしてより良くしていくことができる。CoREF では現在，全国各地の小・中・高等学校や教育委員会と共に知識構成型ジグソー法を用いた授業実践や研修などの取り組みを広げ，教員ネットワークの構築を実現している（飯窪・齊藤，2016）。

　CoREF の取り組みの一例は，これからの学校教育を変えうる貴重な存在であると考えられる。次節以降，なぜこのような取り組みが大切なのか，社会の

表7-2　知識構成型ジグソー法の流れ

(1)主課題の提示と最初の考えの記入 　最初に，本時に取り組んでほしい「問い」を課題として提示する。この「問い」を学習者は共有した上で，最終的には問いに対する答えを深めていくことになる。そして学習活動に入る前に，授業開始時点での「問い」に対する自分なりの解答をワークシートに書き留めさせる。この解答は授業終了時の解答と比較することで授業を通した知識の変容を評価することができる。
(2)エキスパート活動 　次に教師が準備した複数資料（3種類の場合が多い）の中からいずれか1種類の資料を担当し，グループで内容を把握する。最初に個人で資料内容の把握や解決活動に取り組んだ後，エキスパートグループメンバー内で確認しあう場合が多い。担当資料の専門家になるという意味でエキスパート活動と呼ばれている。このエキスパート活動はあまり時間をかけないようにする必要がある。そのため，資料内容も読み取りや解く時間がかからない量がいいだろう。
(3)ジグソー活動 　席替えをして，別資料を担当した人と一緒に新たな班（3種類の資料であれば3人班）を編成し課題解決に取り組む。ここでは，相手が知らない内容を自分が持っていることになるので，伝える必然性，聞く必然性が生じる。またクラス全員が話をすることにもつながる。該当教科が苦手な学習者であっても得意な学習者が知らない情報を持っているため，苦手な学習者が得意な学習者に説明することができ，また得意な学習者も苦手な学習者から情報を得るような活動となる。そして，各内容を比較したり俯瞰統合したりしつつ，悩み対話しながら主課題に対する解答を構成していく知識創造活動となる。
(4)クロストーク活動 　ジグソー活動での対話によって構成された解は，資料には直接書かれてなく，各グループなりの語り（ストーリー）で構成されるために各グループ多様になる。その解をクラス全体で共有し，またその共有した内容を比較参照することで，さらに内容を深めることにつながる。新たな疑問や問いも共有していき，理解内容や考え方の適用範囲を広げていく。
(5)授業を通して構成した解を各自まとめる 　最後に自分なりに納得して構成した解答をワークシートに書き留めさせる。学習者自身，授業開始時の書き込み内容からの変容を振り返ることも可能であると同時に，教師がその変容を把握することで，次時の授業でより各自の学びを広げていくためのデザイン修正のヒントにもなる。

（出所）筆者作成。

変化，そして，認知研究の進展から考えていく。

2　社会の変化から

　なぜ，学校教育の目標や教育課程，授業を見直す必要があるのだろうか。この節では，この問いに対する答えを社会の変化から考えていく。

（1）三つの時代における学校教育の果たす役割の変化

　現代の知識基盤社会が今後さらに発展していくのは間違いなく，そのような中で，新たな知識を創造し続ける力が求められている。それには加速度的に科学技術が発展していく社会に貢献するという側面と，解決しなければならない課題が増え続けているという側面の両面がある。また，人工知能やロボットの登場によって人の仕事が奪われるという話もあるが，人の苦手な繰り返し等のルーチン作業は機械に任せ，人が本来得意な資質・能力を発揮して豊かに思考し行動する仕事が求められる社会になってきたとも言えるだろう。

　コリンズとハルバーソン（Collins A. & Halverson R.）は『デジタル社会の学びのかたち』（2012）の中で，テクノロジーの発展によって人と人が新しいつながり方を持てるようになった現在，学校教育の果たす役割が変わってきているとしている。学校教育文化が生まれる前の時代を「徒弟制時代」，現在の学校教育制度での教育の時代を「公教育時代」，そして知識基盤社会におけるこれからの可能性を示した時代を「生涯学習時代」と呼んでいる。そして三つの時代の教育のモデルを「責任」「期待」「内容」「方法」「評価」「場所」「文化」「関係性」という八つの観点から整理することで，学校教育の果たす役割の違いをクリアに示している（表7-3 参照）。

　この整理より，「同じ知識を知っていること」から，「一人一人なりに知識を創り出すこと」へ学校制度の役割が変化していることが分かる。

（2）21世紀型スキルの評価と教育のプロジェクト

　2009年に検討された Assessment and Teaching of 21st Century Skills: ATC21S（21世紀型スキルの評価と教育のプロジェクト）では，これからの知識基盤社会を生きていく上で必要となる10個のスキルが提言され（表7-4 参照），その教育方法と評価方法について，各領域の専門家による検討を通して白書（グリフィン他，2014）という形で提言がされた。

　この21世紀型スキルをいかに育むかがポイントとなるが，グリフィン他（2014）では，各スキルは直接的に教えることはできないと明言している。ス

表7-3　教育における三つの時代の変化

	徒弟制時代	公教育時代	生涯学習時代
責任	保護者が責任を持って子どもが何を学ぶか決めていた。家業を継いでほしい場合は親を見習い，そうでない場合は弟子入りする。	国民全体に，共通の価値観と言葉を学ばせるために政府が責任を持ち，共通の内容を学校で学ばせる。	政府から保護者や学習者自身へ。さまざまな教育用サービスが登場し，興味や能力に応じて学習がカスタマイズ可能に。
期待	保護者は子どもが親の仕事を継ぐことを望んでいた。	政府が責任を持って，全員共通の教育を受けさせる公平さが重要。	学習者自身が学ぶ価値のあるものを考えながら，自身の道を追求する。
内容	将来の仕事に直結する実用的スキルの学習。	知的な市民や労働者になるよう，読み書き計算の共通部分と各教科の学問領域を扱う。	知識は爆発的に増えていてすべて教えるのは困難。必要な情報を必要な時に得たり，生み出したりする学び方の学びが重要。
方法	モデリング，コーチング，観察，実践など，まさに徒弟制の教育。少人数で直接的に教え，全員学べるように。	大人数の教室で効率的に教えるために講義形式という型が登場した。	相互作用を重視した教育に再び戻っている。ICTを活用することで学習者同士の相互作用を促したり個別的な指導を実現。
評価	大人が学習者を注意深く見守り，寄り添いながら指導し，成功するよう支え続ける。全員が成功するための形成的評価が中心だった。	効率的に測定するためテストが登場。テストはクラス分けや進級判断に使われ，合格・不合格という考えが登場した。	徒弟制時代のように，学習者の学習状況や内容に合わせて支援し，一人一人のペースで，でも相互作用を通じて学び，全員の成功につなげていく。
場所	家族のいる家や，家内工場。	学校という場に集まって授業を受けるという形に。	さまざまなICT機器の登場によってどこでも持ち歩き活用できるように。誰とでも，いつでもどこでも，学びたい時に学べる。
文化	子どもは働く大人たちの文脈の中で学んでいて，取り組む学習活動は本質的なものだった。子どもは家族で生き残るために貴重な存在で小さな大人と見なされた。	同じ年齢の子ども同士が集まり，若者の仲間文化が登場した。学校文化に馴染む子どもとそうでない子どもが登場した。	学習者は，学校にいる人だけでなく大人も含めた幅広い年齢の人と一緒に学ぶ機会が増え，若者の仲間文化が弱められる可能性がある。
関係性	子どもは身近な親や親戚，友人から学ぶため，将来を真剣に気にかけ深い絆があった。	子どもは突然知らない教師と出会い，教師は多人数対1人の教師という関係の中，学級づくりに苦心した。	興味関心を中心に仲間と相互作用することで学習コミュニティは縦横ともにつながりあって発展していく。

（出所）コリンズ＆ハルバーソン（2012）第6章より筆者作成。

表7-4　21世紀型スキル

思考の方法	1．創造性とイノベーション 2．批判的思考，問題解決，意思決定 3．学び方の学習，メタ認知
働く方法	4．コミュニケーション 5．コラボレーション（チームワーク）
働くためのツール	6．情報リテラシー 7．ICT リテラシー
世界の中で生きる	8．地域とグローバルのよい市民であること（シチズンシップ） 9．人生とキャリア発達 10．個人の責任と社会的責任（異文化理解と異文化適応能力を含む）

(出所) グリフィン他 (2014) 22頁より筆者作成。

キルを育むためには，各教科等の領域内容を深く学ぶプロセスの中に，それら
スキルを発揮したくなるような学習環境を用意し，児童生徒はスキルの発揮経
験を多く積んでいくことが大事だとしている。表 7-5 は，表 7-4 で示した10個
のスキルとその初級状態と上級状態を抜粋編集したものである（グリフィン他，
2014）。どの学年の学習者であっても，上級状態のスキルを発揮しながら学ぶ
ような授業を実現していくことによって，領域知識の深い理解を同時に引き出
すとされている。

　グリフィンらは，スキルの上級状態を発揮していくような知識構築環境を実
現するために，学習目標から後戻りする「後向きアプローチ」（working-back-
ward approach）の授業設計から，学習者なりの新しい目標の創発を生む「前
向きアプローチ」（working-forward approach）の授業設計への転換を主張して
いる（グリフィン他，2014）。「後向きアプローチ」は，教師が学習目標から逆
算して一連の下位目標をつくり，初期状態からその目標に至る一本の道筋を用
意し順番に教えて実行させる学習環境で，ニューエルとサイモン（Newell &
Simon, 1972）の古典的な問題解決研究で示された方略であるとしている。この
「後向きアプローチ」の授業設計から授業を検討すると，教師は話し合いの説
明方法や傾聴方法といった話型の指導をして振る舞わせ，設定した学習内容を
覚えれば達成となる正解到達型の学習環境を用意すればよい。一方，「前向き

表 7-5　21世紀型スキルの初級レベルと上級レベル

初級レベル	上級レベル
創造性とイノベーション	
教師から与えられた情報を自分のものにする。「きっと他の誰かが正解や事実を知っているだろう」という前提を持ちつつ学習活動を行う。	疑問を持って未解決の問題に取り組む。理論やモデルを検討したり，できないかもしれないというリスクを覚悟したりして挑戦的に取り組む。有望なアイディアや考え方を追求していく。
コミュニケーション	
仲良く会話できる。対話の目的は，事前に教師が決めた学習目標に全員が到達すること。教師の意図したグループ編成になっている。	学習目標を超えて追求していくような知識構築・漸進的な対話。より包括的で高次の分析を行うために対話する。学習を深めるために，グループ間でのやりとりがあり，グループ構成は固定的ではない。
コラボレーション（チームワーク）	
小グループによる活動ができる。最終成果を作成する上で一人一人が責任を分担する。最終成果は分担したものを合わせただけのもの。	互いに悩み対話する活動を通して新しい考え方や知識が生み出され，そこで出てきた考えや知識を全員で共有し，それを拡張することを目的とする。個人の成功よりもクラス全体で知識を創っていく活動が称賛される。
情報リテラシー・調査活動	
問いに対して直接的な答えを探す。情報を見つけてきてそれをまとめる。または別条件ではどうなるのかを検討しまとめるような調査にとどまる。	今現在入手可能な情報を越えていこうとする。集めた情報を比較・俯瞰・統合するような活動を通して，新しい情報を生み出していく。
批判的思考・問題解決・意思決定	
現実場面と切り離された，各単元特有のスモールステップに分割された学習課題が提示される。順番に沿って，その範囲内で学ぶ。	児童生徒自身に意味のある知的活動の中で高次の思考スキルを発揮する。問題を焦点化し，よさそうな考えを創り出す活動を通して，さらなる疑問や問いが生まれ，目標は継続的に生み出されていく。
地域とグローバルのよい市民であること（シチズンシップ）	
学校のルール，マナーといった規範をきちんと守る。その中で最善を尽くす。そこでは，個人的な権利を優先する。	一市民として学校内でも知識創造社会の一員であると認識し，多様な視点を尊重する。あらゆる権利を支持し，知識創造社会への貢献上必要であれば，規範自体を変えていく。
ICTリテラシー	
一般的なアプリケーションやウェブ上の素材やサービスに慣れ親しみ使うことができる。	ICT活用が日常的な学習活動に埋め込まれている。ネット上にも共有コミュニティ空間が作られ，継続的に考えや知識が豊かになっていく。
人生とキャリア発達	
自分の特性にあったキャリアをめざす。そのために必要な事柄や可能性を，現実的に評価しながら進む。	継続的に生涯にわたってさまざまな場で学習機会に参画する。人生をとりまく状況や文脈にかかわらず，必要であれば苦手なキャリアにも挑み，知識創造者としての自己アイデンティティを持つ。
学び方の学習・メタ認知	
教師が学習をコントロールしていて，児童生徒は意思決定等には参加しない。学校という枠内でいかに上手く学ぶかを考える。	児童生徒は，自分の活動に責任を持つ。評価は，学校やテストの枠組みを超え，社会で活躍し続けるための学び方を学ぶことを対象とする。
個人の責任と社会的責任（異文化理解と異文化適応能力を含む）	
他者に迷惑をかけないよう，個人として責任を持つ。ただしそれは教師，クラスの友だちなど，狭い文脈の中で判断される。	クラス全員で知識資産を構築し改善しつづける。学校外や異なる社会・文化の影響も重視し，多文化・多言語で変化しつづける社会に利益をもたらすよう改善しようとする。

（出所）グリフィン他（2014）より抜粋。

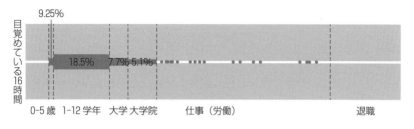

図7-2　生涯を通じた生涯にわたる学習

（出所）Banks et al.（2007）

アプローチ」の授業設計から授業を検討すると，教師は同様に学習目標を設定するが，その目標に向けて自発的な課題解決活動を行いたくなるような学習環境を準備するようになる。その結果，学習者が各自なりに対話を通して知識を創り上げる過程で新しい疑問を見つけ，次の学習目標を創り出す目標創出型の学習環境となるだろう。

（3）学習者から見た学校教育の時間の割合

米国 NSF の学習科学センタープログラムの支援によって運営されているLIFE センター（The Learning in Informal and Formal Environments Center）では，典型的な一生の中で，フォーマルな場（学校）で過ごす時間とインフォーマルな環境（学校外）で過ごす時間を図式化して示している（図7-2）。

この図は横軸は人生の時間軸を示していて，縦軸は1日の中で起きている時間を示している。小・中・高等学校の時期に学校で過ごす時間割合が高く，18.5％程度であり，大学ではさらに7.7％とその割合は減る。就職後の研修等の学習機会はさらに限られている。この図 7-2 より，時間の割合からすれば，人の学習の大部分が学校の外で行われているということになる。このような生涯学習の視点で学校教育の役割を考えると，学校で学ぶべきことは，学校外との接続を意識するべきであり，学校内に閉じた知識や能力の習得に留まるべきではないだろう。

3　認知研究の進展から

　なぜ，学校教育の目標や教育課程，授業を見直す必要があるのだろうか。この節では，この問いに対する答えを認知研究の進展から考えていく。

（1）適応的熟達化と知識を創り出す環境

　社会で実際に知識創造活動をしている熟達者や大学の研究室に関する研究は，学校教育の姿を考える上で欠かせない視点であろう。

　熟達者は，バラバラの個別具体的な事実の記憶ではなく，ある領域の重要な概念を核に体系化された形で知識を構築しており，新規場面でメタ認知を働かせ柔軟に活用，表現できる。そのため，さまざまな資質・能力は，持っている領域知識とセットで発揮される。たとえばゴッホとチー（Gobbo & Chi, 1986）は，7歳の恐竜が好きな子どもとそうでない子どもに恐竜の絵を1枚ずつ見せ分類させた。その結果，恐竜の特徴について好きな子どもは「なぜなら」「もし～なら」「だから」という接続語を多用しながら表現できたが，そうでない子どもは見た目の特徴を網羅的に語るだけの表現であった。推論し表現するなどの資質・能力は，領域知識に大きく依存していることが分かる。

　熟達者はどのような熟達化プロセスを経るかによって大きく2種類存在するとされている（波多野，2000）。一つは，ある一定の慣れ親しんだ型の問題を素早く解くことができる「手際の良い熟達者」，もう一つは，新奇の場面に遭遇した時に，持っている知識や技能を柔軟に組み替えて適用でき，常に向上をめざす「適応的熟達者」である。「手際の良い熟達者」はマニュアルを用いて自学自習でも学べるのに対して，適応的熟達者として学んでいくには，①絶えず新奇な問題に遭遇すること，②対話的な相互作用に従事すること，③緊急な（切迫した）外的必要性から開放されていること，④理解を重視する集団に所属していること，の4点を満たす環境が重要であると指摘されている。このような学習環境を学校教育で実現していくことが鍵になるであろう。

　学習環境に関連する研究として，分子生物学の四つの大学研究室を詳細に観察したダンバー（1999）の研究が興味深い。熟達者が集まり新たな知識創造活動が常に行われている現場では，個人での研究場面よりも研究ミーティングでの相互作用が知識創造の核となり，そこでは，各研究者の知識の多様性によって対話が深まり，発見につながっていたことが明らかになっている。

（2）学びたい動機づけから学び続ける動機づけへ

　学習者主体の学びを考える上で動機づけは大きな要素である。しかし，「導入時に学習へと動機づける」要因と，授業中，さまざまな問題解決を行わなければならない場面において「学習し続けることへと動機づける」要因とは分けて考え，自発的な学習に対しては後者の動機づけが重要となる。後者の場合，解決が難しい場面に出会った時でも，相談できる仲間がいたり，目標設定の中に何かのため・誰かのために貢献することが埋め込まれていたりするような「社会的動機づけ」がとくに重要な機能を果たすと言われている。また，学習し続けたくなるためには「挑戦したい適度に難しい課題」が重要だと言われている。

　稲垣・波多野（1987）が紹介した保育園の事例では，プールの水が凍っていたことを不思議に思った園児たちがみんなで氷を作りたいという動機から，いろいろ試し対話する活動を通して深い理解を引き起こしていることを示している。園児らは共通目標を持って2週間にわたり探索的な問題解決活動を行っていた。この事例から三宅（三宅・三宅，2014）は，みんなと一緒に遊ぶことが学びにつながる条件を表7-6のように整理している。

　このような学習環境を学校教育で保証していくことは「前向きアプローチ」でも同様であり，各学習者が持っている学ぶ力を効果的に引き出せるだろう。

（3）建設的相互作用と外化共有の効果

　人は社会的に自らの知識の質を向上させる潜在的な能力を持っており，その原理を三宅（Miyake, 1986）は「建設的相互作用」と名付けている。

表7-6　学びにつながる条件

①子どもたちがみんな「好きな時に氷を作るにはどうしたらいいか」という共通して「答えを出したい問い」を持っていた。
②問いへの答えを，一人一人が，少しずつ違う形で最初から持てる。
③一人一人のアイディアを交換し合う場がある，言い換えれば，みんな自分のいいたいことがあって，それがいえる。
④参加者は，いろいろなメンバーから出てくる多様なアイディアをまとめ上げると「答えを出したい問い」への答えに近づくはずだ，という期待を持っている。
⑤話し合いなどで多様なアイディアを統合すると，一人一人，自分が最初に考えていたのより確かだと感じられる答えに到達できる。
⑥到達した答えを発表し合って検討すると，自分なりに納得できる答えが得られる。
⑦納得してみると，次に何が分からないか，何を知りたいか，が見えてくる。

（出所）三宅・三宅（2014）102頁より筆者作成。

　三宅は，「ミシンはどうして上糸と下糸の2本が絡み縫えるのか？」という問いをペアで話し合う活動を詳細に分析した。その結果，理解が深まっていく知識創造プロセスは「わかる」と「わからない」の繰り返しで，そのプロセスを引き起こしているのは他者の異なる視点からの「質問」だった。加えて，各自の対話開始時点での理解レベルの違いにかかわらず，最終的には両者それぞれなりに理解が深まる。たとえば理解の浅い人から質問を受けた理解の深い人も，より相手が納得するように両者の視点を統合して俯瞰する説明の構築につながり，結果，さらにその人なりに理解を深めることができていた。人は一度「わかった」つもりになるとそれ以上深めようとはなかなかしない。しかし他者との相互作用によって次の問いや疑問になる「わからない」が生まれ，継続的に知識構成活動が続く学びの仕組みがここにある。

　また，白水ら（Shirouzu et al., 2002）は，折り紙を題材にして建設的相互作用を通した理解の抽象化について研究している。折り紙を1枚渡して「4分の3の3分の2の部分に斜線を引いて下さい」と頼むと1人でもペアでも9割の人が折ったり印を付けたりして「半分」「ここ」と答えを出す。しかしもう一度渡し「今度は3分の2の4分の3の部分に斜線を引いて下さい」と頼むと1人では1度目の経験を踏まえて同じ方法で答えを出すが，ペアでは7割がやり方を変え，$2/3 \times 3/4 = 1/2$と計算で解くようになる。1人が「実行役」として折

り紙を折ると，思考過程が折り紙上に外化される。もう1人は，その様子を観察する「モニター役」になり，違う視点で考える余裕がある。その両者の対話が徐々に，いかに折るかという「やり方に関する対話」から折り目によって考えの違いが見え「違いを比較する対話」になり，比較から統合・俯瞰し最終的には計算で求める「抽象的な解法」の知識構成につながったのである。

　最近はテクノロジーの進歩によってタブレット端末等，ICTの学習環境整備が進んでいる。学習者がICTを活用すれば，容易に互いの思考過程を記録共有することが可能になる。互いの思考過程が外化され，他の視点から吟味できる環境につながるだろう。「前向きアプローチ」の授業にICTが提供できる可能性が高いものとして，以下の3点が挙げられるだろう（三宅・益川，2014）。

(1)参加する学習者一人一人の考え方の「違い」の可視化

(2)違う考え方を統合して答えを作る「問い」の共有

(3)問いへの答えを作る過程で考えたことの外化履歴とその表示

4　学ぶ力を育むことと学びのゴール

　学ぶ力を育むことはできるのか。また，育むことができるのであれば学びのゴールはいかに設定すべきか。この最終節では，この問いに対する答えを認知研究からあらためて考えた上で，「前向きアプローチ」による授業設計の重要さをまとめる。

（1）学ぶ力を育むとは

　これまでの節で，「前向きアプローチ」の授業設計や授業づくりの重要性を社会の変化と認知研究の進展から追ってきた。その中で大きな問いとして残るのは，「前向きアプローチ」によって引き出される「学ぶ力」というのはそもそも育むことができるのか，という点である。そのことについて三宅（2016）は，以下のように考え，具体的な証拠を創り続けることが大事だとしている。

　「私たちが今学習者から引出したいと思っている力の中に21世紀型スキルと呼ばれ

る様々な能力がある。これらを授業の中で引出したいなら，とりあえずこれらの基本的な性質あるいは特徴と，それを引出す手法についての仮定を作っておく必要があるだろう。それが教育環境デザインの出発点となる。

　この仮定として，これらの力をすべてコンピテンスだと仮定してみよう。人なら誰でも潜在的に持って生まれて来る潜在能力だと考える。その潜在能力が発現されるかどうかは，発現チャンスの質と量による。良質な発現チャンスをいつも経験していれば発現されるパフォーマンスの質も高くなる。

　言語獲得のコンピテンスは「発現する機会」を与えられなければ（例えば生誕直後からずっと人が会話する状況から隔離されて育てば）パフォーマンスとして発現しない。同じように人は小さい時から正解を与えられそれを覚えることだけを求められ続ければ，潜在的に自分で考え答えを自ら作り出す能力をもっていたとしても，この潜在能力が発現する機会がほとんどないから，当然自分で考えようとはしなくなるだろう。」（三宅，2016，212-213頁）

　学校教育で取り組むべきことは，「前向きアプローチ」の授業実践を一貫して行い，学習者にとって長期にわたって質の高い発現チャンスをたくさん経験することが大事だろう。このような考え方に基づき，実際に「前向きアプローチ」の授業を長期にわたって経験することによって，協調問題解決能力を育成させることができるかどうかについての研究も進めている（益川他，2016）。

（2）長期にわたる経験の必要性

　これまでの認知科学研究は，三宅の言う「人が持つ学びの力はコンピテンスだ」という仮説を支持するような研究の積み上げの歴史とも言える（白水他，2014）。ここで紹介する研究の結果はいずれも，その場その時点での振る舞いレベルの学ぶ力の発揮であれば直接教授や訓練で可能となるが，主体としての力として育成するためには，「前向きアプローチ」の学習環境で学ぶことが大事であることを示している。

　ブラウン（Brown, A.）らは1970年代からメタ記憶能力や文章読解能力を向上させるメタ認知能力の育成研究に取り組んできた。当初は，記憶方略を教える

ことによる能力向上を研究していたが，その実験文脈下で記憶方略を使えても日常の学校場面等では能力を発揮することはなかった。この経緯より，教授し訓練して直後の成果を示す研究から，実際の学習場面で意味のある活動をさせることで，将来の学習時に能力を発揮できることをめざす研究に発展した（Brown, 1992）。たとえば，文章読解能力を育成する「相互教授法」（Reciprocal Teaching）（Palincsar & Brown, 1984）では，既有知識と関連付けて考え，知識の再構造化や知りたいことを発見する「要約」「質問」「明確化」「予測」といった活動を行った。これは，グループで1段落ごとに役を回すことで相互に学び合うものであり，実践3週間後に読解力テストを行ったところ，直後と同様の成績を収めたことが示されている。また FCL（Fostering Community of Learners）プロジェクトでは，学んだ知識を組み合わせ統合し新たな解を生み出す知識創造活動を促進させるためにジグソー法を学習環境に取り入れた。その実践成果として単元最後に，高次の問題や，転移テストをグループで取り組ませて知識の深さを評価している。

　スカーダマリアとベライター（Scardamalia & Bereiter, 1987）は，知っていることをただ書き連ねる知識伝達型ではなく，書きながら自分の知識を作り変える知識変容型の作文能力育成の研究を行った。研究では「手続きファシリテーション法」を用いて，知識変容型の作文作成者が使うような書き出しの教授支援を行った。具体的には，「新たなアイディア」「改善」「洗練」「まとめ」などの促しである。しかし，文章構成は良くなるが，違う言い方で言い換える程度の「付加」にとどまり，狙っていた知識や考えの変容は伴っていなかった。欠けていたのは何のために文章を書くのかという大きな目標設定とその維持であり，クラス全員で目標を共有した文脈下での知識構築環境として CSILE（Computer Supported Intentional Learning Environment，後に Knowledge Forum として発展）を開発した。そこでは，「手続きファシリテーション法」で使われた書き出し支援をノート作成時に利用でき，互いのアイディアや調べたことをノートとしてまとめ，貢献しあい，関連付けることができた。そのような知識構築環境下で学習者が協調的に長期にわたって知識構築活動に関わる過程を

通して作文能力を高めることを実現している。

　これらの研究からも，学ぶ力を引き出す学習環境の中で長期にわたって発現チャンスを積み重ねることが大事であることが分かる。

（3）学習のゴール

　最後に，質の高い発現チャンスをたくさん経験しながらいかなる学習ゴールをめざして学習を深めていくべきなのかをまとめる。三宅とピー（Pea, R.）は，学習のゴールは次の三つの性質を持つべきだと主張した（Miyake & Pea, 2007）。

(1)　可搬性（portability）

　　学習成果が，将来必要になる場所と時間まで「持っていける」こと

(2)　活用可能性（dependability）

　　学習成果が，必要になった時にきちんと「使える」こと

(3)　持続可能性（sustainability）

　　学習成果が，修正可能であることを含めて「発展的に持続する」こと

　「可搬性」は，ある授業でできるようになったことを，その場で終わりにするのではなく，他の授業を受けるときに基礎知識として役立てたり，社会に出て仕事をするときに活用できたりすることを意味するという。

　「活用可能性」は，学習者自身が学んだことを学習場面とは別の状況で使えると判断できるメタ認知と関係が深いという。人が，自分の得意領域での知識については納得した形で安心して使える。そのような適用範囲の広い知識になることを意味する。

　「持続可能性」は，学んだ成果が発展的に持続することをめざしているという。獲得した知識はたいていの場合，同じ形で役立つことはなく，そのつど更新されるものである。更新されて新しい場面で使われ深化するとそこから発展的な次の問いが生まれ，さらに深めていくような学び方を学ぶことになるという。

（4）「前向きアプローチ」の取り組みに向けて

　本章では，学校教育で実現すべき主体としての力の育成の姿として「他者や社会等と相互作用しながら新たな知識を創り出す」こととし，その理論的背景，社会的背景を示してきた。とくに，「可搬性」「活用可能性」「持続可能性」のある学習成果を引き出すために「前向きアプローチ」による授業設計の重要性を指摘した。今後も，学校現場で主体としての力を育成する「前向きアプロー チ」による取り組みが広がることを期待している。

 さらに学びたい人のための図書

東京大学 CoREF・三宅なほみ・河合塾（2016）『協調学習とは──対話を通して理解を深めるアクティブラーニング型授業』北大路書房。
　　▶「前向きアプローチ」の授業づくりについて，知識構成型ジグソー法を中心に理論と実践事例の詳細を知ることができる書籍である。
国立教育政策研究所編（2016）『資質・能力　理論編』東洋館出版社。
　　▶人の学びや資質・能力を見直す基盤となる学習科学の研究が数多く引用されており，研究事例をベースに理論を整理するのに適した書籍である。

引用・参考文献

Banks, J. A., Au, K. A., Ball, A. F., Bell, P., Gordon, E. W., Gutiérrez, K. D., Brice Heath, S., Lee, C. D., Lee, Y., Mahiri, J., Suad Nasir, N., Valdés, G., & Zhou, M. (2007) *Learning in and out of school in diverse environments: Life-long, life-wide, and life-deep*, The LIFE Center (http://www.life-slc.org/).

Brown, A. L. (1992) "Design experiments: Theoretical and methodological challenges in creating complex interventions in classroom settings", *Journal of the Learning Sciences*, 2, 141-178.

コリンズ，A.＆ハルバーソン，R.／稲垣忠編訳（2012）『デジタル社会の学びのかたち』北大路書房。

ダンバー，K.（1999）「科学の思考法」岡田猛・戸田山和久・田村均・三輪和久編著『科学を考える』北大路書房，26-55頁。

Gobbo, C. & Chi, M. (1986) "How Knowledge is Structured and Used by Expert and

Novice Children", *Cognitive Development*, 1, 221-237.

グリフィン，P.・マクゴー，B.＆ケア，E.編／三宅なほみ監訳，益川弘如・望月俊男編訳（2014）『21世紀型スキル——新たな学びと評価のかたち』北大路書房。

波多野誼余夫（2000）「適応的熟達化の理論をめざして」『日本教育心理学会総会発表論文集』42号，S27。

飯窪真也・齊藤萌木（2016）「実践の省察のサイクルを支える教員研修体系とネットワークの構築」大島純・益川弘如編著『教育工学選書Ⅱ5　学びのデザイン——学習科学』ミネルヴァ書房，183-188頁。

稲垣佳世子・波多野誼余夫（1987）『人はいかに学ぶか——日常的認知の世界』中公新書。

益川弘如・河﨑美保・白水始（2016）「建設的相互作用経験の蓄積が協調的問題解決能力の育成につながるか——縦断的な発話データを用いた能力発揮場面の分析」『認知科学』第23巻第3号，237-254。

Miyake, N. (1986) "Constructive interaction and the iterative process of understanding", *Cognitive Science*, 10, 151-177.

Miyake, N. & Pea, R. (2007) "Redefining learning goals of very long-term learning across many different fields of activity", In C. Chin, G. Erke & S. Puntambekar, eds., *The Computer Supported Collaborative Learning Conference Proceedings*, Lawrence Erlbawn Associates, pp. 26-35.

三宅なほみ（2016）「実践学としての教育工学へ」大島純・益川弘如編著『教育工学選書Ⅱ5　学びのデザイン——学習科学』ミネルヴァ書房，210-218頁。

三宅なほみ・益川弘如（2014）「インターネットを活用した協調学習の未来に向けて」日本児童研究所監修『児童心理学の進歩　2014年版』金子書房，190-213頁。

三宅芳雄・三宅なほみ（2014）『新訂　教育心理学概論』放送大学教育振興会。

Newell, A. & Simon, H. A. (1972) *Human problem solving*, Englewood Cliffs: Prentice-Hall.

Palincsar, A. S. & Brown, A. L. (1984) "Reciprocal teaching of comprehension monitoring activities", *Cognition and Instruction*, 1, 117-175.

Scardamalia, M. & Bereiter, C. (1987) "Knowledge telling and knowledge transforming in written composition", In S. Rosenberg ed., *Advances in applied psycholinguistics: Vol. 2. Reading, writing, and language learning*, Cambridge University Press.

Shirouzu, H., Miyake, N., & Masukawa, H. (2002) "Cognitively active externalization for situated reflection", *Cognitive Science*, 26, 469-501.

白水始・三宅なほみ・益川弘如（2014）「学習科学の新展開——学びの科学を実践学へ」『認知科学』第21巻第2号，254-267。

東京大学 CoREF・三宅なほみ・河合塾（2016）『協調学習とは——対話を通して理解を深めるアクティブラーニング型授業』北大路書房。

第 8 章

主体性を育てる教育

中間玲子

　今日「主体性を持つ」「主体的に行動する」ということが以前にも増して求められている。主体性の育成はいつの時代も教育に携わる者にとっての共通課題として存在していた。だがとりわけ，今日の社会状況の中で，主体性の育成は，個人の「生きる力」の育成に直結する重要な課題として位置づいている。

　この背景には，私たちが生きる現代社会が「変化の激しい」ものであるという認識がある。それが分かりやすい形として実感されるのはキャリア形成の問題だろう。20世紀末あたりから，日本におけるキャリア形成の仕方は大きく変わった。組織のシステムの中で雇用を保障されながら安定したキャリアを歩むというのが当たり前ではなくなり始めた。自分が前提とする社会構造が揺れ動くのであるから，それに頼った仕方ではなく，自分自身の主体性によってキャリアを形成していくことが必要となる（金井，2002）。これは，キャリア形成において個人が負うべき責任の範囲を広げ，そこで生じる問題を社会や組織ではなく個人の問題へと還元してしまう変化であると同時に，組織主導のキャリア形成から本人主導のキャリア形成へと個人のキャリア形成における主体性を取り戻す変化でもある。ちなみにこの変化は，日本に限らず先進諸国において共通してみられる事態であるとされる。

　また，私たちが過ごす日常生活においても，日々，さまざまな変化が訪れている。地球規模で生じている環境の変化は，私たちに，今の状態がこれまでの安定した状態から逸脱していることを日々知らせているし，グローバル化が進む中で，地球上の遠く離れたどこかの場所で生じた問題が自分たちの生活に大

きな影響を与えることも実感されるようになっている。このような変化は私たちに新しい状況や未知の事態への遭遇をもたらす。私たちはそのつど，「これまでにない解」を模索しなければならなくなっている。

　かつて教育者の木下竹次は，関東大震災（1923年9月1日）という未曾有の災害後に，子どもの自主性と自律性を主張する防災教育論を提出した。曰く，地震は不測のものであり，火災や津波に関する法則や対処法を確定することは難しい。そのような状況では生兵法は判断を鈍らせ「有害になることもある」。必要になるのは「只其の時と場合とに応じ各種の条件を考えて瞬間に判断し之を忠実に実行し得る」力であり，よって，「如何にしても児童生徒が自ら判断し自ら実行する様にせねばなるまい」（平野・大部，2017）。

　これは現代社会の日常生活にもあてはまる考え方だろう。現代社会の日常は，いうなれば，常態化した非常事態であるといえる。そのような中で，主体性の育成は，ある種の切実さを伴う問題となっている。

1　主体性とは
──「主体的な行動」の視点から──

　心理学は，行動をとらえて，その行動のメカニズムを探ろうとする学問である。対象となる行動の範囲は広く，目に見える活動から目に見えない思考活動まで，あるいは本人も意識していない無意識の活動についても議論したりする。そのため，「主体性」の問題は，「主体的な行動」の問題として検討される。

　私たちは行動が自発的に行われることだけで主体的な行動とはいわない。たとえば，オペラント条件づけでは，ある行動の後に「ごほうび」や「ペナルティ」を与えられ，それが繰り返されることで，一定の行動パターンが形成される。ごほうびや罰を与えられる側は，ごほうびがほしいために，あるいは罰を避けたいために，その行動を多く行ったりできるだけしないようにしたりする。この手続きによって，一定の場面でいかに行動するかが学習され，その行動自体は自発的に行われるようになるため，あたかも主体的に行動できるようにな

ったかのように思われる。だが，そもそもその行動パターンは，ごほうびや罰を与えた他者によってコントロールされたものである。

　今日，「主体的な行動」を論じる場合，自発的に行動するということに加え，その自発的な行動が個人の意志・意図による「自由」な選択によるものか否かが要点となることが多い。この点は，デシら（デシ＆フラスト，1999：Ryan & Deci, 2000）による自律的動機づけの理論によって整理できる。動機づけ理論は行動の源泉を個人の内に想定する点で，主体的な行動と非常に関わりが深い。行動の始発や持続を可能にする，個人の内にある何かが活性化された状態を"動機づけられた状態"とよび，そこに想定される個人の内的過程や機能の全般，すなわち，行動を可能にする内的な力の働きを"動機づけ"とよぶ。

（1）内発的動機づけ

　自律的動機づけでは，行動の動機づけが自己決定的なものであるか否かで動機づけられた状態を質的に区分する。これに先行する理論に，内発的動機づけの議論があった。ある行動が，ごほうびや罰などの何か外的な理由との関係における手段として動機づけられている状態があるのに対し，外的な理由が何ら存在しないのにその行動自体に動機づけられている状態がある。後者の場合，その行動を引き起こした理由に，人間の内に備わると仮定される性質（好奇心や感性など）を仮定する。後者の状態を"内発的動機づけ"とよぶ。人間の内に備わるとされる性質（好奇心や感性など）によって行動が引き起こされた状態であり，活動自体から得られる快や満足のために活動が遂行される状態とされる。

（2）自己原因性

　この内発的動機づけを，ドシャーム（deCharms, 1968）は，自らが自己自身を行動の源泉として感じられる自己原因性の感覚に基づく状態であることととらえ直した。それに対して，たとえ楽しくても他者から統制されていると感じられる状態は外発的に動機づけられている状態とした。

　我々が従事する活動は，やりたいこと，楽しいことばかりではない。また，学校教育過程への参加は，子ども自らが選び取って始めるものではなく制度的に決められたものであり，そこで課される活動も基本的には大人によって用意されたものである。「ごほうびがもらえる」「やらないと怒られる」「そういうことになっている」といった外的な理由によって行動している場合も多いだろう。だがそのような場合でも，次第にその行動の価値を自分なりに認知し，自分自身がその行動をよいと思っているからそのように行動するという，自己を原因とするものへと変化する場合がある。そのような場合，外的なはたらきかけがなくても自分で自分を動機づけることができる。

　逆に，その活動が自分にとって楽しいものだという理由で行っていた活動であっても，そこに他者が介入し，「もっとやってごらん」などと言われると途端にやる気が失せることがある。外的報酬がある場合は言うまでもなく，自分が自発的に行っていた行為を，他者のはたらきかけのためのものと認知してしまうような場合には，自分の行動の原因が自らにあるのではなく，他者に統制されているような感覚を持ってしまうために起こる現象だと考えられる。デシ（Deci, 1975）は，このようなことが起こるのは，人間に，自己決定の欲求があるからだとした。

（3）自己決定による自律的動機づけ

　この考え方に依拠し，それまで二項対立的にとらえられていた外発的に動機づけられた行動と個人の内発的な動機づけによる行動との間を，自律的な自己調整が反映されている程度によって段階的にとらえ直したのが自律的動機づけの理論である（図8-1）。そこでは課題への興味や楽しさによる段階を内発的動機づけとし，それとは別に，課題の価値によって動機づけられる状態を外発的動機づけの状態とした。課題の価値が内在化されている程度によって，課題に向かって行動する自己を動機づける制御過程は異なる。課題の評価に，自己の価値に合致した自己決定的な行動として意味づけを与えることができるかどうかも異なる。外発的動機づけの領域には，それらの違いによって自己決定の感

行　動	非自己決定的←				→自己決定的	
動機づけ	非動機づけ	外発的動機づけ				内発的動機づけ
調整スタイル	調整なし	外的調整	取り入れ的調整	同一視的調整	統合的調整	内発的調整
因果律所在の認知	非自己的	他律的	やや外的	やや内的	内的	内的
関連する制御過程	無意図的・無価値的・非有能感・統制の欠如	義務感，外的報酬や罰	自己制御，自我関与，報酬や罰の内在化	有能感，意識的な価値付け	調和，自覚，自己との一致	興味，楽しさ，活動に伴う満足
状　態		課題の価値を認めておらず，外部から強制されて「やらされているから」行動している。	課題の価値を認め，自己の価値観として取り入れつつあるが「しなくてはいけないから」という義務的な感覚から行動している。	課題の価値の重要さを自己の価値観として認識し，自分にとって「重要だから」行動している。	課題の価値は他の価値観と対立しない自己と融合した価値観となり，自ら「やりたくて」その行動を選択する。	

図 8-1　自律的動機づけにおける，自己調整の段階

（出所）Ryan & Deci（2000）p. 72, Figure 1 をもとに一部加筆。

覚が区別される，四つの動機づけの調整スタイルが配置されている。

（4）主体性とは

　興味や関心によって動機づけられていなくても，個人が課題の価値を自ら認識することで自己決定的に行動することができる。そのような「主体的な行動」を可能にしているものが主体性というものであるならば，主体性とは，自己の価値観による判断や自己決定を可能にするものとして個人の内面に想定される，行動を促す自律性のようなものということになろう。今日，「主体性」という言葉がどのような意味合いで用いられているのかを検討した岩本（2007）も類似の結論に至っている。彼女は，高齢者福祉領域および障害者福祉・障害児教育領域の雑誌論文において「主体性」という言葉がどのような意

味合いで用いられているのかを分析した。その結果，両領域に共通する点として，民主主義における「個人の尊重」に基底された，近代的人間像による自己選択，自己決定，参加の行いを中心として主体性が語られていたとまとめている。

2　主体的行動の基盤となるもの

（1）自己としての意識

　主体的な行動には，ある人格を持つ個人としての「自己」の感覚を有することが欠かせない。「『私が考え行動している』，『私が私自身の主人公である』，という固い思い込み」（梶田，1987，9頁）を持つことであり，これが個人の感じる主体性の感覚であると本章では仮に措定する。このような感覚をヤスペルスは自我意識とよび，そこには四つの形式標識があるとした。すなわち，能動性の意識，単一性の意識，同一性の意識，外界と他人とに対する自我の意識である（ヤスペルス，1953，185頁）。

　能動性の意識は，知覚，身体感覚，追想，表象，思考，感情などを「私のもの」とする特別の調子であり，自分が一つのまとまった人格を持つ存在として感じることを可能にするものである。この感覚の欠如は，身体感覚や知覚や思考を自分のものとして実感できないという人格感喪失（離人現象）につながり，自己との疎隔が生じる。「自分が自分として感じられない」という状況である。

　単一性の意識は，同一瞬間に一人であるという意識であり，同一性の意識は，時間の経過の中で自己が同一であるという意識である。私たちは自分の中にさまざまな自分がいることを認めており，また，過去の自分と今の自分が同じでないということを感じている。だがやはり，「私は私」であるという意識をどこかで保っている。もしもそのような経験が統合する主体としての感覚を脅かすほどになってくると，「どれが本当の自分か分からない」「今の自分が過去や未来とつながらない」という混乱した不安定な感覚に苛まれることになる。

　外界と他人とに対する自我の意識は，自分と自分以外とをそれぞれ別の存在

としてとらえる意識であり，また，自分には自分だけの私的な内面世界があることを了解している意識である。自己が自己以外のものと溶け合うような自己が何か大きなものに包まれていくような神秘的経験や，自己と自己以外との間がどんどん消失していくような宗教的経験をした人があるかもしれない。それは至高体験（マズロー，1964）などとよばれ，非常に上質の経験とされる。だがそれが続き，そのようにしか自己を感じられなくなると，日常生活を送ることは難しくなるだろう。また，私たちには共感性というものがあり，他者の痛みや悲しみや喜びを，あたかも自分のもののように感じることができるのであるが，他者の体験と自分の体験の区別がまるでつかなくなってしまうと，現実感覚を持つことが難しくなる。

　すなわち，能動性の意識，単一性の意識，同一性の意識，外界と他人とに対する自我の意識が保たれているとき，私たちは主体性を感じることができているといえよう。この四つの形式が保たれることで個人は主体性を持った自己としての意識を持ち，それを自明のものとしながら，自身の価値観や考え方といったものを築いていくことができる。

（2）主体性の感覚の形成

　ではどのようにして，そのような主体性の感覚を感じることができるようになるのだろうか。この過程には，他者や環境の存在が欠かせない。

　生後3か月頃，乳児は他者と見つめ合うことが可能になることが知られている。ここに至るまでに，まず，乳児は他者や外界を感覚器官でとらえることができており，自己を知る前に他者や外界を受容的に知覚する活動を始めている。そこから徐々に能動的な知覚がはっきりしてきて，乳児は他者や外界をじっと見つめることができるようになる。そして他者の視線の先にいる自分，見つめられている存在としての自分を発見するに至る。このようにして，他者との関係を結ぶことができるようになると考えられている（浜田，1999）。その関係性の中で，他者からはたらきかけられる受動態としての自分に気づき，そして同時に他者にはたらきかける能動態としての感覚も獲得する。その中で，経験さ

れる主体性の感覚によって，自己という意識が明確になっていくとされる。

　然るに，他者や環境が何も応えてくれないような状況では，主体性の感覚を形成していくことは難しい。自己を能動的な主体として認識できる他者や環境の反応があってこそ，私たちは主体性を持つ存在としての自分を確認することができる。

　このことについて，たとえば不安定なアタッチメント様式の一つである，回避型という様式を例に考えてみよう。回避型に分類される子どもは，アタッチメント（自分を保護し守ってくれる養育者が乳児の近くにいるという安心感を乳児が感じることで，内面に形成されていく養育者との間の心理的な絆のこと）の対象となる相手に対して積極的にはたらきかけることが少ない。また，相手の不在に対する反応も薄い。エインズワースら（Ainsworth & Bell, 1970）によると，このタイプの養育者は，全般的に子どものはたらきかけに拒否的にふるまったり子どもの行動を強く統制しようとはたらきかけたりすることが多く，他のタイプの養育者と比較して，子どもと対面しても微笑むことや身体接触することが少ないこと，子どもが苦痛を示してもそれを嫌がって子どもを遠ざけてしまうような場合があることなどが報告されている。養育者からのはたらきかけが少ないことは，子どもがはたらきかけられる存在であるという感覚を得る機会が少ないことを，養育者の反応が少ないことは，子どもがはたらきかける存在であるという感覚を得る機会が少ないことを意味する。

　このような環境よりは応答性の高い養育者のもとで育つ方が，主体性の感覚を確かなものとして形成することができるだろう。この"応答性"については，まず，子どものシグナルに気づき，正確に解釈し，敏速かつ適切に応答するという「敏感性」が挙げられる。マインズ（Meins, 1997）によると，大事なのは，子どもの行動の背後にある心的状態に敏感であることとされる。マインズは，養育者が子どもを発達早期から心を持った独立した存在とみなす傾向のことを"mind-mindedness"とよび，その重要性を指摘している。

　乳児が発達のごく初期に形成する養育者とのアタッチメント関係が，その後の人格発達にも大きな影響を及ぼすことを主張する理論は少なくないが（この

ことについては，様々な議論が展開されているのだが），それはその時期が，主体性を持つ存在としての意識を明確に経験し始めるタイミングでもあるからだろう。相手の行為を，相手の意図や心的状態を想定しながら受け止め返す，そのような「他者」になることが，何よりもその子どもの主体性を育む基盤になると思われる。

（3）主体性の感覚の剝奪

　そのようにして獲得された主体性の感覚は，他者とのやりとりで確認され続ける必要がある。精神科医のレイン（Laing, R. D.）は，人は，自分の行動が他者に影響を及ぼすところによって自分の主体性を確認することができると述べる（レイン，1975）。これは，他者がその人の行為を無視したり無化したりすることが，その人の主体性を奪うことを意味している。

　レインはこんな挿話をあげる。男の子が学校から駆け出し，母親に会いに行く場面である。母親は男の子を抱きしめようと腕をひらく。そこに続く男の子と母親とのやりとりとして四つの場合を考えてみる（表8-1）。それぞれのやりとりは，男の子の主体性形成を考える際に，どのような意味を持つものと考えられるだろうか。

　①は，男の子が母親の行為（腕をひらいて待っている）を受け止め，それに応える主体として母親にしっかりと抱きつくという行為を行っている。そして母親は男の子を抱きしめ彼に問いかけて，受動態としての男の子の主体性を確かなものにしている。それに対して男の子は抱きしめ返して応える主体として行動することができている。

　②〜④の場合は，男の子は母親の行為に対して，近寄らないという行動をとっている。その行為を母親は認め，男の子に問いかけるが，母親の望むような，あるいは関係をスムーズに結ぶような答えを男の子が発しない。そして母親がその行為をどう受け止めるかが異なっている。ではこの中のどれが，主体性形成において最も問題のあるやりとりだと考えられるだろうか。

　大きな緊張関係が引き起こされているのは③である。③の場合は，母親が子

表 8-1　レインのあげる，母子の出会い方の四つの場合

①男の子は母親に駆け寄り，母親にしっかり抱きつく。母親は男の子を抱き返して言う，〈お前は
　お母さんが好き？〉。そして男の子は母親をもう一度抱きしめる。
②母親は息子を抱きしめようと腕をひらいているが，男の子は少し離れたところで立っている。母
　親は言う，〈お母さんのこと，好きじゃないの？〉。男の子は言う，〈うん〉。〈そう，いいわ，お
　うちへ帰りましょう〉。
③母親は息子を抱きしめようと腕をひらいているが，男の子は近寄らない。母親は言う，〈お母さ
　んのこと，好きじゃないの？〉。男の子は言う，〈うん〉。母親は男の子に平手打ちを一発くらわ
　せていう〈生意気言うんじゃないよ〉。
④母親は息子を抱きしめようと腕をひらいているが，男の子は少し離れて近寄らない。母親は言う，
　〈お母さんのこと，好きじゃないの？〉。男の子は言う，〈うん〉。母親は言う，〈だけどお母さん
　はお前がお母さんを好きなんだってこと，分かっているわ〉。そして，彼をしっかり抱きしめる。

（出所）レイン（1975，191頁）より文言を一部修正して筆者作成。

どもの主体的行為を明確に罰している。それゆえ，その男の子は主体性の発動
が罰を伴うものだという学習をしてしまう可能性がある。その意味ではこのや
りとりは問題である。だがこの場面に限って言えば，男の子の行為に対して母
親が反応したという関係は成り立っており，現時点では男の子は母親と対立関
係を形成しうる，明確な他者として存在している。そこに注目する場合，この
やりとりは，自分が主体的存在であることを男の子が明確に確認することがで
きるものになっているといえる。

　②の場合は，男の子の言葉を母親が受け止めており，そのやりとりにおいて
は，男の子は母親にとっての他者の位置を確保することができていると考えら
れる。ただしそれは，「あなたはそう思うのね。そのようにあなたは感じてい
るのね」と，男の子自身がそのように感じていることを母親が受け止めてこの
ように応答した，と仮定した場合である。もしも，単に受け流すだけの反応で
あるような場合には，男の子は自分の行為が相手に何の影響を及ぼすこともで
きないことを感じ，無力感を学習してしまう可能性がある。

　④はどうだろうか。実は，レインはこの関係を最も危険な関係だと述べる。
それは，この母親が，最も危険な形，すなわち，回復が難しい形で男の子の主
体性を剥奪しているからである。母親は男の子が感じているところを「ほんと
うではない」と無効化し，その代わりに，母親の中にある男の子の反応を「ほ

んとう」だとして，その男の子の主体性は母親のもとにあるものだというメッセージを与えている。男の子は母親にとっての他者として存在することができていない。母親の解釈体系の中に，男の子の主体性は呑み込まれてしまっている。

　この④のパターンは，一見愛情に満ちたやりとりにも思われるため，注意が必要である。教師を含む大人は，時に，子どもが言語化できない時に，子どもの内面を代弁しようと手助けしたりすることがある。教育的意図も伴う愛情によってのことも少なくないだろう。だがそれがその子どもの内面に沿ったものであるかどうか，その子どもの納得の仕方，感情や気持ちなどをしっかりくみ取りながら丁寧に見極めていくことが重要である。知らぬ間に，その子どもの感じるところを大人の解釈体系に取り込んでいこうとしてしまっているかもしれない。それは，解釈する側が相手の行動の意味を勝手に決めつけてしまうことによるとも考えられるが，両者の間に良好な関係が結ばれている時には，解釈される側が進んで解釈体系に呑み込まれようとしていることもありえる。

　別の事例をあげよう。浜田（2001）は，自白によって冤罪になってしまう人たちの供述から，自分のことを信じてくれる人が誰もいないことによって，自分が行為の主体であったという感覚がどんどん薄れていくこと，その代わりに，他者が作り上げたストーリーの行為主体を引き受けてしまうようになることを指摘している。これも教室場面において起こりうることだろう。児童や生徒の中に，普段から問題を起こす，注意すべき人物がいる場合，何か問題が起こったときに，教師は真っ先にその人物を想起してしまいがちではないだろうか。そのときに，その子が問題行動を起こしていないと言ったとしても，「嘘をついている」と思い，「教師が思うところの真」のストーリーをその子どもの口から言わせようとしていないだろうか。それで教師との信頼関係が破綻してしまうならまだよい。その子ども自身が教師の記憶に過度に信頼を置き，自身の記憶や経験を現実のものとして感じられなくなったとしたら，その子どもの主体性にとっては深刻な問題となろう。

　他者との関係において主体性の感覚を保持することができるのは，自分とい

う存在を，他者が，その人にとっての他者として承認しているからである。子どもの主体性の感覚を守るには，大人にとって異質な他者として存在しうるような，大人の解釈体系に呑み込まれえないようなその子どもの他者性を尊重することが不可欠である。

3　主体的行動を可能にするもの

　主体的な自己としての意識を有することによって，私たちは主体的な選択や判断や決定を行い，主体的に行動することができるようになる。だが，主体性を持つことがそのまま主体的に行動することにつながると，単純に言ってしまうことはできない。主体的な行動を展開する過程では，その行動が社会においていかなる意味を持つのか，他者からどのようなフィードバックが与えられるかなど，社会的文脈との関係における行動の取捨選択過程が加わるからである。

（1）日本において典型とされる社会文化的価値の様相

　日本には，「ふつう」「人並み」という価値が存在するといわれる。京極（1988）は，日本社会には「普通指向」と「優秀指向」という二つの秩序像があるという。京極によると，「優秀指向」は明治維新以後に導入され，今日，競争や競争を経路とする卓越の追求として定着しているが，「普通指向」もなお，生活世界の中で根強く息づいている。「普通指向」は，近代以前の，伝統を丁寧に繰り返し安定ないし固定した生活を大切にした「ムラ」の中で培われたものであり，各メンバーが並み（つまり人並み）であることを高く評価し，普通であることに満足するよう期待・要求するものであったという。それは変化をもたらす異例の物事や，それを思いついたり実行したりする人間を排除する原理として機能するとされる。

　この「普通指向」は，現代社会を生きる日本人にも根深く共有される意識のようである。生井（2015）は，複数の臨床事例において，自分が「ふつう」であるかどうかに重大な関心を持ち，「ふつう」であることに囚われたり，逆に

「ふつう」になれないという苦しさを訴えたりしているという共通性を見出すことができると述べる。「日本社会における日常場面に目を向けると，周囲との和や同調が規範的に重視されているような場面は少なくないと思われる」（87頁）とし，そのような状況の中で，人々は，自分が「ふつう」であるか，そこから逸脱していないかの不安を常に抱えていると指摘する。

　学校にも日本独自の教育文化がある。ランガガー（2005）は，日本の学校には，学級，学級の中の班，通学グループ，部活動など，安定した内集団としての単位がいくつか存在し，それを単位として活動や評価などがなされることに注目した。それは集団への社会化を促進するさまざまな仕掛けであり，児童・生徒は，自ずと，個人単位というよりは集団単位でものごとを考える機会が多くなるとランガガーは述べる。同時に，グループ内で調和のとれた行動をするように共感的に行動するように教えられ，グループ内で目立って賢いなどというのは価値あることではないこと，それよりむしろ協力的に働くこと，グループメンバーが互いに強みや弱みを理解し合い，それに応じて互いに頼り合うことの方がよいことだということを経験から学んでいくのだと述べる。子どもは日常生活の中で，他者の他者として，互いの主体性を主張し合う関係よりも，それを抑制し，他者と協調することの価値を，繰り返し学んでいることが指摘されている。

　このような環境の中では，主体的に他者の意図や周囲の要請をくみ取り，それらに応えうることの価値が優先的な位置におかれている可能性がある。そのときに，形ばかり「自己決定」「主体性」が叫ばれると，他者を最優先して主体性を発揮しないという決定を自らが下すという意味での，責任の所在だけを引き受ける「主体性」が強要されてしまうこともある（今井，1980）。日本社会で育つ場合，主体性の価値が教育目標として共有されていても，一方で，自己主張しないこと，自己抑制することが優先的に学ばれている可能性をある程度は想定しておく必要がある。

　そのような文化において，他者にとって"異質"な他者として存在すること，確固たる自己としての感覚を有する主体として行動することは，文化的に共有

される価値との葛藤ゆえの独特の難しさを伴うと考えられる。主体性の育成を
考えるときには，このような状況を理解することが肝要であろう。その中で，
子どもの自己の感覚，主体としての意識をどのように明確にしていくか，さら
に，その感覚を自由に表現することの価値をどのように実感させるか，が課題
となろう。

（2）自己の感覚，主体としての感覚の明確化

　主体性を確かなものとしていくには，他者の存在が欠かせないことをすでに
述べた。では他者尊重的な文化では，相互に互いの主体性を承認することがで
きているのだろうか。

　鑪（1999）によると，それは，自我が確固たる中核的構造を持ち，他者と明
確に分化したものとして構成されている場合と，自我が関係性によって流動的
に変化しうる柔軟性の高いものとして構成されている場合とで異なるとされる。
鑪は前者を“二者世界”，後者を“一者世界”として，それぞれの対人関係行
動の特徴を，表 8-2 のようにまとめている。そして日本文化において想定され
るのは“一者世界”であるとする。

　一者世界の場合は，先に指摘したレインの④の場合に相当すると理解すれば
分かりやすいだろう。他者の意向に非常に敏感で，空気を読んだり相手に合わ
せたりする傾向が高い。ところが，鑪によると，一者世界で自己の絶対視が見
られるとされている。これは注目すべき点である。

　一者世界の対人関係は，二者世界の対人関係よりもおそらく他者の意向に対
してより敏感でその動向を窺いつつ行動する傾向が高いと思われるのに，なぜ
そのようなことが起こるのだろうか。これはそもそも，自他の区分が曖昧であ
るため，他者が他者になっていないという一者世界の特徴そのものに由来する。
そのような中で他者に自己の意向が表明される場合，他者は当然，それを受け
入れてくれる他者として想定されてしまう。それゆえ，他者がそれを受け入れ
なかった場合には，他者にその体系をはみ出させまいと，ムキになったりわが
ままになったりしてしまうというわけである。

表8-2　一者世界と二者世界の対人関係行動

一者世界の対人関係行動	二者世界の対人関係行動
①他者の意向への敏感性 （場の空気を読む，相手に合わせる，根回し）	①自己の意向への敏感性 （場の空気を軽視，自分に合わせる）
②受け身性 （自己表現しない，共感する）	②能動性 （自己表現する，議論する）
③自己態度の曖昧性 （イエス・ノーが不明瞭，情を重視，包み込む）	③自己態度の鮮明性 （論旨を重視，ことばを重視，対峙する）
④自己の絶対視 （我を張る，意地を通す）	④自己の相対視 （妥協する，意見を修正する）
⑤心理的距離の近接性 （自他の境界が曖昧）	⑤心理的距離の相対視 （自分と他人は別）

（出所）鑪（1999）

　他者を他者として尊重できているか，それとも，他者を“自分の中で思い描いた他者”として尊重しているか，の違いがここにある。他者を他者として尊重する場合には，自分の想像では他者をとらえることはできないという他者の異質性を理解することが求められる。空気を読む，場に合わせる，といった仕方ではなく，他者に直接訊く，他者の話を聞いて理解する，というコミュニケーションを行うことである。ドリアン助川（2013）では，すべての主体的活動を奪われながらも，自然の声を「聞く」という意識を持つことで主体性を維持している女性の生き方が描かれている。そこには，他者を真に尊重する主体性がある。

　相手の言葉を待たずとも手助けしたり行動したりできることは，ある程度の単純なコミュニケーションにおいては有効かもしれない。気が利くと評価されることも多いだろう。だがその場合も，相手の行動や場をしっかりと見るからこそ，現実に即した推測に基づいて行動することができているのである。ましてや相手がどう思っているのかについての内容を伴うコミュニケーションになると，それを他人であるこちらが正しく推測することなど不可能である。本人に訊いてみないと分からない。思いやりの行為が，相手にとっては迷惑なお節介ということもある。

　そのためには，お互いが「分かりあえない」一面を持つ存在であるということを，価値あることとして認識することが必要になろう。その認識と，既存の他者尊重の精神性とが融合されることで，主体性を相互に尊重・形成しながらの相互協調が可能になると期待される。

（3）自己の言語化

　そのような相互作用に不可欠なのが，自己の言語化である。本章の最後に，主体性の確信・確認において必要とされる自己の言語化の問題をとりあげよう。

　幼い子どもは，養育者の代弁（養育者が子どもに代わって子どもの内面を言葉として表現すること）や拡充模倣（子どもが発する断片的な単語を，しっかりした文の形式で子どもに返す）などを受けることで，混沌とした内面世界を言語によって整理するようになる。また，他者からの問いかけを受けながら語ることで，その内面世界はより鮮明に意識化され，理解される（坂上，2012）。この過程を経て，自分自身の自己や価値観といった形のない表象を言葉として理解する術が身に付く。自己を言語によってとらえることは，自己としての感覚や理解をより明確にする。

　この過程における他者の存在は，問いかけたり代弁したりという，言語化の補助としての役割以上の意味を持つ。話し手は，聞いてくれる他者がいるからこそ言語化できない難しさにも向き合い続けることができ，自己を言語化しようと努力するのであり，手助けしてくれる他者との共同作業において語りを生成することができる。自己の言語化には，「自己の語り」に耳を傾け，言語化の過程を共有する他者の存在が不可欠である。

　だが，日本の子どもの場合，そのような場を十分に与えられているとは言いがたいようである。氏家（2004）は，子どもの自己主張のはじまりである反抗期を，日本とアメリカの母親がそれぞれどのように認識しているのかについて，以下のように論じている。アメリカの親は，これを自己主張のスタートととらえ，親が楯になって子どもとの交渉を展開し，子どもの自己主張を洗練させるべく行動する。一方，日本の親は，反抗期の到来を，自己がよく育ったゴール

ととらえ，それを収束させることを願う。そのため，発現してきた自己をどのように洗練させた形で表現するのかではなく，その発現をどのように和らげ，なだめ，抑えるかに心を砕いて子どもの反抗期に向き合うことが多いという。その過程は，情動調整の発達には寄与するかもしれない。だが一方で，自己の意図や感情の言語化を促進することはなく，むしろ抑制するはたらきかけになっているかもしれない。情動調整が大事な発達の側面であることは言うまでもない。だがそれが適切な自己主張の抑制と表裏一体になっていないかという点には，敏感である必要がある（高濱・野澤，2011）。これは2歳前後の第一次反抗期に限らず，受け入れがたい子どもの自己主張，理解しがたい子どもの自己表現に向き合う際に，留意すべきことである。対立状況においては，情動調整を発達させるだけでなく，自己主張を洗練させることも有効な手だてである。

　また，子どもの反抗期に際して，母親が自身の自己を抑えることで対処する傾向があることも指摘されている（坂上，2005）。子どもの主体性を育もうとする大人自身の主体性のあり様も，同時に問われるべきであろう。

　「主体性を育てる」という言葉は，一見，矛盾に満ちた言葉のように思える。主体性は行動の源泉として想定されるものである。それは他者が育むものではないのではないか。その子どもの内面に根ざしたものなのではないか，と。

　もちろん，人間は，もともと意欲や関心をその内面に備えた，主体的に行動しうる存在である。これは，個人の主体性を考える際にまず踏まえるべき大前提である。だが梶田（1987）は，個人の内的な意欲や関心を尊重する重要性を踏まえながらも，「欲するままに振る舞っておればその子の独自の可能性が開花発展する，といった楽観的な予定調和説は，一種のファンタジーでしかない」（69頁）と断ずる。子どもは自らの欲するままに活動しているだけでは決して望ましい成長発達，特に知的な成長を実現できない，そのため，大人や学校が子どもの発達の結果に責任を持てるような形で関わっていくことが必要なのである。

　本章では，そのような方向性についての議論が生じる以前の段階に戻り，主

体性を有するとはどういうことかについて議論した。そしてその段階において，他者の存在が不可欠であることを論じた。主体性は行動の源泉として想定されるものであるが，その主体性の源泉はよく分からない。自己としての意識といっても，その自己は多くの他者との相互作用によって構成されており，そして私たちは他者の承認によって，主体性の感覚を明確なものにしている。結局のところ，主体性とは，個別の行動主体としての自己によるものではあるものの，他者の存在なしには成立しないものということになる。

　それでも，私たちは意識において“主体性”というものを確信することができ，その感覚がないと，非常に不安定な心理状態に陥ってしまう。主体性の感覚というのは，それを有すること自体，主観的で主体的な行動過程といえよう。そしてその形成過程は，協同的で相互的なものと考えられる。それゆえ，「主体性を育てる教育」とは，外部からのはたらきかけという点ではなく，むしろ，「育てる」という一方向になっている点が修正されるべきかもしれない。おそらくは，「主体性を育て合う教育」がめざされているのであろう。

 さらに学びたい人のための図書

梶田叡一・中間玲子・佐藤德編（2016）『現代社会の中の自己・アイデンティティ』金子書房。

　▶自己やアイデンティティについてしっかりと考えたい人に。

小林敏明（2010）『〈主体〉のゆくえ──日本近代思想史への一視覚』講談社選書メチエ。

　▶「主体とは何か」をさらに掘り下げたい人に。

梶田叡一（2014）『不干斎ハビアンの思想──キリシタンの教えと日本的心性の相克』創元社。

　▶日本人の「自己」や「主体性」について考えたい人に。

引用・参考文献

Ainsworth, M. D. S. & Bell, S. M.（1970）"Attachment, exploration, and separation: Illustrated by the behavior of one-year-olds in a strange situation", *Child*

Development, vol. 41, 49-67.

deCharms, R.（1968）*Personal causation: The internal affective determinants of behavior*, New York: Academic Press.

Deci, E. L.（1975）*Intrinsic motivation*, New York: Plenum.

デシ，E. L. & フラスト，R.／桜井茂男監訳（1999）『人を伸ばす力——内発と自律のすすめ』新曜社。

ドリアン助川（2013）『あん』ポプラ社。

浜田寿美男（1999）『「私」とは何か——ことばと身体の出会い』講談社選書メチエ。

浜田寿美男（2001）『自白の心理学』岩波新書。

平野亮・大部慎之佑（2017）「大正期教育雑誌に見る関東大震災後の教育主張と実践」『兵庫教育大学学校教育学研究』第30号，1-9。

今井章子（1980）「ソーシャルワーク研究（そのⅢ）——『自己決定』に於ける日本的特徴について」『園田学園女子大学論文集』第15号，7-17。

岩本華子（2007）「社会福祉援助におけるクライエントの『主体性』概念に関する一考察——クライエントの『主体性』はどのように捉えられてきたか」『大阪府立大学社会問題研究』第56巻，95-116。

ヤスペルス，K.／内村祐之・西丸四方・島崎敏樹・岡田敬蔵訳（1953）『精神病理学総論』岩崎書店。

梶田叡一（1987）『真の個性教育とは』国土社。

金井壽宏（2002）『働くひとのためのキャリアデザイン』PHP 新書。

京極純一（1988）『日本人の秩序像——大きな政治と小さな政治』（NHK 市民大学テキスト）日本放送出版協会。

レイン，R. D.／志貴春彦・笠原嘉訳（1975）『自己と他者』みすず書房。

ランガガー，マーク（2005）「学校教育の文化的な意味合いへの一考察——日本の場合」『国際基督教大学学報　I-A　教育研究』第47号，1-10。

マスロー，A. H.／上田吉一訳（1964）『完全なる人間——魂のめざすもの』誠信書房。

Meins, E.（1997）*Security of attachment and the social development of cognition*, East Sussex, UK: Psychology Press.

Ryan, R. M. & Deci, E. L.（2000）"Self-determination theory and the facilitation of intrinsic motivation, social development, and well-being", *American Psychologist*, vol. 55, 68-78.

坂上裕子（2005）『子どもの反抗期における母親の発達——歩行開始期の母子の共発達過程』風間書房。

坂上裕子（2012）「幼児は自己や他者に関する理解をどのように構築するのか――一児の1歳8ヵ月から5歳3ヵ月までの発話記録の分析から」『乳幼児教育学研究』第21号，29-45。

生井裕子（2015）「『ふつう』への囚われと不適応――高校中退女性との面接過程の検討から」『国際基督教大学学報　I-A　教育研究』第57号，81-89。

高濱裕子・野澤祥子（2011）「歩行開始期における親の変化と子どもの変化（量的アプローチ）」氏家達夫・高濱裕子編著『親子関係の生涯発達心理学』風間書房，141-173頁。

鑪幹八郎（1999）「アモルファス自我構造からみた臨床実践」『京都文教大学人間学部研究報告』第2号，95-109。

氏家達夫（2004）「発達の非線形性と可変性」三宅和夫・陳省仁・氏家達夫『「個」の理解をめざす発達研究』有斐閣，95-138頁。

第 9 章

道徳性を育む人間教育

押谷由夫

1　人間の本質と道徳教育

　人間の本質は何か。他の動物の社会と比べて歴然なのは，文化を持ち発展させていることである。どうしてそのことができるのか。よりよいものを求めて，考えたり，感じたり，表現したりできるからである。つまり，価値志向の生き方ができることである。その最も根底にあるのが道徳的価値意識である。人間として成長し，よりよい社会を創っていくためには，道徳的価値の育成が不可欠なのである。道徳教育は，教育の最も根底に位置付くものであるといってよい。このような道徳教育の重要性は，古今東西，言われ続けている。人間教育の本質が道徳教育にあることが分かる。その視点から現在の学校の教育課程における道徳教育を解き明かし，これからの教育課程の中核に，生命を根幹に位置付けたカリキュラム（ライフ・ベースド・カリキュラム）が必要なことを提案したい。

（1）教育の本質から──西洋の教育思想における道徳教育
①ソクラテスにおける善
　最初に取り上げるのは，人類の教師と言われるソクラテス（Sokrates，前470/469-399）である。ソクラテスは，『メノン』において，徳は教えられるかを問うた。そして，徳は知識ではないから教えられないと結論付けた。そのことをもって，道徳教育はできないのだという人がいる。全くの誤解である。ソ

クラテスは，当時アテナイで活躍していた職業教師であるソフィストたちを批判して，本当の教育とは何かを主張したかったのである。つまり，教育とは，子どもの内にあるよりよく生きようとする力を引き出すことであり，それには，特別の方法がいるということである。それが問答法である。

　ソクラテスは，教育は自らの無知を自覚させることから出発しなければならないとする。そのために，問い続けるのである。問答を通しての人間吟味は，他人の吟味であると同時に，自己の吟味でもある。他人をアポリアに引き入れると同時に，自分自身もアポリアに引き入れることによって，相手の無知を自覚させ，同時に自らの無知を自覚する。その中で実践的な意志を呼び起こすことを目的としている。徳の実践への導きは，自らの無知の自覚によって実践的英知を得ることにあるとするのである。

　教えることを否定しているのではなく，それは人間を育てる教育の本質ではないと言っているのである。深い自己吟味を通してよりよく生きようとする力を引き出し，実践へと導く道徳教育こそ，教育の根本であり，すべての教育の中核に位置しなければならないということである。

②カントにおける道徳

　近代の哲学を大成したといわれるカント（Kant, I., 1724-1804）は，人間は教育によってのみ人間になると主張する。では，教育によって育てられる人間とはどのようにとらえられるのか。一言で言えば自律的人間である。

　カントは，人間が自律するとは，自ら立てた道徳律に従うことであり，それは自由意思によって行為の主観的な格率を不変的な法則に一致させることにほかならないと言う。つまり，人間には本来理想や理念を求める心（善意志）があり，それが定言命法として機能するようになることが道徳律の確立なのである。その道徳律を自ら打ち立て，それに対する義務と責任を意識して自律的に行動できるのが人間の特質であるとする。人間の持つ道徳律が人間を理念，理想に沿った行動に駆り立てる。そこに自律した人間の姿があるというのである。

　この道徳律の主体としての人間を，人格と呼んでいる。それは，人間としての誇りであり，尊厳の源になるものである。つまり人格は，人間の本質であり，

その基盤に道徳性があることを訴えているのである。そして，人格の共同体が理想的な国家であり，平和な世界を創る根幹になると主張する。

③ルソー，ペスタロッチー，フレーベルの教育論における道徳教育

では，今日の教育の基盤となる近代の教育を切り拓いたといわれる，ルソー，ペスタロッチー，フレーベルの教育論においては，道徳教育をどのようにとらえていたのかを見ていきたい。

1．ルソー

ルソー（Rousseau, J. J., 1712-1778）は，教育とは，子どもが本来持っている自然性をそのままに伸ばして自律的に生きる人間を育てることであるとする。そして，合自然の教育を主張し，人間の自然性と自然の教育力を最大限に生かした教育を提唱する。

ルソーのいう人間の自然性とは，人間が生まれたときに持っている内的な特性である人間性であるといえる。人間が生まれながらに持っている唯一の自然の感情は，自己愛であるととらえる。それは生物すべてが持つ個体の保持と種の保存にとって欠くことのできないものである。

しかし，人間がこのような自己愛のみに従って行動していれば，動物と何ら変わらない。人間の尊厳性は，人間が本来持つ自然性を支配する自由の意識にあるとする。そして，人間の自由に三つの段階を考えている。

第一は，自然的自由である。一切の外部的強制から解放されることである。そのことによって人間の持つ自然性がのびのびと成長する。第二は，社会的自由である。人間が社会生活を行う上で，社会契約に対する服従とともに生まれる自由である。一般意志の具体化である法に従うことによって，自然的自由は社会的自由に置き換えられるとする。第三は，道徳的自由である。ルソーは，道徳的自由こそ人間を真の自己の主人公にする唯一のものであると強調する。道徳的自由によって，人間は理性に従い，良心に聞き，情欲を抑制することを教えられ，自由は人間を幸福へと導いてくれると主張する。そして，真の幸福とは，自由の結実である徳そのものを身に付けることに他ならないとする。

2．ペスタロッチー

　ルソーの教育理念を具体的実践へと発展させたのが，ペスタロッチー（Pestalozzi, J. H., 1746-1827）である。彼は，教育を考えるために，まず人間とは何かを問いかける。人間は，いつの時代においても人間である。しかし，人間は，現実にはさまざまな形で生活し存在している。その人間を幸せにするには何が必要なのか。ペスタロッチーは，そこにこそ教育の使命があるととらえ，教育実践に一生をささげたのである。

　人間をその本質から見れば，みんな共通した人間性を持っている。その人間性を調和的に発展させることこそ，教育の本質でなければならないとする。ペスタロッチーにおいては，自然性も人間的な自然性であり，神性も人間性に内在しているととらえる。

　その人間性を構成する根本的な力は，精神力，心情力，技術力であるとする。それは，頭（Head）と心臓（Heart）と手（Hand）によって象徴される。ペスタロッチーの教育論の特色は，これらの諸能力を調和的に発展させることが人間教育の課題であるとしたこと，心臓の教育を中心とする道徳宗教的な教育によって，それらを統一することを主張したことにある。

　ペスタロッチーは，家庭が心臓の基礎教育の場であると主張する。人間性のさまざまな素質の中で愛と信仰の素質はすべての素質の中核をなすものであり，それが家庭における母親の愛によって育まれるとする。そのことによって，人間が本来持っている動物性に包まれた人間性が，動物的能力に勝る人間的能力を成長させていくことになるというのである。

　ペスタロッチーは，心臓の教育を家庭の居間における母親と子どもの関係に見出す（居間の教育）。そして，そのことを学校においても，教師と子どもとの関係に具現化し，愛を根底に位置付けた教育を行おうとした。考える力も行動し創造する力も，人間に対する愛情と幸福を根本に据えて育むことをめざしたのである。そのことによって，人間性の調和的発達が具体化する。ペスタロッチーにおける教育の本質は，教育愛による道徳的教育にあるといえるのである。

3．フレーベル

　幼稚園の父といわれるフレーベル（Fröbel, F. W. A., 1782-1852）の教育論の特徴は，子どもの神性に着目したことにある。フレーベルにとっては，子どもは神に最も近い形で存在する。したがって，教育とは，子どもの中に包み込まれている神性をいかに発達させるかであるとする。

　フレーベルは，神は宇宙を支配する永劫の法則の主体であるととらえている。そして，自然と人間とは，神によって統一され，神の法則によって働くとする。その根本を，統一と個物と多様の三位一体的関係によって説明している。そして，教育者の使命は，人間の根本にある神的本質をあらゆる面に向かって保育して，これを人間を通してまた人間の実生活のうちに実現させることであると主張する。

　そこでフレーベルは，小学校に入学する前の幼児期の教育に注目する。そして，子どもたちが生まれながらに内包している神性を表出し，さまざまなものと関わらせながら，さらに内面の神性を高めていくための教育施設として幼稚園を創ったのである。

　そこでは，幼児の自発的創造的な連続的発展を促す活動を根幹に据える。「神は絶えず創造し常に働くもの」であることから，神性を宿す幼児においては，常に創造的な自己活動を引き出すことによって内的なものと外的なものを統合し，自己成長を図れるようにすることが大切だとするのである。

（2）日本の教育の原点から——教育基本法における教育の本質と道徳教育

　このように西洋の教育思想を見ていくと，どの思想家や実践家においても，その根幹に道徳教育を位置付けていることが分かる。このことを踏まえて，日本の教育の指針を示す教育基本法において道徳教育をどのようにとらえているかを見ていく。

①日本の教育の目的は一人一人が豊かな人生を送れるようにすること

　日本の教育の基本方針を示している教育基本法は，2006（平成18）年12月に59年ぶりに改正された。改正された教育基本法において再度強調されたのは，

人格の完成をめざした教育の実現である。人格という言葉が3か所において使われている。まず，旧条文と同様第1条の教育の目的において「人格の完成を目指」すことが明記されている。また，新しく加えられた第3条（生涯学習の理念）では，「国民一人一人が，自己の人格を磨き，豊かな人生を送ることができるよう」教育の充実を図ることが述べられている。さらに，第11条（幼児期の教育）では，「幼児期の教育は，生涯にわたる人格形成の基礎を培う重要なものである」と示されている。つまり，これからの教育においては，国民一人一人が一生かかって人格を形成・錬磨し，そのことを通して豊かな人生，幸せな人生，生きがいのある人生を送れるようにする教育を，幼児期から充実させ，小学校，中学校，高等学校と積み重ねていけるようにすることを求めているのである。

②人格の基盤が道徳性

では，人格はどのようにとらえられるのか。教育基本法では，第2条（教育の目標）に明記されており，5項目挙げられている。一号は，「幅広い知識と教養を身に付け，真理を求める態度を養い，豊かな情操と道徳心を培うとともに，健やかな身体を養うこと」となっている。つまり，知・徳・体を調和的に養っていくことととらえられている。

二～五号は，共通して「……態度を養うこと」となっている。態度とは，生きる姿勢であり，心構えでもある。そこには，人間として，あるいは日本国民として求められる生き方や，身に付けるべき態度（道徳的諸価値）が示されている。

すなわち，人格とは，道徳性を基盤とするものであり，人間としてのあり方や生き方の基本を創る道徳的価値意識をしっかり育み（徳），その土台の上に知識や技能を身に付け（知），健康な体を創っていく（体）ことが大切であると述べられていると解釈できる。つまり，知・徳・体は並列ではなく，人間としてどう生きるかに関わる「徳」の教育を基盤として，「知」の教育，「体」の教育を積み重ねていく。そのことによって豊かな人生，幸せな人生，生きがいのある人生が送れるととらえている（図9-1）。

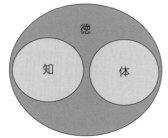

徳…人間としてよりよく生きる力
知…知識，技能（思考力，判断力，表現力，知恵，真理愛）
体…健康，体力（生涯スポーツ，健康コミュニティ）

図 9-1　知，徳，体の関係

(出所) 筆者作成。

（3）学習指導要領が求める資質・能力の三つの柱――モラル・アクティブ・ラーナーを育てる

　では，2017（平成29）年に告示された学習指導要領においては，道徳教育をどのようにとらえているだろうか。

①資質・能力の三つの柱

　学習指導要領は，2030年の社会を想定して，その社会を生き抜く子どもたちを育てるために何が必要かを考え，資質・能力の三つの柱を提唱し，各教育活動の特質に応じて育成しようとしている。

　第一は，「何を知っているか，何ができるか（個別の知識・技能）」である。これからの社会においては，新しい知識や技能が次々に求められる。それらを見越してさまざまな場面で活用できるような知識や技能をしっかりと身に付けていくことが求められる。

　第二は，「知っていること・できることをどう使うか（思考力・判断力・表現力等）」である。これは，知識や技能を身に付ける過程とも関係する。既存の知識・技能を応用して，さまざまな課題に立ち向かっていくための思考力・判断力・表現力等である。学びは，そもそも知識・技能を，さまざまな課題に応用することで，思考力・判断力・表現力等を身に付ける。その過程において，また，新しい知識・技能を身に付け，それを基にしながら，いろいろな課題に立ち向かうことによって思考力・判断力・表現力等を伸ばしていく。このようならせん的発展が学びの本来の姿である。それをアクティブ・ラーニングとい

うことができる。

　第三は，「どのように社会・世界と関わり，よりよい人生を送るか（学びに向かう力，人間性等）」である。一言でいえば，何のために学ぶのか，何のために知識・技能を身に付け，思考力・判断力・表現力等を身に付けるのかということである。言うまでもなく，より幸せな生き方とよりよい集団や社会をめざしてである。それは，道徳性の育成によって可能となる。したがって，この資質・能力の三つの柱を一体的に育成するこれからの教育は，より正確に言えば，モラル・アクティブ・ラーニングということになる。

②頭，心，体をアクティブにする

　アクティブとは，辞書的には「活動的。積極的。能動的。」であるが，ここでは「力動的」と訳した方が適切である。つまり，「ダイナミックに動く」ということである。何が動くのか。

　第一は頭である。思考力，判断力，表現力等，頭を活性化させることによってより力動的な学びが起こる。第二が心である。感動したり，共感したり，鼓舞されたりして，心の動きを力動化することによって，学びが一層ダイナミックになっていく。第三は体である。実際に体を動かすことによって学びが力動化する。さまざまな感覚器官を使って体験したり行動に移したりすることによって，学びが主体化され，さらに内面と響き合うことによって，習慣化されていく。

　一般的に，アクティブ・ラーニングといえば，体験的な学習や問題解決的な学習が強調されるが，体が動く，頭が動く学びと同時に，心が動く学びを考えていくことが大切である。「心が動く学び」を中心において「体が動く学び」と「頭が動く学び」を力動化させていくことによって，人間としての自分らしい生き方を求めてのアクティブ・ラーニングが具体化する。つまり，モラル・アクティブ・ラーニングとなる。

2 人間教育としての学校における道徳教育

　以上を踏まえて，学校における道徳教育を見てみたい。現在学校における道徳教育は，「特別の教科　道徳」を新設し，抜本的充実・改善に取り組んでいる。

（1）学校の道徳教育は自ら進んで道徳的実践のできる子どもを育てる

　学校の道徳教育は，「自己の生き方（人間としての生き方）を考え，主体的な判断の下に行動し，自立した人間として他者とともによりよく生きるための基盤となる道徳性を養うこと」（（　）内は中学校）と学習指導要領（2017年改訂）に記されている。

　ここには，めざすべき子どもの姿が描かれており，ポイントが二つある（図9-2）。まず，「人間としての自分らしい生き方をしっかり考える」子どもである。この世に生まれてきた以上，だれもがかけがえのない生命を持っている。その生命をしっかりと生きていくことこそ，すべての子どもたちに課せられた課題である。

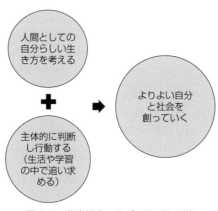

図9-2　道徳教育のめざす子どもの姿

（出所）筆者作成。

　では，しっかり生きるとはどういうことか。私たちは，だれもが人間として
の生命をもらっている。つまり，人間としての自分の生命を成長させるという
ことである。人間として生きるとはどういうことか，自分らしく生きるとはど
ういうことか。そのことを考えながら，人間としての自分らしい生き方を考え
られる子どもたちを育てることが，学校における道徳教育なのである。

　二つ目のポイントは，人間としての自分らしい生き方を追い求めて，日常生
活やさまざまな学習活動，さらにこれからの自らの人生において，「主体的に
判断し行動」できる子どもの育成である。道徳教育は，人間としての自分らし
い生き方を考え，そのことを実際に追い求めて，自分を成長させ，みんなと一
緒によりよい社会を築いていける子どもたちを育てるのである。そうでなけれ
ば，よりよい自分もよりよい社会も存在しない。

（2）感じ，考え，対話し，自己の生き方を深める「特別の教科　道徳」

　道徳教育の要である「特別の教科　道徳」の目標は，「よりよく生きるため
の基盤となる道徳性を養うため，道徳的諸価値についての理解を基に，自己を
見つめ，物事を（広い視野から）多面的・多角的に考え，自己の生き方（人間
としての生き方）についての考えを深める学習を通して，道徳的な判断力，心
情，実践意欲と態度を育てる」（（　　）は中学校）と学習指導要領（2017年改訂）
に記されている。図式化すると図9-3のようになる。

　道徳の授業においては，三つのキーワードで示すことができる。一つは「道
徳的諸価値の理解」。一つは「自己を見つめる」。もう一つは「物事を多面的・
多角的に考える」。この三つのキーワードは，別々にあるのではない。すべて
を関わらせて指導していく必要がある。そのことを通して，「人間としての自
分らしい生き方についての考えを深める」学習を充実させていくのである。

　「道徳的諸価値の理解」は，基本的には道徳の指導内容に示されている道徳
的価値について理解することである。それは，自分を見つめる判断基準，ある
いはいろいろな状況の中でどうすればよいかを考える判断基準になる。

　「自己を見つめる」とは，人間としての自分らしい生き方という視点から，

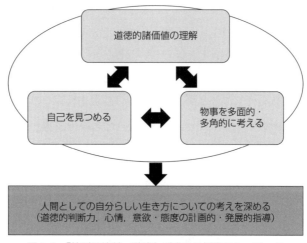

図 9-3　「特別の教科　道徳」が求める授業のキーワード

（出所）筆者作成。

　今の自分，今までの自分，これからの自分をとらえなおしていくことである。さらに，いろいろな状況の中で自分はどうすればよいのかを考えていくことである。

　「物事を多面的・多角的に考える」というのは，いろいろな道徳的な事象や道徳的な状況の中で，どのように対応することが，人間としての自分らしい生き方になるのかをさまざまなことを考慮しながら考えることである。

　そして，それらの学びを通して，「人間としての自分らしい生き方についての考えを深め」られるようにすることが「特別の教科　道徳」である。道徳教育の目標と関わらせてとらえると，「特別の教科　道徳」は内面的な指導が中心であるが，日常生活やさまざまな教育活動において「主体的に判断し行動する」ことへとつなげていくことが大切である。

（3）道徳的実践とは──関わりを豊かにすること

　道徳教育の指導内容は，次に示すA～Dの四つの関わりごとに，かつ学年段階ごとに重点的に示されている。このような内容の示し方は，同時に道徳教育

のあり方をも示している。

　　A　自分自身に関すること

　　B　人との関わりに関すること

　　C　集団や社会との関わりに関すること

　　D　生命や自然，崇高なものとの関わりに関すること

　すべての子どもたちが，道徳性の萌芽をもって生まれてくる。その萌芽は，日常生活におけるさまざまな関わりを通して成長する。つまり，道徳性が成長するとは，日常生活における関わりを豊かにしていくことだととらえることができる。その関わりの基本的なものが，四つの視点として示されている。主に，自分自身，人，集団や社会，生命や自然・崇高なものである。

　道徳教育がめざすのは，人間としての自分らしい生き方を考え追い求める子どもたちを育てることであることから，すべての関わりが自分自身を中心になされる。それらの関わりを，自分らしく発展させていくために必要なものとして，指導内容の四項目が，発達段階ごとに示されている。子どもたち一人一人が，指導内容の各項目を窓口として，日常生活やさまざまな学習活動において，それらの関わりを豊かにしていくことが求められるのである。

　つまり，各教科等における道徳教育とは，それぞれの授業において，これらの四つの関わりを教材やさまざまな学習活動を通して豊かにしていくことととらえられる。そのことを踏まえて，「特別の教科　道徳」の授業では，それぞれの道徳的価値を人間としてよりよく生きるという視点からとらえなおさせ，自分を見つめ，自己の成長を実感させるとともに，これからの課題を確認し，追い求めようとする意欲，態度を育てるのである。

　そして，事後の学習や生活において，それらとの関わりをより豊かに持てるようにしていくのである。それが道徳的実践ということになる。つまり，道徳的実践とは，これら四つの関わりを豊かにするための道徳的諸価値の自覚を深めることを通して，実際の生活やさまざまな学習活動の中で関わりを豊かにしていくことなのである。

（4）道徳の評価は一人一人の「よいところ探し」

　「特別の教科　道徳」の評価は，従来の評価観を180度転換させるものである。「特別の教科　道徳」の評価は，さまざまな要素が考慮されるが，基本的には，子どもたちが本来持っているよりよく生きようとする心をいかに目覚めさせ，引き出し，成長させているかを評価するのである。その実態は一人一人においてさまざまだが，それぞれの実態に応じて，自分自身のよりよく生きようとする心と向き合い，考えたり，感じ取ったり，意欲付けられたりしている状況を評価するのである。一言で言えば，一人一人のよりよく生きようとする心に関する「よいところ探し」である。

　また，「特別の教科　道徳」は，子どもたち自身が自ら感じ，考え，判断し，道徳的実践ができる力を身に付けるためのものである。つまり，「特別の教科　道徳」は，子どもたち自身が，しっかりと自分を見つめ（自己評価），自己の成長と課題を確認し（自己課題），さらなる成長（自己指導）へと自らを高めていくことをめざしているのである。そのことを応援するのが評価である。

　そのような「特別の教科　道徳」の評価は，一人一人の子どもたちをかけがえのない存在として認識し，よりよく生きていくことを信頼し，一人一人をリスペクトする（敬う）ことを前提として行われる。つまり，「特別の教科　道徳」の評価は，一人一人への愛情表現であり，子どもたちが生涯にわたってよりよく生きていくための支えとなるプレゼントなのである。

　道徳教育は，子どもたちの生活する場全体が学びの場になる。「特別の教科　道徳」を要として保護者との連携を図ることが重要である。「特別の教科　道徳」の評価は，保護者との連携の要の役割を果たすものでもある。

（5）人間観，指導観，評価観の変革への期待──一人一人にあるよさを引き出し伸ばす

　「特別の教科　道徳」は，学校を人間教育の場にするための人間観，指導観，評価観の変革を提案しているととらえられる。

①人間観

　道徳教育は，誰もがよりよく生きようとしていることを信じることによって成り立つ。学習指導要領に示される道徳の指導内容項目に「人間には自らの弱さや醜さを克服する強さや気高く生きようとする心があることを理解し，人間として生きることに喜びを見いだすこと」(中学校) がある。道徳教育の本質がここにある，といっても過言ではない。つまり，崇高なものの最も大切なものが，自らの良心であることを示している。その良心は，同時に弱さやもろさを持っている。そこに向き合い，少しでも克服しようとすることが崇高な営みであり，少しでも良心を成長させていると実感できることを，生きる喜びととらえられるようにするのが道徳教育であるということである。

②指導観

　誰もがよりよく生きようとしているという人間観は，当然に指導観へとつながる。つまり，よりよく生きようとする心を引き出す指導である。すでに述べたが，人類の教師と言われるソクラテスは，人間の本質である徳は教えるのではなく引き出すことが基本であることを説いた。

　どのように引き出すのか。問いかけを通してである。その問いかけも，子どもたち自らが表出しようとしているそのタイミングをとらえた，その子どもに寄り添う問いかけである。そのことによって内なる自分との対話を促し，自分自身の中にあるよりよく生きようとする心を目覚めさせ，成長させていくのである。

③評価観

　このような人間観や指導観は，当然に評価観に連動する。「特別の教科　道徳」の評価は，一人一人の道徳性の成長を継続的に見取り，その姿を個人内評価により記述式で示し，子どもたちを励まし勇気付けることを求めている。つまり，子どもたちが本来持っているよりよく生きようとする心を，いかに目覚めさせ，引き出し，伸ばしているかを中心とする評価観である。

　よいと思えるところもよくないと思えるところも，それらは，すべて成長の途上にあり，よりよく生きるための課題としてとらえられる。すべてが，その

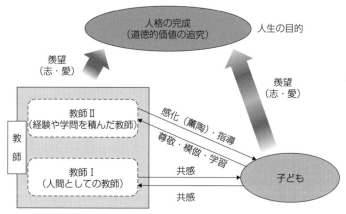

図 9-4　道徳教育に必要な教師自身の生き方の確立

（出所）筆者作成。

子ども自身のよさを伸ばす上での窓口となるものである。「特別の教科　道徳」の評価においては，とくに子ども自身が自己を評価し，自己指導へとつなげていけるように，励まし勇気付ける評価が求められるのである。

（6）これから求められる教師のあり方への期待

　道徳教育は，子どもだけの課題ではない。生きている限り，すべての人間の課題である。つまり，道徳教育を教育の中核におくことによって，教師と子どもとの関係は，「教える－教えられる」という関係を超えて，ともに学び合い，よりよい自分とよりよい社会の創造をめざして協働し合うという関係になる（図 9-4）。

　まず，教師は，教師Ⅰの立場で，同じ人間として子どもたちと接する。そこに，共感が相互に生まれる。そして，教師Ⅱの立場から子どもたちを指導する。その際，本当の指導が成り立つには，教師の感化力と子どもたちの教師に対する尊敬の念が必要である。そのためには，教師も子どもたちと一緒になってよりよく生きる力を育んでいるという自覚と，子どもへのリスペクト（敬意）が求められる。

　このように，「特別の教科　道徳」の設置を中核とする道徳教育改革は，学

校を真の人間教育の場にしていくことを提案しているのである。

3　これからの教育課程における道徳教育の重点
——ライフ・ベースド・カリキュラムの開発——

　これからの教育を考えるためにとくに注目すべきこととして，政府が提唱している「Society5.0」がある。「Society5.0」は，これからの高度情報化社会を見越して，「サイバー空間とフィジカル空間を高度に融合させたシステムにより，経済発展と社会的課題の解決を両立する人間中心の社会を目指す」としている。このことをめざす教育においては，今までの教育を根本から改革することが求められるように思える。そのような中において，人間教育の視点から，改めて次の点を確認したい。

　A　教育は一人一人の幸せな生活を基盤として，生涯にわたって幸福を追い求められる力を育むものである。

　B　そのために，一人一人の実態に応じた社会への対応を図る教育が必要である。その際，社会への適応をもとにした教育ではなく，一人一人の幸福への道しるべとなるための社会的自立への教育であるべきである。

　C　新しい社会の創造は，多様性の共生（ダイバーシティ）の中でこそ可能である。さまざまな人たちがそれぞれに幸福感を味わえるような社会でなければいけない。そのための教育が求められる。

（1）ライフ・ベースド・カリキュラムとは

　学習指導要領においては，コンテンツ・ベースドからコンピテンシー・ベースへと，力点が移っている。教育課程の編成においては，コンテンツ（教育内容）もコンピテンシー（資質・能力）も，両方とも必要なのである。

　これから求められる教育課程は，ヒューマン・ベースド，つまり，人間中心のカリキュラムである。一言でいえば，人間の幸せな生き方と，その社会の創造を基調とするカリキュラムである。その根底にあるものは，生命である。つ

まり生命の教育をベースとしたカリキュラムを中核におく必要がある。

　生命は、「生きんとするエネルギー」ととらえられる。「生きんとするエネルギー」が働いているかぎり、生き続けられる。「生きんとするエネルギー」が止まれば、生命も終わる。だとすれば、「生きんとするエネルギー」をしっかりと輝かせる教育を考える必要がある。

　生命は、英語ではライフ（LIFE）である。ライフには、「生命」のほかに、「生活」「人生」、そして、「活力」という意味がある。活力は、「生きんとするエネルギー」と関係する。活力は、内なるエネルギーを外に表出するときの源である。この四つを基本にしたカリキュラムをライフ・ベースド・カリキュラムと考え具体的に構想したい。

（2）ライフ・ベースド・カリキュラムの開発

　以上のことを基本として、ライフ・ベースド・カリキュラムを考えてみよう。

①「生きんとするエネルギー」「活力」の育成

　まず、「生きんとするエネルギー」「活力」を表出、表現させていく活動をすべての教科の中で、それぞれの特質に応じて取り組んでいく。それぞれの授業において、子どもたちが夢中になったり、わくわくしたり、集中したりすることも「生きんとするエネルギー」の表出である。

　同時に、心身をリラックスさせてエネルギーをリフレッシュ、あるいは補充する必要がある。体育科における体ほぐし運動や心身の健康に関する学習、学級活動などで瞑想や心を落ち着かせるスキルに関する学習を行い、日々の生活や学習活動の中で取り組めるようにすることも考えられる。

　さらに、あらゆる感覚器官を研ぎ澄ます学びを工夫する。じっくり触れる、じっくり見る、じっくり聞く、じっくり嗅ぐ、じっくり味わうことによって、想像力やいろいろな思考力を膨らませていくことができる。そして、豊かな感情表現を身に付け、その感情表現を価値あるものへと向かわせることによって感性が育まれる。そこに美意識的なものが加わって情操が豊かになる。音楽科や図画工作（美術）科などの芸術科目、国語科、「特別の教科　道徳」などを

中心に，豊かな感情や感性，情操を育む。そして，表現活動を充実させることによって，表現の喜びとともに生きる喜びを実感し「生きんとするエネルギー」を活性化したり，リフレッシュしたりする。

②「生活」力の育成

「生きんとするエネルギー」は，自分たちの生活する場を生き生きとさせていく。そのために基本となるのは，基本的生活習慣を確立することである。学級活動などで，たとえば，寝る，勉強する，遊ぶ，みんなと話し合う，ボランティアをする（お手伝いや美化活動等）などについて，1日，1週間，1か月の生活リズムを考え，実行できるようにする。

また，子どもたちの生活する場である家庭，学校，地域社会を，一体化して生活できるようにする。このとき学校をどう位置付けるかがポイントになる。学校を，学びのターミナル基地にするのである。学校は学ぶところであり，自分の学びをコーディネートしてくれたり，自分で設計したりすることができる場である。

そして，学びの場を地域社会全体に広げていく。地域にあるさまざまな社会資源や人的資源を活用して学びを発展させるのである。家庭は，学びの場でもあるが，第一には癒しの場である必要がある。この三つの学びの場を充実させるとともに，学校愛，家族愛，郷土愛を一体化して育めるようにするのである。そのためのカリキュラムを，コミュニティ・ベースド・カリキュラムとして確立する必要がある。

さらに大切なのが，日常生活における自然体験である。日本国民が世界から称賛される豊かな心は，四季折々に変化する豊かな自然を，さまざまな感覚器官を働かせて，愛で，楽しみ，育て，一体化して生活する中で育まれる部分がきわめて大きい。そしてその中で，畏敬の念や敬虔な心を大切にするようになる。すべての教育課程の中で，自然と豊かに関われる学習過程を組む必要がある。

敬虔な心を日常生活で考えれば，生活する場を神聖な場ととらえる習慣もその一つである。学校にさまざまなモニュメントや掲示等があるのは，学校を神

聖な場ととらえているからである。スポーツ選手が練習場や試合会場に入るときに挨拶をするのは，その場を神聖な場と考えているためで，日本の国技である大相撲には，その習慣が色濃く反映されている。また，家庭や地域に対しても敬虔な心を持つことによって感謝の念や関わりを深めることができる。

　また自然に対する感謝の念は，祈りの心をも育む。祈りとは，相手に対する敬意であり，願いや思いを伴う。そのような他者に対する自然な祈りを，日本国民は大切にしてきた。このような心も，教育課程でしっかりと育めるようにする必要がある。

③「人生」に対する対応

　「人生」に対する対応の基本は，未来に夢や目標，希望を持って，今を充実させることである。夢や目標を実現させていくために知識や技能を身に付けていく。すると，知識や技能を身に付けていくことが，夢や目標に近づいていることとして実感でき，未来に希望が持てる。「生きんとするエネルギー」が一段と活性化される。

　生きているというのは，いろんな出会い（関わり）があるということでもある。さまざまな出会い（関わり）が，人生を豊かにする。その出会い（関わり）を振り返ると恩を感じるはずである。その恩に報いる生き方をベースにすることによって，「生きんとするエネルギー」を継続的に輝かせられる。

④「特別の教科　道徳」の役割

　日常生活における関わりの基本的なものは，先に述べたとおり，自分自身，人，集団や社会，生命や自然・崇高なものを挙げることができる。道徳教育の指導内容は，この四つの関わりを豊かに持つための心構えとしての道徳的価値が示されている。日常生活やさまざまな学習活動の中で，よりよく生きようとする心を実感し，伸ばしていき，生きる喜びや幸せ感を味わうことが大切である。そのこと自体が「生きんとするエネルギー」をいきいきとさせていくこととととらえられる。その要となる学びを，計画的・発展的に行うのが「特別の教科　道徳」である。

さらに学びたい人のための図書

梶田叡一（2018）『いのちの教育のために』金子書房。

> ▶人間教育の根幹は，人間としての尊厳性にあり，それは一人一人が自らと他者のいのちの自覚にあると主張し，具体的に取り組まれている実践を紹介し分析している。

押谷由夫編著（2018）『平成29年改訂　小学校教育課程実践講座　特別の教科　道徳』ぎょうせい。押谷由夫編著（2018）『平成29年改訂　中学校教育課程実践講座　特別の教科　道徳』ぎょうせい。

> ▶新教育課程における道徳教育について，小学校と中学校の一貫性を重視して学校を真の人間教育の場にするという視点から解説し，具体的な指導課題や実践について追究している。

引用・参考文献

押谷由夫他編著（2014）『道徳の時代をつくる』教育出版。

押谷由夫（2016）『道徳教育の理念と実践』NHK 出版。

「考え，議論する道徳」を実現する会（2017）『「考え，議論する道徳」を実現する！』図書文化社。

カント，I.／波多野精一他訳（1979）『実践理性批判』岩波文庫。

カント，I.／宇都宮芳明訳（1985）『永遠平和のために』岩波文庫。

シュプランガー，E.／村田昇他訳（1990）『人間としての在り方を求めて』東信堂。

プラトン／藤沢令夫訳（1994）『メノン』岩波文庫。

フレーベル，F. W. A.／荒井武訳（1963）『人間の教育（上・下）』岩波文庫。

ペスタロッチー，J. H.／長田新訳（1982）『隠者の夕暮・シュタンツだより』岩波文庫。

文部科学省（2017）「小学校学習指導要領」（平成29年3月告示）。

文部科学省（2017）「中学校学習指導要領」（平成29年3月告示）。

ルソー，J.-J.／今野一雄訳（2008）『エミール（上・中・下）』岩波文庫。

第 10 章

インクルーシブ教育と人間教育

阿部秀高

　本章ではまず，人間教育を行う上ですべての子どもに教育の目標を達成して
いくために，インクルーシブ教育の考え方そのものを明確にしていく。そして，
インクルーシブ教育の考え方を生かした教育と特別支援教育，そして，さらに
大きな概念である人間教育との関係を明らかにし，それに基づいた子どもの見
方，教育実践のあり方について，具体的な提案を行っていく。

1　インクルーシブ教育とは

（1）インクルーシブ教育と特別支援教育

　近年，インクルーシブ教育という言葉を教育現場においてよく耳にするよう
になった。これは，2012（平成24）年7月の中央教育審議会の「共生社会の形
成に向けたインクルーシブ教育システム構築のための特別支援教育の推進（報
告）」（以下「報告」，文部科学省，2012）によるところが大きい。この「報告」
では，「1．共生社会の形成に向けて」において，インクルーシブ教育につい
て以下のように説明されている。

　「障害者の権利に関する条約第24条によれば，『インクルーシブ教育システム』（in-
　clusive education system，署名時仮訳：包容する教育制度）とは，人間の多様性
　の尊重等の強化，障害者が精神的及び身体的な能力等を可能な最大限度まで発達さ
　せ，自由な社会に効果的に参加することを可能とするとの目的の下，障害のある者
　と障害のない者が共に学ぶ仕組みであり，障害のある者が『general education sys-

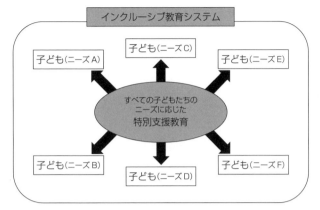

図 10-1　インクルーシブ教育システムの概念図
（出所）筆者作成。

tem』（署名時仮訳：教育制度一般）から排除されないこと，自己の生活する地域において初等中等教育の機会が与えられること，個人に必要な『合理的配慮』が提供される等が必要とされている。

・共生社会の形成に向けて，障害者の権利に関する条約に基づくインクルーシブ教育システムの理念が重要であり，その構築のため，特別支援教育を着実に進めていく必要があると考える。

・インクルーシブ教育システムにおいては，同じ場で共に学ぶことを追求するとともに，個別の教育的ニーズのある幼児児童生徒に対して，自立と社会参加を見据えて，その時点で教育的ニーズに最も的確に応える指導を提供できる，多様で柔軟な仕組みを整備することが重要である。小・中学校における通常の学級，通級による指導，特別支援学級，特別支援学校といった，連続性のある『多様な学びの場』を用意しておくことが必要である。」

　この「報告」に述べられているインクルーシブ教育とは，さまざまなニーズを持った子どもたちに，より着実な特別支援教育を行うための教育システムや方法の理念であると考えることができる（図 10-1）。この「報告」で強調されているインクルーシブ教育をさらに明確に定義するために，概念的に整理して

おきたいのは，インクルーシブ教育につながる概念であるインテグレーション教育とインクルージョン教育との違いである。二つの概念についてさかのぼって調べてみると，2001（平成13）年の「21世紀の特殊教育の在り方について〜一人一人のニーズに応じた特別な支援の在り方について〜」（文部科学省，2001）において，「特殊教育については，これまで児童生徒等の障害の種類，程度に応じて特別の配慮の下に手厚くきめ細かな教育を行うため，盲・聾・養護学校や特殊学級などの整備充実に努めてきたところである」と記され，インテグレーション（integration）は，「障害のある子どもと障害のない子どもとが可能な限り通常の学級において教育を受けることができるようにすると同時に子どものニーズに応じて特別な学級・学校における指導も行うことができる」（16頁）とされている。一方，インクルージョン（inclusion）については，上野他（2005）によると「障害の有無によらず，すべての子どもを対象として一人一人の特別な教育的ニーズに応じて行うべきであるという考え」（16頁）とされている。インテグレーション教育は「統合教育」と訳されることが多く，「障害のある子どもと障害のない子ども」が存在することを前提とした考え方であるが，インクルージョンの考え方では「障害の有無によらず」とされ，特別支援教育の考え方とつながっている。インクルージョンの考え方は，障害の有無によって子どもを分けないという点，一人一人が違うことを前提として，すべての子どもに対して行われるべきとしている点でこれまでのインテグレーションの考え方と大きな違いがある。

　つまり，先の「報告」に述べられているインクルーシブ教育の定義としては，図 10-1 に示したとおり，インクルージョンの考えを前提とした共生社会の実現のためにすべての子どもたちの教育的ニーズに応じた特別支援教育を行うという考えであり，「報告」では，その考えである「インクルーシブ教育システムによる特別支援教育」の実現の重要性が強調されているのである。

（2）通常教育としてのインクルーシブ教育

　本章で取り上げる実践や提案は筆者が所属していた小学校において，実践研

究の要に特別支援教育を据えて授業研究を行った経験に基づくものである。この実践は，特別支援教育はすべての児童を対象とするものであり，すべての教育の根底にあるものという考えに立脚したものであった。まさに「インクルーシブ教育システムによる特別支援教育」に通じる理念である。その当時，実践の考え方の柱となったのは，平成19年 4 月 1 日付「特別支援教育の推進について（通知）」（以下「通知」，文部科学省，2007）である。この「通知」には，先の「報告」のインクルーシブ教育システムにつながる記述がある。「通知」には「特別支援教育は，障害のある幼児児童生徒への教育にとどまらず，障害の有無やその他の個々の違いを認識しつつ様々な人々が生き生きと活躍できる共生社会の形成の基礎となるものであり，我が国の現在及び将来の社会にとって重要な意味を持っている」と記されている。ここには「障害のある幼児児童生徒への教育にとどまらず」とあるように，一般に考えられている特別支援教育の対象を拡大しようとする意図が見える。さらに「通知」には「これまでの特殊教育の対象の障害だけでなく，知的な遅れのない発達障害も含めて，特別な支援を必要とする幼児児童生徒」とも明記されている。知的障害や多様化するその他の発達障害の有無にかかわらず「個別の教育的ニーズ」に応じた教育を行うことを特別支援教育の要件としているのである。これは，定型発達の子どもたちにも行うべき教育実践であり，ユニバーサルデザイン教育の考え方にもつながっている。

　前任校では，この「特別な支援」を通常教育で行うべきものであると考え，通常教育を特別支援教育として行うことをめざした教育実践を行ったのである。つまり何らかの理由により通常教育の実施が恒常的に困難となった児童，いわゆる知的，情緒的な障害や病弱といった明確な教育的ニーズを持つ子どもたちだけでなく，さまざまな個別の教育的ニーズに応じて，すべての児童に通常教育を行うインクルーシブ教育システムの実現をめざす学校体制づくり，授業研究を行った。これこそ特別支援教育を中核に据えた通常教育の実現，先の「報告」がめざす「インクルーシブ教育システムによる特別支援教育」の構築である。

（3）インクルーシブ教育と共生社会の実現

　先の「通知」においてめざされている特別支援教育を「共生社会形成の基礎」としていることに注目すると，ここでの「共生社会」とは「障害の有無やその他の個々の違いを認識しつつ様々な人々が生き生きと活躍できる」社会である。また，一人一人個性が違うからこそ「平等」ということが重要になる。違っていることを理由に排除されないこと，平等に取り扱われることが共生社会では欠かせない。

　前任校でめざしたすべての児童を対象とする特別支援教育は，たんに教育の機会の平等だけでなく，教育条件の平等をめざした。障害や家庭環境などさまざまな原因により同一のスタートラインに立てない児童に対し，配慮し支援する教育条件を整えることである。必要に応じて個別指導の場面を増やすこと，その子どもにあった教材をつくること等，さまざまな条件整備を行った。教育の成果は一人一人の個性によって異なるのはやむを得ない。最も優先すべきことは，その児童の実態に応じて条件整備を図り，通常教育の場に参加できるようにすることである。今振り返ってみると，当時行われていた実践こそ，「インクルーシブ教育システムによる特別支援教育」であり，共生社会の構築をめざしたものであることを再認識した。

2　インクルーシブ教育のすすめ

（1）インクルーシブ教育される存在としての子ども

　近年，学校の教室で授業を観ていると，教室にはさまざまな子どもがいて，一斉授業を行う上で配慮を要する児童の姿を散見する。子どもたちの教育的ニーズはますます多様化し，さまざまな配慮が必要となっている。ここではインクルーシブ教育されるべき今の子どもについて，『ドラえもん』の登場人物を例にあげながら考えてみることとする。

　一昔前は，『ドラえもん』の登場人物であるしずかちゃんに代表されるような優等生像は，勉強はもちろん，スポーツもできて，その上礼儀作法もよくで

きるよい子で，特別に支援する必要などないと言える子どもだった。こうした
モデルによって，私たちの中に「優等生像」が作り上げられたのかもしれない。
しかし，不登校になってしまったり，いじめの加害者，被害者になってしまっ
たりしている今の子どもたちについて「勉強はとてもできるのに……」という
声を聞くことも多い。今の学校では，問題のない優等生のしずかちゃんのよう
な子どもは減っているのだろうか。『ドラえもん』では，物語の中で問題を引
き起こすことの多い，のび太やジャイアン，スネ夫の人となりは詳しく描かれ
ている。のび太，ジャイアン，スネ夫はとても個性的で，特別な支援が必要と
されるポイントは明らかである。一方，優等生キャラのしずかちゃんに関して
は，一見，特別な支援が必要なポイントなど見当たらないように見える。しか
し，詳しくしずかちゃんの人となりを表すエピソードを探っていくと，しずか
ちゃんの行動にも特徴的なものが二つ見えてくる。

① 登場回の多くで昼間からお風呂に入っている。時には数回入っている。

② スネ夫が良いものを持っていれば，約束の順番も無視してスネ夫の方へ
いく。

まず，①のしずかちゃんの行動から推測できる特別な支援が必要となる背景
は，やはり潔癖症，神経質ということになる。少なくとも昼間から，時には何
度もお風呂やシャワーを浴びるというのは，清潔好きというレベルを超えてい
る。この点を見ると，しずかちゃんのこだわりの強さはかなりのものと言える。
このような子どもには，いくら学力が高く，まじめであっても，学校では給食
や体育をはじめとして特別な支援が必要となる。

また②のように，友だちとの関わりにおいて自分の利益を優先しがちな子ど
もにも配慮が必要である。とくに，しずかちゃんのようにクラスのマドンナ的
存在で，勉強もできるような子どもは，クラスの雰囲気やそれに追従する子ど
もへの影響が大きい。それゆえ，しずかちゃんの将来を見据えた人格形成を考
えると，このしずかちゃんの利益優先主義には，特別な支援が必要なのである。

このように，一見優等生で，特別な支援の必要などないと思われる子どもに
も，その子どもをインクルーシブ教育の目で観ることによって，子どもの持つ

個別の教育的ニーズに気づき，支援について考えることができるようになるのである。

（2）インクルーシブ教育を実現する教師

「報告」が求める現代のすべての子どもたちに「インクルーシブ教育システムによる特別支援教育」を実現するためには，教師として，しずかちゃんのような子どもにも，インクルーシブ教育の視点で個別の教育的ニーズが潜んでいると考える教師の姿勢が重要なのである。これは子ども一人一人のあら探しをすることではない。その子どもの長所と短所を見極め，長所を伸ばし，短所を支援する中で，その子どもの個性を生かすことが重要である。つまり，その個性を生かし，学級の中，社会の中でその子どもが自分の能力を存分に発揮できるように周りとの関係や自分のあり方を調整できた経験を積み上げる場をつくることの重要性に言及しているのである。教師や親は，子ども一人一人が教育的ニーズに応じて配慮されるべき存在だということを常に意識し，その子どもが特別な支援を必要とするポイントをより具体的にとらえることが求められるのである。

教師として子どもたちをインクルーシブ教育の視点でとらえ，特別な支援を行うに当たっては，常にその子どもが社会でよりよく自分を表現し，自分の夢や目標を達成させるための素地づくりを行う意識が重要である。教師も人間である以上，個人的好みでその子どもに対して決めつけや偏見を持ってしまうこともある。そのことを常に意識しながら，教師は，クラスという小さな社会の中で，その子どもの生かし方を考え，その子どもの役割や活躍の場を1年という長期のスパンで計画しなければならない。たとえば，ドラえもんに頼りがちなのび太くんが自立できるような場面を運動会で設定したり，スネ夫の嘘つき癖のもとになっている弟へのコンプレックスや自己肯定感の低さなどについては，年間を通してグループリーダーとして責任を与えて，その仕事を全うさせることで，自信をつけさせたりしていくといった具体的な取り組みの計画を個別に考える必要がある。

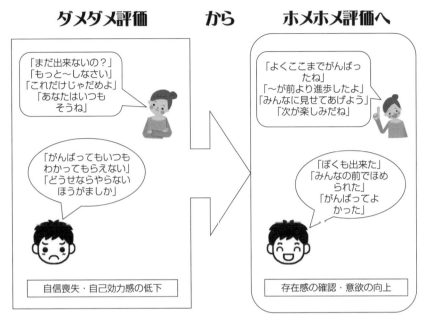

図 10-2　ダメダメ評価からホメホメ評価へ

（出所）筆者作成。

　このように「インクルーシブ教育システムによる特別支援教育」を実現して
いくためには，特別支援学級における個別の支援計画までの詳しいものは難し
いかもしれないが，すべての子どもに対する指導・支援の見通しが必要なので
ある。

　また，インクルーシブ教育が通常学級の中で実現されるためには，まず，自
らのものの見方・考え方を子どもたちに確かに伝えること，それが教師の仕事
となる。それは，4 月当初の学級開きに行われる。具体的には，図 10-2 に示
したこれまで子どもたちがよく耳にしてきた「ダメダメ評価」から，「ホメホ
メ評価」への転換である。これは平成20，21年改訂の小学校学習指導要領（文
部科学省，2008）にも示されている「よいところを見つける」ことにもつなが
るものである。他者と比較する相対的な評価の観点では，できないと見えるこ
とも，その子ども自身の長所と短所の把握と今後の成長を想定した絶対的な評

価，個人内評価の観点で考えれば，できることもたくさん見えてくる。その子どものよさやできることをたくさん見つけること，そして，それを評価し，確実に学級の子どもたちに伝えること，それを学級開きにおいてどれだけできるか，そこがインクルーシブ教育を実現する学級づくりにおいて最も大切な教師の仕事であると言えるのである。

　こうした評価観の転換は，子どもたちが安心できる居場所を作っていく。マザー・テレサ（1910-1997）が「人間にとってもっとも悲しむべきことは，病気でも貧乏でもない。自分はこの世に不要な人間なのだと思い込むことだ」と語った（沖守，1981）と言われている。教育の最も大切な成果は，子どもたち自身が「自分は大切にされた」という思いを感じ，「自分は成長できた」という手応えを自覚できることである。そして，そこで自分は誰かの役に立てた，という経験を積み重ね，その感覚を育てていくことが大切なのである。その意味で教師の仕事として，子どもたちへの評価観を転換し，安心できる居場所としての学級を作り上げるために最も大切なことは，子どもを観察し，子どもを理解することである。ここで言う子ども理解とは，子ども自身が自分自身のことをどう思っているかを教師が理解することであり，子ども一人一人が自分を大切にし，自分は役に立つ人間であるという自己肯定感をどの程度抱いているかを理解することである。そして，自己肯定感を一人一人に育んでいく学級経営のあり方に関する工夫を続けることなのである。

（3）インクルーシブ教育を実現する学級

　通常学級におけるインクルーシブ教育の実現のためには，これまで述べてきたように教師のインクルーシブ教育の視点に立った観察が重要である。子どもたち一人一人への見方が多面的になり特別な支援のポイントが明確になるからである。このインクルーシブ教育の考え方の根本は，LD（Learning Disabilities），ADHD（Attention-Deficit/Hyperactivity Disorder），自閉症スペクトラム（Autism Spectrum Disorder）などの発達障害のそれぞれの特性の理解，チェックリストによる子ども理解，特別支援教育コーディネーターを中心とした校内

委員会の構築などの特別支援教育のあるべき姿を否定するものではない。特別な支援が必要であることが明確である子どもに対しては，個別の教育的ニーズに応じた目標が立てられ，それに基づく個別の支援計画が立てられ，そのニーズもある程度理論化されたプログラムに従って自立訓練という形で行われることも重要である。特殊教育から特別支援教育，さらにはインクルーシブ教育として変革がなされた今，障害がまずありきではなく，すべての子どもを対象にこの特別な支援の考え方を広げ，「インクルーシブ教育システムによる特別支援教育」を実現するために，通常学級における学級経営や授業づくりにおいて工夫を行っていくことが急務である。

　そこで，インクルーシブ教育システムを実現する学級の条件について，これまでの実践を通して見えてきたポイントを以下に列挙しておく。

①どの子どもの良さやがんばりも認める

　どの子どももがんばりを見てほしいものである。特別支援学級に所属する子どもはもとより，どの子どもも自分の存在を認めてほしいと思っている。大切なことは，配慮を要する子どもだけに気をとられ，手をかけていただけでは学級はうまくいかないということを意識しておくことである。実際は一度に多くのことはできないからこそ，そこに工夫が必要である。その工夫というのは，「必ずがんばりは評価するよ」というメッセージを送り続けることである。そのために先に述べた学級開きにおける「ホメホメ評価」への転換が重要なのである。その中でこの学級ではがんばっていれば必ず評価してもらえる，みんなの前でほめてもらえるという経験を積み重ねておけば，たとえ多少配慮を要する子どもにかかりっきりになっていても，周りの子どもたちも，そうして配慮している教師を配慮する関係ができていく。これがなければ，周りの子どもは自分がやっていることに意味を見出せなくなり，学級崩壊への道をたどってしまうことを私たち教師はいつも肝に銘じておかねばならない。一つ間違えば，その配慮を要する子どものせいで学級崩壊が起こってしまったという意識をばらまくという負の連鎖を生みかねない。だからこそ，インクルーシブ教育システムの教室ではホメホメ評価が飛びかう，柔らかい空気が大切なのである。

②どの子どもの苦手なものやつまずきも認める

　誰にでも苦手なものやつまずきはあるものである。その苦手やつまずく場面は人によって違うのが当然である。だから，苦手なものに出会ったり，つまずいたりしたときには，自分で助けを求めることが自分を高めようとする尊い行動であり，周囲の人に助けを求めることは，迷惑なことではなく，共に生きていくことにつながっていると認識すべきである。「できないから教えて」と言うことには，勇気が必要となる。馬鹿にされるかもしれない，迷惑だと思われたらどうしようなど，どうしても他者の評価を考えてしまいがちである。それを乗り越えて自分から一声出すことができた子どもを私たち教師は見逃してはならない。そして少し観察を続けることによって，助けを求める声に求められた子どもがどのように応えるかを見届けていく。そこで，自分の手を止めて応えた子どもがいたら，そこが教師の最大の仕事場となる。最大級の賛辞をその子どもに送るのである。自分の手を止めて友だちの手助けをしたこと，その子どもを助けようと誠実に精一杯応えたこと，これらどちらもより具体的にクラス全体に丁寧に伝えていく。そしてだめ押しで，助けた子どもに対して，助けを求めた子どもがこれでつまずきを乗り越えることができたということ，それはあなたのおかげでできたということを改めて伝えるのである。さらに，助けを求められたということは，助けを求めた子どもからあなたが頼りにされているということも伝えておく。それによって，助けを求められた子どもは，助けたことがどれだけ意味があったのか，またそれが自分にとってもどれほどよかったことだったのか，自分が人のために役立ったことの成果をいっそう強く心に刻むことになっていく。このように助けを求めた子どもと求められた子どもの評価を丁寧に行うことが，どの子どもの苦手なものやつまずきも認める学級をつくるために大切な教師の仕事なのである。

③教室環境を整える

　教室環境を整えるということ，つまり整理・整頓，清掃を大切にすることは学級経営の基盤であるとよく言われる。机の列が乱れていたり，床にゴミが落ちていたりしても誰も気にしない教室では，教室の後ろや周りのロッカーの上

に子どもの作品やファイルが無造作に置かれていたりすることもよくある。このような教室の雑然とした状況は，子どもの心に大きな影響を及ぼす。図10-3のように，教室の環境の問題をただ単純に注意するだけでなく，その状況とその状況を表す言葉とを合わせて指導することが重要である。

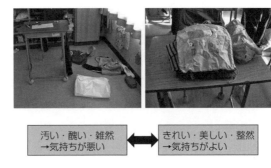

汚い・醜い・雑然
→気持ちが悪い

きれい・美しい・整然
→気持ちがよい

現状と言葉をマッチングさせて理解させる

図10-3　教室環境の例

（出所）筆者作成。

善悪・美醜といった感覚的な価値感を教室という社会の中の状況と結びつけて子どもの言葉で語らせたり，説明させたりすることによって，学級の価値観として共有化していく。ここで大切なのは，こうした場面を見逃さず，ただたんに「きちんと片付けなさい」という一辺倒な価値の押しつけでなく，とくに低学年においては，敢えて「みんな，集まって。これを見てごらん。どちらがよい状態かな？　理由も一緒に話してみて」と即時に対応することによって，子どもたちから自分で考えた言葉を引き出すことである。そうすることによって，子どもたちにその状況がエピソードとして言葉とともに刻まれる。それが価値観の形成につながる効果を高めていくのである。

　このような手順で教室環境を整えることは，インクルーシブ教育が実現される学級経営にとって，子どもたちの感覚的な価値観の形成という意味において重要である。また，その価値観形成には，実際のエピソードを子どもたちと共有することが重要なのである。クラスの合い言葉のように状況を思い出しながら自然に意識できるようその場での即時指導の原則を肝に銘じておきたい。

3　インクルーシブ教育の実践

（1）「インクルーシブ教育システムによる特別支援教育」を実現する授業とは

　授業づくりにおいては，特別支援教育での生活知を活かし，より確かな教科力を保障していく教材研究や児童の実態把握，そして，評価のあり方を特別支援学級だけにとどめず，通常学級においても可能な限り実現できる工夫をすること，それが「インクルーシブ教育システムによる特別支援教育」を実現することにつながる。

　そのためには，特別支援学級を学校における研究の発信基地として位置付け，学校研究の研修を行う体制も重要である。研究授業も特別支援学級の授業づくりの工夫や提案を学び，それをどのように通常学級で実現していくか，また，活用していくかについての研究成果を学年ごとや低学年，中学年，高学年のまとまりごとに蓄積していくのである。さらに，特別支援教育としては，通常学級において活用された特別支援学級から生まれた授業の工夫をその活用において見られた課題について再考していくのである。

　こうして行われる特別支援学級と通常学級の授業づくりの相互往復によって高められた工夫による授業こそ，「インクルーシブ教育システムによる特別支援教育」を実現する授業であると考える。

（2）「インクルーシブ教育システムによる特別支援教育」を実現する授業の工夫

　先に述べた「インクルーシブ教育システムによる特別支援教育」を実現する授業のために，特別支援教育の考えに基づいてすべての子どもがそれぞれに適した支援を受け，一人一人に確かな生きる力が身に付くための具体的な工夫が必要である。通常学級におけるその具体的工夫について整理していく。

（工夫1）授業の前提条件を整える

　授業の前提条件として，チャイムとともに授業の始まりの挨拶と終わりの挨

拶を徹底する学校は多い。反面，ノーチャイムを徹底し，最低限しかチャイム
を鳴らさないことを特色としている学校もある。いずれが優れているというわ
けではないのであるが，どちらにも納得できるねらいが存在する。ノーチャイ
ムには，子どもたちがチャイムではなく，自ら時間を確認して行動するという
自主自立の精神育成というねらいがある。しかし，その意味や意図を子どもた
ちが理解するのはむずかしい。いずれにしても，習慣付けることが大切であり，
「インクルーシブ教育システムによる特別支援教育」の実現を考えると，授業
開始時のルールを誰にも徹底する意味においてチャイムを鳴らすという明確な
手立てにも利がある。

　他にも授業を始める上で大切な型として，教科書，ノートを準備しておくこ
と，子どもの状況や必要に応じて机の上の配置まで図示して指示する必要など
も授業の前提としては重要である。さらには，手を上げて発言の意思を伝える，
伝えたい人の方を向いて話す話し方，話している方を向いて聞く聴き方，ノー
トを開けて，日付や単元名，次に示すめあてなどを書くなど授業開始後の大切
なこともある。何より大切なことは，すべての子どもたちが安心して授業に入
っていくことができるように一貫した指導や言葉がけを心がけ，学級開きの段
階からきちんとできたことを一人一人評価していくことで，安心して授業に参
加できるということである。それゆえ授業の前提条件を整えることは，「イン
クルーシブ教育システムによる特別支援教育」の実現において重要な要素であ
る。

（工夫2）導入を工夫する

　どの子どもも授業にスムーズに入ることができるように，導入を工夫するこ
とが大変重要である。その具体的な方法としては，「前時の振り返り」と，「め
あての共有化」の二つがある。

　まず，「前時の振り返り」とは，その教科の前の時間に学習したことを確認
することである。一般的にどの教室でも行われているものであるが，「インク
ルーシブ教育システムによる特別支援教育」を実現する授業づくりにおいては，
より分かりやすく，子どもたちの興味を引く工夫が必要となる。具体的には，

〇×クイズにして確認する，公式やポイントだけを黒板の右端に板書して可視化し，この時間中，常に意識するために最初に引き出すなどの工夫が有効であると考えられる。

　次に，「めあての共有化」である。これは，今から行う授業の目的を明確にすることによって，子どもたちにこの授業によって求められるものを明らかにすることである。一般的に授業をはじめとする教育活動のすべては，指導者である教師のねらいに従って行われるものである。それゆえ，授業のねらいは教師側にあって，めあてを示されたとしても，子どもたちが本当にそのねらいをめあてと重ねて，学ぶべき授業の最終出口や求められている姿の具体像をイメージしながら授業に立ち向かえているかというと疑問である。なぜなら，めあては教師のねらいに基づいて，教師が立てたものであるため，提示することが形式化され，提示することだけで終わっていることが多いからである。本当にすべての子どもが今から始まる授業のめあてについて理解できたかの確認まで意識できているだろうか。授業の中には，教師が当たり前と思っていることも意外に子どもたちのつまずきになっていることも少なくはないのである。そこで，「インクルーシブ教育システムによる特別支援教育」を実現する授業づくりにおいては，この「めあての共有化」に関しては，授業の導入段階に限られた時間で，どの子どもにも分かりやすく「めあての共有化」を行うのである。そのためには，めあてを確認する際に，ただたんにみんなで声に出して読むだけで終わってしまわず，めあての確認に5分程度時間をかけて丁寧に行うことが重要である。それが「めあての共有化」につながるのである。具体的には図10-4に示した通りである。これは小学1年生国語の授業である。昔話や童話の中からお気に入りのものを選んでガイド，つまり紹介するという学習である。その学習において今単元として取り組んでいる「おはなしどうぶつえんでガイド名人になろう」という，いわゆる単元のめあては，この単元の時間中いつも黒板に掲げられる。その上で，「ガイド名人」の部分について「あんないしてくれる人」「せつめいしてくれる人」「しょうかいする人」というように，言い換えて確認を行う。これが子どもたちに毎授業において単元の最終出口である

求められる姿をイメージさ
せることにつながっていく
のである。これは，すべて
の子どもに「めあての共有
化」が行われるという手応
えがあるまで毎回行うべき
である。さらに，単元のめ
あてである「おはなしどう
ぶつえんでガイド名人にな
ろう」を実現するために，
今からの授業では，「どん
なことをつたえればよんで
みたいとおもってもらえる

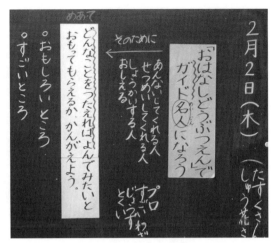

図 10-4　めあての板書

(出所) 筆者撮影。

か，かんがえよう」という本時のめあてを確認するのである。その際も，「ど
んなことをつたえれば」というところに焦点化して，子どもたちからその時点
での考えを引き出していく。すべての子どもの声を聞くことはできないが，や
りとりの中で子どもたちは，めあての意味を理解し，今からの授業のめあてが
子どもたちと教師で共有化されていくのである。

　このように「インクルーシブ教育システムによる特別支援教育」を実現する
授業づくりにおける「めあての共有化」とは，授業の導入段階において，単元
のめあてと本時のめあてを丁寧に確認し，今学習している単元で何が求められ
ていて，それをどのようにして実現していくのかについてできるだけすべての
子どもに具体的にイメージさせようとする粘り強い取り組みによるものなので
ある。

（工夫３）授業の流れを示し，見通しを持たせる

　先ほど述べた「めあての共有化」とともに，大まかな単元の流れと活動の全
体像を示しておくことによって，子どもたちがその授業が何のために行われ，
単元中において，現在どの部分に自分がいるのか，これからどのような活動を

図 10-5　イベントの視覚支援（クリーンセンターへの社会見学）

（出所）筆者作成。

どのような方法で学習を進めていくのかについて分かった上で授業に入っていくことができるのである。この方法は，視覚支援と呼ばれ特別支援学校や特別支援学級ではよく行われていることである。とくに社会見学，学校行事などのイベントのような非日常的な日程で学校生活が進むときにとくに有効活用されている。その例が図 10-5 に示したものである。この写真では，クリーンセンターへの社会見学の行程が前年度の写真とバスやお弁当のカットなどを使ってイメージできるように工夫されている。こうした丁寧な特別支援教育の知恵を通常学級に生かしていくこと，これが「インクルーシブ教育システムによる特別支援教育」の実現には不可欠なのである。

　（工夫４）授業のモジュール化をはかり，型を一定にする

　「インクルーシブ教育システムによる特別支援教育」を実現する授業づくりにおいては導入からまとめまでを図 10-6 に示したように四つのモジュールで構成し，一つの授業の型とすることが大切である。モジュール❶「めあての共有化」に関しては，前述したとおりなのでここでは省略する。モジュール❷「自力解決」とは，何をすればよいか，何を考えればよいかが分かった段階で，

とりあえず今の自分の力で考えてみる
ことである。その際にまずはノートや
ワークシートに書かせることが大切で
ある。この段階では，全く考えつかな
かったり，稚拙な考えであったりして
もかまわない。いずれにしても考える
場を設定することが大切なのである。
それによって，子どもたちは，授業に

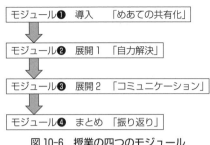

図 10-6　授業の四つのモジュール
（出所）筆者作成。

おいてお客様にならず，主体的に参加することができるのである。

　さらに，モジュール❸「コミュニケーション」は，モジュール❷で考えた経
験をもとにグループやクラスの友だちと考えを交流することである。その中で，
自分の考えを高めることができるように支援する必要がある。ここでの交流も
互いの考えを肯定的に評価することを中心として，授業をコーディネートする
のが教師の仕事である。教師が一斉にコーディネートして，考えをまとめてい
くことから，だんだんとグループ単位で子どもたち同士の交流の中で自分たち
の考えをまとめ，その上で個人の考えを高めるような交流ができるように長い
スパンで計画的に指導していくことが大切である。

　そして最後に，モジュール❹「振り返り」では，交流を通して，自分の考え
がどのように高まったのかを振り返る場を設ける。その考えの高まりというの
は，モジュール❷で自力解決によってめあてに即して作った考えがどのように
高まったのかを確認させることで実感できるのである。ここで確実に振り返る
ことがその授業の成果を子ども自身が自覚することにつながる。その中での教
師のはたらきかけとしては，なぜその成果が得られたのかに関する振り返りを
している子どもがいれば確実に評価することである。もしいなかった場合は，
振り返りを書いている場において，机間指導を行い，「～のおかげであなたの
考えは……の点でよくなったね」というように評価を行うことによって，そこ
から全体に広げていくとよい。これにより，自分の考えが高まったことが友だ
ちのおかげであることを自覚させ，交流が持つ意味を理解させることになる。

そうなれば交流への意欲も増し，友だちが自分を高める存在として大切であることを強く感じるに違いない。他方では，交流の中でみんなを高めるもととなった考えを出した子どもにとっては，自分の考えを認めてくれる友だちがいること，さらに，自分の考えは，みんなを高めるほど価値あるものであることを実感し，自信を深め，仲間を大切にすることにつながっていくのである。

　このように，（工夫3）の授業の流れを示して見通しを持たせることに続いて，授業の型を一定化させることは，子どもたちが授業に主体的に参加し，自らを高めることにつながる。それには，友だちとの交流が欠かせない。そのことが子どもたちとともに実感できる授業，それが「インクルーシブ教育システムによる特別支援教育」が実現される授業なのである。

（工夫5）言葉を大切にする

　「インクルーシブ教育システムによる特別支援教育」を実現するための工夫として，教師が行う具体的手立ての中で言葉を大切にして，自らの言葉について意識を高めておかなければならないことをまとめて三つ紹介する。

　一つ目は，「指示・説明の簡潔化」である。教師の長い指示や説明の終わった後，子どもたちが深いため息をつく姿を見かけることがある。一生懸命聞いていて疲れたのかもしれないが，長い指示・説明は要点がとらえづらく，どこに注目して聞けばよいのか分かりにくくなる。そんな話の後はみんなが疲れ，その上悪いことに，概して，教師の指示・説明の長いクラスの場合，子どもの発言は，長くなっていることが多いのである。「三つ話します」と数字を示したり，インパクトのある話し方や言葉遣いをしたりしてみるなど，聞く側の子どもたちの様子を注視しながら，教師が短い文で簡潔に話す力を身に付けなければ，クラスの子ども全員に聴く力，話す力を付けることもままならないのである。

　二つ目としては，「一つの指示による一つの作業」を徹底するということである。これも指示に関するものであるが，教師の言葉は子どもがまじめに取り組む姿勢が身に付けば付くほど，子どもたちにとって重い意味を持つ。また，一度に複数の情報を与えられることに不安を感じる子どももいる。たとえば，

子どもたちがノートを書いているときに，教師が「〜は……のことだよ」といった指示を出したとする。教師としては子どもたちがノートを書く上でヒントや援助になると思って出した指示である。しかし，子どもたちの中には，今ノートをとることに集中しているときに誰に対して言われているか分からない曖昧な指示に対して，混乱する子どもも少なくないのである。だから，今なすべきことに集中できる環境作りを心がけ，必要な追加説明や次の作業課題はいったん区切りをつけてから行うべきなのである。つまり，一指示一作業の原則を徹底するべきなのである。子どもたちが書いているときは，アンテナを高くして子ども一人一人を観察する時間である。この時間が教師が子どもたち一人一人の教育的ニーズを知るきっかけになるのである。

　三つ目は，「教師が使う言葉に気をつけること」である。「あれは」「これは」「すごく」「かなり」「しっかり」「きちんと」などつい使ってしまう言葉である。教師の指示・説明の中では，目的や意味，量や回数，大きさ，程度などが不明瞭になってしまうと，子どもたちは何をどの程度求められているのか迷ってしまう。とくに国語の読解の授業では，「兵十に栗や松茸を持って行ったごんぎつねの気持ちはどうだったでしょう」という発問に対して，「国語は，答えがないから，何でもいいよ，思ったことを自由に言ってみて」という追加の声かけをよく耳にすることがある。このときの「自由」は子どもたちにとって実は不自由である。何を求められているか分かりにくいからである。これを「なぜごんぎつねは兵十に栗や松茸を持って行ったのでしょう」にすると，聞かれていることは「理由」である。「理由」に焦点化されれば，何を考えればよいかが明確になり，ごんぎつねの心情に思いを馳せながら自由な思考を行っていくことにつながる。

　このように，教師の曖昧な言葉の選択や発問の曖昧さは子どもたちに混乱を招きかねない。曖昧で具体性に乏しい指示や表現は子どもなりの自己評価の基準を曖昧にし，学習への取り組みも曖昧にさせる。したがって，子どもたちに対しては，何を，何のために，どの程度，どうやってなど，ゴールを明確にしながら，自分なりに考えることができる具体的な指示を心がけるべきなのであ

る。

　以上が「インクルーシブ教育システムによる特別支援教育」を実現する授業づくりに不可欠な工夫である。これらを丁寧に通常学級において実現し，特別支援学級において再考する。これこそが互いを有機的に結びつけ，らせん状に高め合うインクルーシブ教育システムであると言えよう。

4　インクルーシブ教育と人間教育

　教育にベストはあり得ない。教師が目の前の子どもたちのために一生懸命考えて取り組み，よりベターを求めていくことが重要である。それが人間教育を行う最良の策である。これから教師になる人もここ数年で教師になった経験の浅い先生方も是非，自分の目の前にいる子どもたち一人一人にインクルーシブ教育の考えを持って接してもらいたいと切に願う。特別な支援をされる必要性は子どもによって違っても，支援されるべきは子どもたちすべてである。教師はいつ何時もすべての子どもが自分自身を大切に，がんばろうと思えるように支援していきたいものである。そのために工夫を怠らず，常によりよい授業づくりや学級経営に邁進していく教師の理想像を追いかけていくこと，それが「インクルーシブ教育システムによる特別支援教育」すなわち真の人間教育の実現を可能にするのである。価値観の多様化，個性の多様化が著しい未来社会において，子どもたちは，同じ文化の人たちだけでなく，異文化の人々と交わりながら，さらにレベルの高いインクルーシブが求められる。そうした社会をよりよい共生社会とするため，未来に生きる子どもたち一人一人にインクルーシブ教育システムによる特別支援教育のさらなる理論と実践をつなげた取り組みが一層重要になるのである。教師に課せられた使命は重い。

　＊本章は阿部（2019）に加筆・増補したものである。

さらに学びたい人のための図書

小貫悟・桂　聖（2014）『授業のユニバーサルデザイン入門』東洋館出版社。

▶ 通常学級において，配慮を要する子どもたちを含めてより確かな授業づくりを
行うための具体的な提案がされている。

**独立行政法人　国立特別支援教育総合研究所（2018）『育成を目指す資質・能力を踏
まえた教育課程の編成』ジアース教育新社。**

▶ 知的障害教育における「育成すべき資質・能力」を踏まえた教育課程編成のあ
り方について詳しく示されている。

引用・参考文献

阿部秀高（2019）『人間教育を実践する教師への道——インクルーシブ教育方法論』ERP。

上野一彦・緒方明子・柘植雅義・松村茂治・小林玄編（2005）『特別支援教育基本用語
100』明治図書出版。

沖守弘（1981）『マザー・テレサ——あふれる愛』講談社。

文部科学省（2001）「21世紀の特殊教育の在り方について～一人一人のニーズに応じた特
別な支援の在り方について～（最終報告）」（平成13年1月）[http://www.mext.go.
jp/b_menu/shingi/chousa/shotou/006/toushin/010102.htm]（2019年2月23日確認）。

文部科学省（2007）「特別支援教育の推進について（通知）」（平成19年4月1日）[http:
//www.mext.go.jp/b_menu/hakusho/nc/07050101.htm]（2019年2月23日確認）。

文部科学省（2008）「小学校学習指導要領（平成20, 21年改訂）」。

文部科学省（2012）「共生社会の形成に向けたインクルーシブ教育システム構築のための
特別支援教育の推進（報告）」（平成24年7月23日）[http://www.mext.go.jp/b_menu
/shingi/chukyo/chukyo3/044/attach/1321669.htm]（2019年2月23日確認）。

第11章

グローバル化時代における人間教育

竹内　理

1　グローバル化とは

（1）「国際化」≠「グローバル化」

　「グローバル化」というコトバほど定義が曖昧で，それでいて，よく使われる言葉は少ない。竹内（2014）は，グローバル人材の育成に関する論考の中で，この言葉にまつわるさまざまな誤解について言及している。その一つが，「国際化」を「グローバル化」と同一視する考え方である。「国際化」とは，自分のベースとなる場所（あるいは国）をしっかりと定めながら，異なるベースを有する人や集団と関係を持つことをさす。つまり「国際化」の場合，背後にそれぞれ独自の行動原理・原則が存在しており，これを2国（あるいは多国）間での交渉を通じてすり合わせ，互いの利益を最大にして，各自のベースに持ち帰るようなイメージでとらえられることが多い。一方，「グローバル化」になると，特定のどこかをベースとして考えることをやめてしまう。その上で，世界を一つのオープンな場としてとらえ，共通の原理・原則（これが北米流であったりするところに疑問もあるが）に沿って問題を解決して，利益を全体へと還元していくようなイメージとなる。したがって，「国際化」への指向性を持つことと，「グローバル化」への指向性を持つことは必ずしも等価ではなく，そのめざすものが異なる場合も大いにあり得ることになる。たとえば，「グローバル化の時代においては，世界で勝つ人材を（国は）育成しなければならない」というような主張を聞くことも多いが，この主張では，特定のベースとな

る国のために「勝つ」ことを求めることになる。つまり，他者から奪い取ってでも利益を最大限にして，自分のベースに持ち帰ろうとするゼロサム（zero-sum）型の「国際化」指向が基底にあることを意味している。こうなると，利益を全体に還元して，ウィンウィン（win-win）になるように努力するアプローチ，つまり「グローバル化」指向の考え方とは齟齬をきたすことになり，上記の主張，つまり「グローバル化に向けて世界で勝つ人材を（国が）育成する」という主張自体が矛盾を抱え込んでしまうことになる。

（2）「英語使用」≠「グローバル化」

　二つ目としては，英語を使えることが「グローバル化」である，という誤解が挙げられる。「その国（筆者注：日本）には英語だけが足りない」という広告を駅などで目にすることがあったが，これはグローバル化社会において英語が必須であるとの考え方を色濃く反映したものといえよう。確かに，英語はグローバル化社会において重要ではあるが，必須ではない。大切なのは，個別の言語の運用能力というよりも，その背後にある「言語技術」（三森，2006）の能力，つまり，（どの言語であっても）思考を論理的に組み立て，相手に理解してもらいやすいように明瞭に言語化する能力の方なのである。言語技術の能力が身に付いておれば，英語運用能力がなくとも通訳を使い，グローバルな視点に立って発言することができる。また英語以外の別の言語をお互いに知っておれば，その言語でコミュニケーションをとることも可能である。たとえば，2013年7月に行われた東南アジア諸国連合地域フォーラムで，米国のラッセル国家安全保障会議アジア上級部長（当時）と中国の王毅外務大臣が，2日間（合計40分）にわたり，立ち話で外交交渉の下準備をしたことが報道された（朝日新聞，2013，図11-1）。その時に使われた言語は，英語でなく（中国語でもなく），日本語であったという。どちらかの国の言語に偏ることなく，また国際語とされる英語を優先することもなく，両者が使える言語で，対等な立場での交渉を行うというアプローチは，「グローバル化」の趣旨に叶ったものである。そこでは，ツールとして機能すれば言語は何語でもよく，あとは内容が大切となる。

図 11-1　日本語での国際交渉を伝える新聞記事

（出所）『朝日新聞』2013年7月4日。

（3）「個性の喪失」≠「グローバル化」

　「グローバル化」にまつわるもう一つの誤解としては，「個性の喪失」が挙げられる。上述したように，グローバル化社会では，共通の原理・原則をもって世界と関わっていく。そうなると，グローバル化の過程で，地域や国ごとの独自の文化が失われ，「個性を喪失してしまうのでは」という懸念が生まれても，しごく当然のことといえる。確かに，モノや情報の流れが一定量を超えて増大してしまうと，文化間に存在する違いや，文化の多様性については，間違いなく薄まっていくだろう。しかし，個々の文化を構成する人の側を見てみると，そこに流れ込んでくる新たな（外来の）価値観と触れることにより，むしろ彼らの多様性が促進される可能性もある（たとえば，コーエン，2011）。つまり，グローバル化の過程では，集団としての文化的個性が失われる危険性は確かにあるが，他の文化との接触を通して，個々人はアイデンティティ（identity）を拡張・展開していく，つまり個性を伸ばしていくことも可能なのである。

（4）グローバル化とは何か

　ここまで「グローバル化」という言葉をめぐるいくつかの誤解の例を見てき

たが，このように混乱を招く言葉を扱う以上，その定義をしっかりと確認しておく必要があろう。そこで本章では，「グローバル化」という言葉を，「世界を一つのオープンな場と考え，共通の原理・原則に従い思考・行動をしながら，全体の利益を最大限に伸ばしていくこと」あるいは「その過程」と捉え，このような考え方を志向する社会のことを「グローバル化社会」と呼び，この考え方が常態化している時代を「グローバル化時代」と呼ぶことにしたい。そして，この「グローバル化社会」あるいは「グローバル化時代」において，「学びをどのように捉えるべきか」，あるいは「どのような能力を伸ばせば，この社会の中で，新たな価値観を生み出し，主体性を発揮していく人（いわゆる駒の指し手）を育てることができるのか」をテーマとして，以下に論を進めていくことにしたい。

2　学びの捉え方
──その歴史的変遷──

（1）行動主義と認知主義

　グローバル化時代の学びについて論じる前に，学びに対する考え方の歴史的変遷についても，少し見ていきたい。学びに対する考え方の変遷は，学習者の学びへの主体的関与の度合に応じて，いくつかの段階に分けることが可能であろう。1940-60年代の行動主義的なとらえ方であれば，学習とは，過去（の外部刺激と行動の連鎖）の結果に影響されるものとなる。学習者の主体的関与の度合いは低く，その分，「よい結果をもたらす行動を一定の刺激の下に繰り返す」ような教育を施すことで，学びが形成・維持されていくとの考え方が強くなる。

　一方，1970-90年代の認知主義的な考え方となると，学びを，インプットとアウトプットを伴う情報処理過程としてとらえ，その過程への学習者の主体的な関与を認めていく立場をとる。学習者は，もはや外部からの刺激の「なすがまま」ではなく，程度の差こそあれ，自らの学びの過程に参画し，コントロールする存在として考えられていく。

（2）自己調整学習と社会文化構成主義

　1990-2000年代以降になると，学びに対する学習者の主体的な関与の度合い
をより一層認めていく方向で，認知主義的な考え方が展開されていく。その一
つである自己調整学習の枠組みでは，認知的な学習行動を制御・モニターする
「メタ認知」や，学びをスタートし，維持していく「情意」の側面なども考慮
に入れつつ，学びを統合的にとらえるようになる。

　同じ頃には，学習者を孤立した存在と考えるのではなく，社会（横糸）と文
化・歴史（縦糸）の中に埋め込まれた存在として認識し，この社会・文化的枠
組みの中で学びをとらえていこうとする考え方，つまり社会文化構成主義のア
プローチも現れてくる。この考え方に立つと，社会・文化的な文脈や事物は，
制約としてだけでなく，学びを助ける「足場」(scaffolding) としても機能する
可能性を持つことになる。

（3）主体と社会の交互作用

　上述したような流れを受けて，昨今では，学びを，意志（志・理想・目標）
を持った学習者と社会・文化の交互作用として理解しようとする動きが強くな
っている。その中では，主体的に関与しようとする意志を持った学習者を，エ
ージェント（主体：agent）と呼ぶ。そして，このエージェントが，困難あるい
は構造と呼ばれる社会・文化的制約と対峙しながら，自らの行動をコントロー
ルし，目的を達成していく行為のことを「学び」ととらえる。また，この考え
方に立てば，学びのプロセスにおいて，学習者は自分の考え・行動を再編成し，
新しい価値観を作りだし，社会における自分の位置取りやアイデンティティを
変えていくことになる。そして，このような変化は，結果として，社会・文化
的制約（構造）の側に対しても影響を与えていく。つまり相互作用を持つこと
になるのだ。

　竹内 (2014) は，上記のような存在としての学習者（つまりエージェント）が
活用する能力をエージェンシー (agency) と呼び，「主体的選択能力」あるい
は「行為主体性」と試訳している。そして，異文化のせめぎ合いの中で多種多

様な制約と対峙していかねばならない「グローバル化社会」において，この能力こそが，優先的に育成されるべき統合的な能力であると主張している。つまり，グローバル化社会では，さまざまな局面において，これまでとは異なる制約（困難や構造）が現れるため，主体的に考え，能力を統合的に活用して，いくつかの解決策を見つけだし，選択しながら対応していく必要が増す。また，制約をそのまま受け止めるのではなく，他者と交渉してよりよい状況を生み出すようにはたらきかける意志も大切になる。それゆえ，技能的側面と意志的側面を併せ持つ主体的選択能力は，グローバル化社会において，不可欠な能力として位置付けられねばならないのである。そこで，次節では，その統合的な能力を構成する要素について考察を加えていきたい。

3　主体的選択能力とは

（1）主体的選択能力とは何か

　上述した「エージェンシー」というコトバには定まった邦訳は存在しないが，このコトバが意味するものがある種の能力であることは，識者の議論（Yashima, 2013を参照のこと）から考えると間違いがないようである。しかし，その中には，学びを主体的にスタートさせ，制約（困難や構造）に直面しても挫折せず，学びを維持していく態度的な側面も含まれている。また，異なるものを最初から拒否せず，吟味・分析するために受け入れる姿勢なども加えることができる。さらには，さまざまな可能性を生み出すための批判的思考や，学びに計画性と改善力を持たせていくためのメタ認知的な知識や技能，それらを行動に移すための認知的な方略，計画や行動選択の判断を支える多種多様な知識，そして自らの考えを表現していくコミュニケーション力なども含まれているとみてよい（図11-2）。つまり，エージェンシーとは，「上述したような様々なものを主体的に活用しながら，自らが置かれている状況を分析して（そこにある）制約を認識し，これを乗り越え，目的を達成していくように働きかける統合的な能力のこと」としてとらえるのが現実的であろう（竹内，2014）。そし

主体的選択能力	動機づけ	理想自己，自己効力感
	適応能力	受容・共存の姿勢，協調性
	批判的思考	複眼的視点，証拠や論理に基づいた判断
	メタ認知	目的・目標の設定，計画・モニタリング・修正
	認知方略	方略のレパートリー，使用条件の知識
	知識の基盤	各分野の教養基盤，汎用的問題解決能力・技能
	コミュニケーション力	言語技術，口頭・文章

図 11-2　主体的選択能力を構成する要素

（出所）竹内（2016）33頁を改変し筆者作成。

て，この能力を行使する過程で，さまざまな選択肢の中から，自らの判断でそのうちの一つを選びとっていく行為が「学び」であると考えられる。そこで，「主体的」・「選択」・「能力」の三語をとって，筆者はこのコトバを「主体的選択能力」と呼ぶように提案している。

　また，主体的選択能力を行使し，社会・文化的な制約を乗り越えていく過程では，自分が何者で，何ができる（あるいは，できない）存在なのかという問いかけと直面することになる。この問いかけは，社会の中での個人の位置付けにも変化をもたらし，アイデンティティの再構成へつながっていく可能性を含んでいる。さらには，自らの主体的なはたらきかけが，社会・文化的制約そのものを変えていく，あるいは制約の替わりとなる「文化的代替物」（Pennycook, 1997）を提示していくことへと発展していく可能性も考えられる。これらは，いわば新たな価値観の創出，とも呼べる行為であると見なしてよいだろう。

（2）主体的選択能力を形づくるもの

　それでは，「主体的選択能力」を形づくるもの（図11-2参照）について，もう少し詳しく見ていきたい。まず，その態度的な側面としては，学びを自らの意志で開始し，維持していこうとする動機づけの要素が挙げられる。このような態度を支える要素としては，「理想自己」（Higgins, 1987）と「自己効力感」

(Bandura, 1997) がとくに大切であるといわれている。前者は（特定の領域にお
ける）自らが理想とする目標像の確立のことであり，後者は（特定の活動で）
「やればできる」という自己感覚を持つことになる。ともに動機づけへの貢献
が高いことが，実証的に示されている要素である（たとえば，Ueki & Takeuchi,
2017）。

　続いて，適応能力や批判的思考というような，態度的側面と密接に関係する
要素が重要となる。ここでいう適応能力とは，「相手のやり方に合わせて自ら
を柔軟に変えていく能力」ではなく，「異なるものを拒絶せず，敬意をもって
認め，共存させ，そこから新しい価値観を生み出そうとする態度」（竹内，
2014）として考えた方が良いであろう。また，批判的思考とは，「相手の立場
と同調しないこと」や「あら探し的思考」ではなく，他者の立場も含めたさま
ざまな選択肢の中で物事を見つめ，感情を排し証拠に基づいて事象を判断・選
択する姿勢のことをさす。いわゆる "critical thinking" と呼ばれるものである。
背後に持つ歴史や文化により，事象の見え方が異なることの多い異文化接触の
状況下においては，上述したような適応能力や批判的思考は，主体的選択能力
の中でもとくに重要な構成要素といえよう。

　さらに，主体的選択能力について論じる際には，行動的な側面も取り扱う必
要があるため，メタ認知（三宮，2008）の要素を考えないわけにはいかない。
目標や理想自己をしっかりと持ち，これを実現するための段取りを構築し，ふ
さわしい行動を選び取って実行する。そして，その行動が正しかったかを判断
して改善に活かしていく。つまりメタ認知とは，「PDCA サイクル」と呼ばれ
るものを実現するための能力に相当すると考えられる。またこの能力は，技能
と知識から構成されており，トレーニングにより向上するともいわれている
（竹内，2008）。

　メタ認知と関連して重要となるのが，計画を具現化していくための手段，つ
まり認知方略と呼ばれる意識的な学習行動である。この認知方略に関して一定
のレパートリーを持つことと，それらの使用条件に関する知識を持つことは，
よりよい行動選択のために重要になる（竹内，2008）。また認知方略は，メタ認

知の枠組みがあってはじめてその効力を発揮できるものと指摘されており（Takeuchi, 2019），両者は不可分な存在といえる。

　メタ認知と認知方略の使用を支えるのは，多種多様な知識群である。異文化接触の状況下においては，さまざまな文化（自文化も含む）の歴史，宗教，地理，経済などに関するベーシックな知識を有していないことには，計画から行動，さらには振り返りに至るまでのすべての段階おいて，適切な判断が行えない危険性が高い（竹内，2016）。またグローバル化社会における共通の原理・原則とは何か，ということも把握する必要がある（たとえば，渥美，2013；本名他，2012；山岸・ブリントン，2010を参照）。適切な判断と行動（＝技能面）を行っていくためには，こういった知識的な側面を身に付けることも必要なのである。

　上述した要素のほかに，コミュニケーション力も，主体的選択能力の構成要素として重要になる。個人の主体的な学びを，協働などを通して社会と関わらせるためには，コミュニケーション（対話）を円滑に行い，自分の考えを明瞭に他者に伝え，相手の考え方も受けとめていかねばならない。このためには，コミュニケーション力（つまり，表現力や傾聴力）という要素を欠いてはならない。ここで注意すべきは，「コミュニケーション力≠英語力」という図式である。むしろ言語技術のような，特定の言語と紐付けされていないコミュニケーション力を念頭に，学校教育におけるすべての教科を通して，総合的に伸ばすべきものとしてこれを位置付ける必要がある。

　上記の説明より，主体的選択能力は，2020年度から順次実施されている小中の新学習指導要領において，その中核を占める学力の三要素（「知識・技能」・「思考力・判断力・表現力等」・「主体的に学習に取り組む態度」）と密接に関係している概念であることが分かる。つまり，三要素を能力として記述し，統合したものが主体的選択能力であり，さらには「生きる力」を支える重要な構成要素としてもとらえることができるのである。それでは，この「主体的選択能力」を，学校教育の場でどのように育んでいけばよいのであろうか。次節では，本章のまとめにかえて，グローバル化時代においてこの能力を育む際に重要なポ

イントを，主として学習環境の側面から論じ，これからの学校教育のあり方について考えていきたい。

4　主体的選択能力を育むには

（1）制約と対峙する機会の大切さ

　竹内（2014）によると，主体的選択能力を育むには，何らかの形で，学習者が社会・文化的制約と対峙する機会，つまりチャレンジをする機会を設けることが必要であるという。なぜなら，チャレンジをすることで生じる主体（学習者）と構造・制約（社会・文化）のせめぎ合いの中で，学習者は理想自己像をより鮮明に確立し，さらには自己効力感を高めて，学習動機を強化していくことが可能になるからである。また，この過程で試行錯誤を繰り返すことによって，メタ認知・認知方略の円滑な運用や，それを支えるさまざまな知識の獲得，そしてコミュニケーション能力の育成が促進され，それまではバラバラに存在していたさまざまな要素が主体的選択能力へと統合されていくことになる。

　グローバル化時代において，このようなチャレンジを与える機会の一つとして考えられるのが，異文化の実体験，つまり留学体験である。たとえば竹内（2016）は，大学生が約1年間のスタディ・アブロードの経験を通して，外国語の運用能力の改善はもちろんのこと，上述したような主体的選択能力の多くの要素において変化を体験していると報告している。言い換えれば，留学経験者たちは，異文化の制約と対峙することを通して主体的選択能力を伸ばし，自己を再編成するとともに，制約の側にも変化を引き起こす方法を学び取り，それを通して制約から自らを解放する力を手に入れていることになる。また，留学を通して，グローバル化社会の原理・原則に対しても体験的に理解を深め，そこにおける適切な行動とは何かという認識も獲得している可能性がある。もちろん，経済的な理由等で，すべての学習者が長期にわたる留学体験を得られるわけではないが，これに類似する異文化体験，たとえば模擬国連（そこでは，学習者たちが個々の国の代表に扮して，お互いの話し合いを通して，全体の利益を

最大限にするための試みがなされる）のような擬似体験（Yashima, 2009）や，国際ボランティアのような短期間の交流プロジェクト（たとえば，出口・八島，2009）を学校カリキュラムの中に取り入れることは，意義ある試みといえよう。

（2）足場の大切さ

しかし当然のことではあるが，制約と対峙するということには，学習者の側に大きなストレスを生み出す危険性がある。また，そのストレスに起因する挫折により，学習の過程自体が停止してしまうような場合も十分に考えられる。そこで必要となるのが，問題解決の際の緩衝材（buffer）となる「足場（かけ）」，つまり「学習活動への手助け」という考え方（Walqui & van Lier, 2010）である。足場には，他者の成功モデルを通した代理体験やシミュレーションによる仮想体験の提示，具体的なやり方の提供，さらにはコトバによる説明や承認行動，理解を助けるための補助情報の提供など，多種多様なものが含まれている。しかしいずれの種類の足場であっても，たんなる手助けの提供だけでおわってはならない。結果への振り返りを含む省察的な要素を学習者に求め，それを通して主体的選択能力の向上と，学びの達成を支援する形態のものがより効果的であることを，十分に認識しておく必要があろう。

また，ここでは「協働」という概念を，足場の一つとして導入することも可能となる。主体的選択能力については，個人の能力という側面だけではなく，エンゲストローム（Engeström, 1987 = 1999）の考え方のように，社会で協働が生み出す集団的な力としてこれをとらえるアプローチもある。この考え方に立つと，協働的要素は，主体的選択能力の育成と向上に必須なものと位置付けられることになる。つまり，学びとは，協働への参加によって支えられ，協働から生じていくと考えることが可能なのである。

なお，グローバル化への対応を念頭にして，協働を伴う探究活動（プロジェクト）を行う際には，異なる文化の構成員である学習者を組み合わせ，議論を引き起こすような環境を作り出すことが理想的である。しかし，日本の学校現場でこのような状況を作り出すことは，現実的には難しい場合も多い。そこで，

さまざまな工夫が考案されている。たとえば，グループごとに異なる条件下で行動するよう学習者に制約を加えることで異文化協働体験をシミュレーションさせたり，拡張現実（AR）や仮想現実（VR）の技術を利用して異文化交流環境を作り出し，異文化での協働作業を体験させたりすることなどがその例として挙げられる。また，従来型の ICT を駆使して，同期（テレビ会議やチャットシステム）・非同期（電子メール）で異文化コミュニケーション環境を作り出し，そこで協働させるというような可能性も考えられる。このような工夫や技術の導入は，外国語運用能力の向上という視点ではこれまでも行われてきているが（Li, 2015などを参照），今後より一層求められるのは，主体的選択能力の向上という視点からの取り組みであろう。

（3）総合的な人間教育として扱うことの大切さ

　ここまで述べてきたように，グローバル化社会においては，主体性を持って自らが置かれている状況を分析し，そこにある制約を認識し，これを乗り越え，結果として目的を達成していく能力，つまり主体的選択能力が重要となる。この能力を構成する各種の要素は，決して生得的に備わっているものではなく，制約とのせめぎ合いの中で，さまざまな足場の助けを受けながら，長い年月をかけて習得していかねばならない。また，この能力を使いながらの学びは，その過程で自己が再構築されるだけではなく，向かい合っている制約・構造そのものに対しても変化をもたらす可能性がある。こう考えると，主体的選択能力の育成は，「壮大な試み」（endeavor）であるといえよう。しかし，グローバル化というコトバが人口に膾炙するようになって以来，学校教育においては，このような壮大な試みの責任が，外国語（英語）科という一つの教科に押しつけられ，英語が話せるという能力に矮小化されてきた感が強くある。社会全体がグローバル化している今，もはやこのような考え方は通用しない。総合的な人間教育の一環として，グローバル化時代における学びを，すべての教科で（さらには学校や社会全体で）引き取らなければ，子どもたちの未来はおぼつかないであろう。

＊本章は竹内（2014）に加筆・増補したものである。

 さらに学びたい人のための図書

コーエン，タイラー／田中秀臣監修，浜野志保訳（2011）『創造的破壊──グローバル文化経済学とコンテンツ産業』作品社。

▶グローバル化社会の到来に伴い，我々の社会，文化，行動がどのように変化し，それが経済にどのような影響を与えているかを論じている。

エンゲストローム，ユーリア／山住勝広他訳（1999）『拡張による学習──活動理論からのアプローチ』新曜社。

▶社会・文化的な制約との対峙の中で，人は集団として主体的選択能力をどのように育み，行使するようになり，制約自体にも変化をもたらしていくのかを解説している。

三森ゆりか（2006）『外国語で発想するための日本語レッスン』白水社。

▶論理的に，そして明瞭かつ的確にコトバを使うための技術である言語技術について，分かりやすく具体例をあげて紹介している。

引用・参考文献

朝日新聞（2013）「米中外交は日本語で」『朝日新聞』2013年7月4日朝刊。

渥美育子（2013）『「世界で戦える」人材の条件』PHPビジネス新書。

Ueki, M. & Takeuchi, O. (2017) "The impact of studying abroad experience on the affective changes related to L2 motivation: A qualitative study of the processes of change", In M. T. Apple, D. Da Silva, & T. Fellner eds., *L2 selves and motivations in Asian contexts*, Multilingual Matters.

エンゲストローム，ユーリア／山住勝広他訳（1999）『拡張による学習──活動理論からのアプローチ』新曜社（Engeström, Y. (1987) *Learning by expanding: An activity theoretical approach to developmental research*, Orienta-Konsultit）。

コーエン，タイラー／田中秀臣監修，浜野志保訳（2011）『創造的破壊──グローバル文化経済学とコンテンツ産業』作品社。

三宮真智子（2008）『メタ認知──学習力を支える高次認知機能』北大路書房。

三森ゆりか（2006）『外国語で発想するための日本語レッスン』白水社。

竹内理（2008）「メタ認知と英語学習」小寺茂明・吉田晴世編著『スペシャリストによる

英語教育の理論と応用』松柏社，79-92頁。

竹内理（2014）「グローバル人材とは何か――主体的選択能力の育成に向けて」『兵庫教育』8 月号，4-7。

竹内理（2016）「グローバル化する社会への対応（第25回）：海外で学ぶということ――SA プログラムの実践を通じて」『兵庫教育』9 月号，31-33。

Takeuchi, O.（2019）"Language learning strategies: Insights from the past and directions for the future", In X. Gao ed., *Second handbook of English language teaching*, Springer.

出口朋美・八島智子（2009）「国際ボランティア・プロジェクトにおける異文化間相互作用の分析――相互理解をめざした対話のプロセス」『多文化関係学』6 号，37-51。

Bandura, A.（1997）*Self-efficacy: The exercise of control*, W. H. Freeman.

Higgins, E. T.（1987）"Self-discrepancy: A theory relating self and affect", *Psychological Review*, 94, 319-340.

Pennycook, A.（1997）"Cultural alternatives and autonomy", In P. Benson & P. Voller eds., *Autonomy and independence in language learning*, Longman.

本名信行・竹下裕子・三宅ひろ子・間瀬幸夫 編著（2012）『企業・大学はグローバル人材をどう育てるか――国際コミュニケーションマネジメントのすすめ』アスク出版。

Yashima, T.（2009）"The impact of participation in international work projects on L2 learning motivation, WTC and international posture: Development of the possible L2 self", The AAAL 2009 Conference, Denver, Col., March 21.

Yashima, T.（2013）"Agency in second language acquisition: Significance of agency in SLA: An overview", In C. A. Chapelle ed., *The encyclopedia of applied linguistics*, Blackwell.

山岸俊男・ブリントン，メアリー・C.（2010）『リスクに背を向ける日本人』講談社。

Walqui, A. & van Lier, L.（2010）*Scaffolding: The academic success of adolescent English language learners*, WestEd.

Li, H.（2015）"A meta-synthesis of empirical research on the effectiveness of computer-mediated communication（CMC）in SLA", *Language Learning & Technology*, 19, 85-117.

第12章

ナショナルカリキュラムと人間教育

合田哲雄

1　人間教育と学習指導要領改訂

（1）教育課程行政の検証と2008年の学習指導要領改訂

　小・中・高等学校等の教育課程の基準である学習指導要領は，おおむね10年に一度改訂されてきた。現在，60歳代の方々が過去に受けた教育課程の基準である1958年の学習指導要領は，各教科の持つ系統性を重視し基礎学力の充実を図った。同じく50歳代の方々の学習指導要領は1968年に改訂された。この改訂により，我が国の教育課程は，高度経済成長を背景に，教育内容も授業時数も量的にピークを迎えた。

　しかし，「新幹線教育」といった批判を受け，現在40歳代の方々が受けた1977年改訂では，各教科の基礎的・基本的な事項を確実に身に付けられるように教育内容を精選するなど「ゆとりと教育」をめざした。その後，30歳代の1989年改訂，20歳代の1998年改訂が社会と子どもたちの変化を踏まえ重ねられてきた。1977年改訂以降，教育内容を精選・厳選することにより，考えさせたり，体験させたりする「ゆとり」を生み出し，子どもたちの思考力・判断力・表現力を育もうというのが学習指導要領改訂の基本的な方向性だったと言えよう。

　2000年にスタートし，知識社会に求められるキー・コンピテンシーを測定することを目的とする経済協力開発機構（OECD）の PISA 調査において，我が国の15歳の子どもたちの学力は2003年，2006年と有意に低下したことが明らか

になった。内閣府が毎年行っている「社会意識に関する世論調査」の中に，「現在の日本の状況について，悪い方向に向かっていると思うのは，どのような分野か」という問い（複数回答，上位6項目）がある。2007年1月に行われた同調査では，「教育」を挙げた方の割合が36.1％と最も多く，しかもこれは前年の23.8％から実に12.3％も急上昇した結果だった。このように2004年から2007年にかけて，学力低下論争やPISAショックにより学習指導要領や教育課程行政に対する不信が頂点に達していたことは記憶に新しい。

　そのため2008年の学習指導要領改訂に関する中央教育審議会の議論において，これまでの学習指導要領や教育課程行政の検証を行い，とくに1998年改訂について，以下5点にわたる課題があったことを明確にした（中央教育審議会，2008）。

① 「生きる力」の必要性や意味について，文部科学省（文部省）による趣旨の周知・徹底が十分ではなく，関係者間で共通理解がなされていない。

② 「教え込みはいけない」，「教師は指導者ではなく支援者である」といった考え方のもと，学校における指導において，子どもの自主性を尊重するあまり，教師が指導を躊躇する状況がある。

③ 1998年の学習指導要領改訂において総合的な学習の時間を創設したが，そのための各教科の教育内容の厳選を教科の体系性や系統性を損なう無理のある形で行ったこともあり，総合的な学習の時間と各教科との適切な役割分担と連携が十分に図られていない。

④ 教科において，基礎的・基本的な知識・技能の習得とともに観察・実験やレポートの作成，論述といった知識・技能を活用する学習活動を行うことが求められているにもかかわらず，教科の授業時数は十分ではない。

⑤ 家庭や地域の教育力が低下したことを踏まえた対応が十分ではない。

　2008年の小・中学校学習指導要領改訂は，このような検証を踏まえるとともに，「基礎的な知識及び技能」，「これらを活用して課題を解決するために必要な思考力，判断力，表現力その他の能力」，「主体的に学習に取り組む態度」という学力の三つの要素を明確に規定した学校教育法第30条第2項（2007年の学

校教育法改正において新たに規定）に則り，「ゆとり」か「詰め込み」か，習得か探究かといった二元論を乗り越えようとした。その結果，2008年改訂は高校の指導内容になっていた「二次方程式の解の公式」や「遺伝の規則性」などを中学校に戻し，教科の内容の体系性や系統性を回復するとともに，各教科等で「言語活動」に取り組み，発達の段階に応じて思考力等を一歩一歩着実に育成する具体的な手立てを確立するとの大きな方向性のもとに行われた。

　この2008年改訂に関する中央教育審議会の審議は，梶田叡一教育課程部会長（当時）によりリードされて進められた。そのことは，たとえば「個人は他者や社会などとのかかわりの中で生きるものであるが，一人一人の個人には興味や関心，持ち味に違いがある。さらに変化の激しい社会の中では，困難に直面することも少なくないことや高齢化社会での長い生涯を見通した時，他者や社会の中で切磋琢磨しつつも，他方で，読書などを通して自己と対話しながら，自分自身を深めることも大切である」（中央教育審議会，2008）といった答申における記述にも表れている。2008年の学習指導要領改訂は，教育課程行政や学習指導要領に対する社会的な信用が著しく低下する中で，これまでの経緯にとらわれることなく，「我々の世界」における「現実」適応と「我の世界」における「価値」実現の双方を育てるという我が国の教育の原点に立ち返り，そのよさを改めて認識し共有することを志向しており，その中で「有能な駒」ではなく，自分自身の身に付いた有能さを自分自身の判断で使いこなす主体としての力，「駒の指し手」としての力を育むことの重要性が強く認識された。

（2）2017年改訂の背景——AI時代に求められる資質・能力

　2008年から2017年までの10年で，学校教育をめぐる社会構造は大きく変化し，未来社会を語る言葉も，人工知能（AI）の飛躍的進化，Society5.0，第四次産業革命などと様変わりした。とくに，2016年にGoogleのAI「Alpha GO」が囲碁の世界チャンピオンを負かし世界に大きな衝撃を与えた。「AIが進化して人間が活躍できる職業はなくなるのではないか」，「今学校で教えていることは時代が変化したら通用しなくなるのではないか」という不安を前に，150年に

わたる我が国の学校教育の妥当性が問われた。

　しかし，学習指導要領改訂への過程において，AI研究の第一人者である東京大学の松尾豊准教授や国立情報学研究所の新井紀子教授を交えた議論の中で出た結論は，「我が国の学校教育は浮足立つ必要はない」ということだった。確かに「ディープラーニング革命」と言われるように，AIが自ら概念を軸に情報を構造的にとらえ，思考できるようになったと言われている。目の前の子どもたちの未来社会における働き方は間違いなく変わってくることも事実であろう。ホワイトカラー，たとえば，公務員の仕事で言えば，過去の厖大な先例に照らして一人部屋にこもって文章を書くといった仕事はAIが代替する可能性が高いと指摘されている一方で，人間としての強みを生かす仕事，たとえば，子どもたちと向き合い，心に火を付けてやる気にさせたり，ケアしたりするといった教師の仕事はますます重要になる。加えて，傾聴と対話，協働を通じて，他人の頭の中にある知識やアイディアを活かしてでも，新しい解や「納得解」を生み出す仕事は行政の大事な役割として残るだろう。

　AIは与えられた目的の中で処理を行っている。他方，AIに与えるこの目的のよさ，正しさ，美しさを考えたり，複雑な状況の中で目的を組み換えたりといったことができることが人間の強みであり，目の前の子どもたちはAIが「解なし」と言ったときに本領を発揮しなければならない。しかし，そのために必要な力は，今の学校教育では到底身に付かないような超人的なものではない。松尾准教授や新井教授がAI時代に求められる資質・能力として挙げているのは，「教科書や新聞，新書などの内容を頭でベン図などを描きながら構造的に正確に読み取る力」，「歴史的事象を因果関係で捉える，比較・関連付けといった科学的に探究する方法を用いて考えるといった教科固有の見方・考え方を働かせて，教科の文脈上重要な概念を軸に知識を体系的に理解し，考え，表現する力」，「傾聴や対話，協働を通じ，新しい解や『納得解』を生み出そうとする態度」などであり，これらは，「書くことは考えること」という指導，「学び合い」「教え合い」の学校文化，教科教育研究や授業研究といった固有の財産を持つ我が国の学校教育が150年にわたって重視してきた力である。2017年

の小・中学校学習指導要領改訂は，2008年改訂を踏まえつつ，AIの飛躍的進化といった社会の構造的変化の中で，AI（「有能な駒」）と比較した人間（「駒の指し手」）としての強みとは何かを議論した。その結果，人間としての強みを発揮するための資質・能力とは我が国がこれまでの学校教育において大事にしてきた「駒の指し手」としての力そのものであることを再認識したのである。

（3）子どもたちの知識の理解の質を高めるための三つのポイント

　では，我が国の学校教育は，「駒の指し手」としての力をどのように育んできたのであろうか。たとえば，国語科では，語彙を確実に習得したり，それを表現に活かしたりして言葉を使いこなす力を学ぶ中で，相手を思いやりながらその言葉を理解したり，相手が理解できるようにコミュニケーションを図ったりしようという態度を育んできた。中学校理科の「化学変化と物質の質量」という単元では，たんに質量保存の法則を知識として理解すればいいというだけではない。実験などを通じ，化学変化における物質の変化やその量的な関係を見出して表現する力を育みたい。さらに，物質は化学変化によって見た目は変わるものの，その奥底には共通する構造や法則があり，それをしっかり押さえて科学的に考えるという態度を育成することが大事だという思いで指導がなされてきた。たとえば，理科の授業において，福島県から避難してきた子どもをばい菌などといじめることがいかに非科学的で許されないことかを，理科という教科の文脈の中で指導するという文化が我が国の理科教育にある。社会科では，「いい国つくろう鎌倉幕府」のように1192年という年号と歴史的事象を記憶させてきただけではなく，鎌倉幕府が開幕したことの中世における意味や他の武家政権との違いについて子どもたちに考えさせ，「中世」や「幕府」，「武家政権」といった概念を軸に知識を構造的に理解させている。

　このような我が国の学校教育のよさや蓄積を引き出し，共有する観点から，2017年改訂は次の3点を重視している。

　第一は，各教科の教育内容を維持しつつ，教科等を，①知識および技能，②思考力，判断力，表現力等，③学びに向かう力，人間性等，の三つの柱で再整

理したことである（小・中学校総則第1の3，各教科等の目標及び内容）。「何のために学ぶのか」という学習の意義を押さえることは，教科書等の教材の改善や，目の前の子どもたちに応じた授業の創意工夫といった改善をする上で最も大切であると言えよう。

　第二は，次のページの図 12-1 に示したように「主体的・対話的で深い学び」の観点から，これまでの教育実践の蓄積を踏まえて授業を見直し，改善することである（小・中学校総則第3の1(1)，各教科等の第3の「指導計画の作成と内容の取扱い」の1(1)）。これは，小・中学校においてこれまでと全く異なる指導方法を導入しなければならないと浮足立つのではなく，語彙を表現に活かす，社会的事象について資料に基づき考える，日常生活の文脈で数学を活用する，観察・実験を通じて科学的な根拠を持って思考するといったこれまでの教育実践の蓄積を若手の教師にもしっかりと引き継ぎつつ，授業を工夫・改善することを求めるものである。授業改善の視点としての「主体的・対話的で深い学び」は優れた教育実践の普遍的な要素であり，言わば当たり前のことであろう。しかし，教師の代替わりの中，この当たり前のことを確実に引き継ぎ，発展させることが我が国の教育界にとって大きな課題であり，2017年改訂はその対応を重視している。

　第三は，カリキュラム・マネジメントの確立である。教科等横断的な学習（小・中学校総則第2の2）や単元などの内容や時間のまとまりの中で習得・活用・探究のバランスを工夫する（小・中学校総則第3の1(1)）ためには，学校全体として，教育内容や時間の適切な配分，必要な人的・物的体制の確保，実施状況に基づく改善といったカリキュラム・マネジメントが不可欠であり，2017年改訂においてこの点を明記した（小・中学校総則第1の4，第5）。

2　深い学びの鍵は「見方・考え方」

　図 12-1 のとおり，2017年改訂において，学習指導要領上，「主体的・対話的で深い学び」の実現のための授業改善が明確に位置付けられた。これについて，

学習指導要領（平成29年3月31日公示）における「主体的・対話的で深い学び」に関する記述

新学習指導要領では、総則において「主体的・対話的で深い学び」の実現に向けた授業改善を図る観点から、これまでの授業改善についての工夫の積み重ねを生かしていくことが重要である旨を明示するとともに、各教科等の「指導計画の作成上の配慮事項」として、そのような授業改善を図ることを規定している。各教科等の指導に当たっては、新しい教育内容を導入しなければと浮足立つ必要はなく、これまでの蓄積を生かして子供たちに確実に知識を定着させ、さらにその理解の質を高めるための地道な授業改善が重要。

義務教育においては、さらにその理解の質を高めるための地道な授業改善が重要。

総則

小学校学習指導要領
第1章　総則
第3　教育課程の実施と学習評価
1　主体的・対話的で深い学びの実現に向けた授業改善

　各教科等の指導に当たっては、次の事項に配慮するものとする。

(1)第1の3の(1)から(3)までに示すことが偏りなく実現されるよう、単元や題材など内容や時間のまとまりを見通しながら、児童の主体的・対話的で深い学びの実現に向けた授業改善を行うこと。

　特に、各教科等において身に付けた知識及び技能を活用したり、思考力、判断力、表現力等や学びに向かう力、人間性等を発揮させたりして、学習の対象となる物事を捉え思考することにより、各教科等の特質に応じた物事を捉える視点や考え方（以下「見方・考え方」という。）が鍛えられていくことに留意し、児童が各教科等の特質に応じた見方・考え方を働かせながら、知識を相互に関連付けてより深く理解したり、情報を精査して考えを形成したり、問題を見いだして解決策を考えたり、思いや考えを基に創造したりすることに向かう過程を重視した学習の充実を図ること。

各教科等

小学校学習指導要領
第2章　各教科
第2節　社会
3　指導計画の作成と内容の取扱い

(1)単元など内容や時間のまとまりを見通して、その中で育む資質・能力の育成に向けて、児童の主体的・対話的で深い学びの実現を図るようにすること。その際、問題解決への見通しをもつこと、社会的事象の見方・考え方を働かせ、事象の特色や意味などを考え概念などに関する知識を獲得したり、学習の過程を振り返って考えることなどを通して、自らの学びを意味付けたり、学んだことを自分の生活や社会に活用しようとする態度を養ったりして、社会との関わり方を選択・判断したりする力、よりよい社会を考え主体的に問題解決しようとする態度を養うこと。

中学校学習指導要領
第2章　各教科
第4節　理科
3　指導計画の作成と内容の取扱い

(1)単元など内容や時間のまとまりを見通して、その中で育む資質・能力の育成に向けて、生徒の主体的・対話的で深い学びの実現を図るようにすること。その際、理科の学習過程の特質を踏まえ、理科の見方・考え方を働かせ、見通しをもって観察、実験を行うことなどの科学的に探究する学習活動の充実を図ること。

図12-1　「主体的・対話的で深い学び」の観点

（出所）文部科学省作成資料。

中央教育審議会は，とくに6点にわたって留意点を指摘している（中央教育審議会，2016）。

　第一は，初等中等教育の状況について，とくに，義務教育については多くの関係者による実践が重ねられてきている。しかし，質の保証を大学入試に依存してきた普通科高校の教育については，小・中学校に比べ知識伝達型の授業にとどまりがちであったり，高校教育に相応しい確かな学力が定着しなかったりしていると指摘されている。これは，後述するように，現在，高大接続システム改革が推進されている所以である。

　第二は，「主体的・対話的で深い学び」の実現のための授業改善が，「活動あって学びなし」と批判される授業に陥ったり，特定の教育方法にこだわるあまり指導の型をなぞるだけの授業になってしまったりすることへの危惧が指摘されてきた。この指摘を踏まえ，「主体的・対話的で深い学び」は授業改善の視点であることが明確に位置付けられた。

　第三は，「主体的・対話的で深い学び」の実現のための授業改善の主たる場面である。この場面は，総合的な学習の時間だけではなく，むしろ各教科における言語活動や探究活動，表現や鑑賞の活動などであると指摘されている。

　第四は，単元といった内容のまとまりの重視である。「主体的・対話的で深い学び」は1単位時間の授業の中ですべてが実現されるものではなく，単元や題材のまとまりの中で実現されていくことが指摘されている。

　第五は，「主体的・対話的で深い学び」の実現のための授業改善を行うに当たって，それぞれの教科等に固有の「見方・考え方」が重視されていることである。我が国の学校教育が大事にしてきたそれぞれの教科固有の「見方・考え方」とは，たとえば，社会的事象の歴史的な見方・考え方は歴史を因果関係でとらえたり，比較や相互作用で考えたりすることである。表12-1に示したように，この歴史的な見方・考え方に基づいて，「何を契機に，相互の関係はどのように変化したのか」といった問いについて自分なりに考え，探究することが深い学びにつながる。さらに，見方・考え方は，各教科等の学習の中で働くだけではなく，大人になって生活していくに当たっても重要な役割を果たして

表12-1　各教科等の特質に応じた見方・考え方・考え方のイメージ（中学校の例）

教科等	見方・考え方のイメージ
言葉による見方・考え方	自分の思いや考えを深めるため、対象と言葉、言葉と言葉の関係性を問い直して意味付けること。
社会的事象の地理的な見方・考え方	社会的事象を、位置や空間的な広がりに着目して捉え、人間の営みと関連付けること。
社会的事象の歴史的な見方・考え方	社会的事象を、時期、推移などに着目して捉え、類似や差異などを明確にしたり、事象同士を因果関係などで関連付けたりすること。
現代社会の見方・考え方	社会的事象を、政治、法、経済などに関わる多様な視点（概念や理論など）に着目して捉え、よりよい社会の構築に向けて、課題解決のための選択・判断に資する概念や理論などと関連付けること。
数学的な見方・考え方	事象を、数量や図形及びそれらの関係などに着目して捉え、論理的、統合的・発展的に考えること。
理科の見方・考え方	自然の事物・現象を、質的・量的な関係や時間的・空間的な関係などの科学的な視点で捉え、比較したり、関係付けたりするなどの科学的に探究する方法を用いて考えること。
音楽的な見方・考え方	音楽に対する感性を働かせ、音や音楽を、音楽を形づくっている要素とその働きの視点で捉え、自己のイメージや感情、生活や社会、伝統や文化などと関連付けること。
造形的な見方・考え方	感性や想像力を働かせ、対象や事象を、造形的な視点で捉え、自分としての意味や価値をつくりだすこと。
体育の見方・考え方	運動やスポーツを、その価値や特性に着目して、楽しさや喜びとともに体力の向上に果たす役割の視点から捉え、自己の適性等に応じた「する・みる・支える・知る」の多様な関わり方と関連付けること。
保健の見方・考え方	個人及び社会生活における課題や情報を、健康や安全に関する原則や概念に着目して捉え、疾病等のリスクの軽減や生活の質の向上、健康を支える環境づくりと関連付けること。
技術の見方・考え方	生活や社会における事象を、技術との関わりの視点で捉え、社会からの要求、安全性、環境負荷や経済性等に着目して技術を最適化すること。
生活の営みに係る見方・考え方	家族や家庭、衣食住、消費や環境などに係る生活事象を、協力・協働、健康・快適・安全、生活文化の継承・創造、持続可能な社会の構築等の視点で捉え、よりよい生活を営むために工夫すること。
外国語によるコミュニケーションにおける見方・考え方	外国語で表現し伝え合うため、外国語やその背景にある文化を、社会や世界、他者との関わりに着目して捉え、目的・場面・状況等に応じて、情報や自分の考えなどを形成、整理、再構築すること。
道徳科における見方・考え方	様々な事象を道徳的諸価値をもとに自己との関わりで広い視野から多面的・多角的に捉え、自己の人間としての生き方について考えること。
探究的な見方・考え方	各教科等における見方・考え方を総合的に活用して、広範な事象を多様な角度から俯瞰して捉え、実社会や実生活の文脈や自己の生き方と問い続けること。
集団や社会の形成者としての見方・考え方	各教科等における見方・考え方を総合的に活用して、集団や社会における問題を捉え、よりよい人間関係の形成、実社会や実生活における集団や自己の構築や自己の実現及び自己の参画や社会への参画への実現と関連付けること。

（出所）中教審資料。平成28年8月26日審議のまとめ「別紙1」（抄）。

いる。2017年改訂においては，学校の学びと社会を架橋しているこの「見方・考え方」が各教科等における深い学びの鍵として位置付けられた。

　第六は，「主体的・対話的で深い学び」の具体的なあり方は発達の段階や子どもの学習課題等に応じてさまざまであることから，基礎的・基本的な知識・技能の習得に課題が見られる場合には確実な習得を図ることが求められることである。アクティブ・ラーニングの視点による授業改善は，授業方法の型の改善自体が目的ではなく，一人一人の子どもたちがアクティブ・ラーナー（「駒の指し手」）となるための変容を遂げることが目的である。そのために必要な体系的な知識の習得が「アクティブ」ではないとの理由で忌避されることがあってはならないのである。

　このように，2017年改訂において「主体的・対話的で深い学び」の実現のための授業改善を学習指導要領の総則に規定したのは，プレゼンテーションやディベートといった授業の「型」を変えること自体を目的としたものではない。単元という内容のまとまりの中で毎回の授業を目の前の子どもたちの状況に応じてどう組み立てるかについての我が国の教科教育の大きな蓄積を共有し，引き継ぎ，発展させることを重視したものにほかならない。科学的に考えたり歴史を因果関係でとらえたりといった教科固有の見方・考え方を重視し，それを可視化したことも2017年改訂の特徴である。

3　2017年改訂の具体的な改善と構造

（1）2017年改訂における具体的な改善

　以下では，2017年改訂における具体的な教育内容の改善について，7点にわたって整理したい。なお，道徳教育については，新しい学習指導要領の全面実施に先立って，小学校は2018年度から，中学校は2019年度から「特別の教科」となり，道徳的諸価値を自分事として理解し，多面的・多角的に深く考えたり，議論したりする道徳教育への質的転換を図ることとしている。

　第一は，国語教育を中心とした言語能力の確実な育成である。中央教育審議

会（2016）でも指摘されているように，情報環境や家庭環境の変化の中で子どもたちの語彙の質と量の違いの差が生じているのではないか，教科書の文章を読み解けていない子どもも少なくないのではないかといった指摘は深刻に受け止める必要がある。国語科においては，小学校低学年から，発達の段階に応じた語彙の確実な習得，意見と根拠，具体と抽象を押さえて考えるなど情報を正確に理解し適切に表現する力の育成を国語科の「知識・技能」として確実に習得させるとともに，学習の基盤としての各教科等における言語活動の充実を図ることとしている（小・中学校総則第3の1⑵，国語，各教科等）。

　第二は，理数教育の充実である。2008年改訂では2〜3割程度授業時数を増加し充実させた算数・数学科，理科の内容を今回も維持した上で，日常生活等から問題を見出す学習（算数・数学科）や見通しを持った観察・実験（理科）などの充実により，さらに学習の質を向上させることとしている。とくに，必要なデータを収集・分析し，その傾向を踏まえて課題を解決するための統計教育（算数・数学科）や自然災害に関する内容（理科）の充実を図っている。

　第三は，我が国の伝統や文化に関する教育の充実である。古典など我が国の言語文化（国語科），県内の主な文化財や年中行事の理解（小学校社会科），我が国や郷土の音楽，和楽器（音楽科），武道（中学校保健体育科），和食や和服（小学校家庭科，中学校技術・家庭科）などの内容の充実を行っている。

　第四は，外国語教育の充実である。英語教育については，小・中・高校一貫した学びを重視し，各段階において「聞くこと」，「読むこと」，「話すこと（やり取り）」，「話すこと（発表）」，「書くこと」ごとに設定した目標を規定した（小・中学校外国語科「第2　各言語の目標及び内容等」の「1　目標」）。中学年で外国語活動（35単位時間），高学年で外国語科（70単位時間）を導入する小学校については，文部科学省として新教材の整備，研修の充実，専科教員の配置や外部人材の活用などの条件整備を確実に行うこととしている。なお，英語教育の充実にあたっては，国語教育との連携を図り日本語の特徴やよさに気づく指導も充実し，国語に関する資質・能力の伸長も重視している。

　第五は，体験活動の重視である。言葉や概念を媒介とした教授・学習だけで

はなく，自然との触れ合いや各種の社会的活動への参画などの実体験を通した学びが重要であることは論を俟たない。2017年改訂においては，生命の有限性や自然の大切さ，挑戦や他者との協働の重要性を実感するという体験活動の意義を総則において明確に規定し，各学校における積極的な取り組みを促している（小・中学校総則第3の1(5)）。

　第六は，各教科等における情報活用力の育成である。体験活動を通して生命の有限性や他者との協働の重要性の認識を深めるとともに，道徳科等で情報モラルについての指導を充実することと相俟って，コンピュータ等を活用した学習活動の充実（小・中学校総則第3の1(3)，各教科等），小学校段階におけるコンピュータでの文字入力等の習得や「プログラミング的思考」の育成（小学校総則第3の1(3)，各教科等）を図ることとしている。とくに，「プログラミング的思考」の育成については，小学校において総合的な学習の時間，算数科（正多角形の作図等）や理科（電気の性質や働き等）といった各教科等で取り組み，中学校では技術・家庭科のプログラミングに関する学習を充実させている。なお，この小学校段階におけるプログラミング教育は，プログラミング言語を習得するものではなく，AIやコンピュータに対して人間の意思を伝えるのがプログラミングであるという構造を知ったり，アルゴリズムにつながる知的な段取り力を身に付けたりといった「プログラミング的思考」を学ぶものである。

　第七は，現代的な諸課題に対応するために求められる資質・能力を教科等横断的な視点で育成することの重視である。たとえば，主権者として求められる資質・能力の育成については，発達の段階を踏まえた一貫した指導を行う必要がある。そのために，市区町村による公共施設の整備や租税の役割の理解，国民としての政治への関わり方について自分の考えをまとめる（小学校社会科），民主政治の推進と公正な世論の形成や国民の政治参加との関連についての考察（中学校社会科），主体的な学級活動，児童会・生徒会活動（特別活動）などを規定し，教科等横断的な学習を充実することとしている。

　社会の構造的変化への対応という観点からは，中学校社会科において，たとえば，少子高齢社会における社会保障の意義，仕事と生活の調和と労働保護立

法，情報化や人工知能の急速な進化などによる産業等の構造的な変化，起業やそれを支える金融などの働き，国連における持続可能な開発のための取り組み（SDGs）などを新たに規定し，これらに関する指導の充実を図っている。また，2022年4月1日に施行される民法改正により成人年齢が18歳に引き下げられる中，消費者教育の充実の観点から，売買契約の基礎（小学校家庭科），計画的な金銭管理や消費者被害への対応，クレジットなど三者間契約（中学校技術・家庭科）に関する指導も強化している。

（2）初等中等教育の一貫した学びの確立

　このような教育内容の充実は，学校や学年ごとの教科等横断的な学習があってこそその成果が上がるものであることはもちろんであるが，同時に初等中等教育の一貫した学びの確立も重要であることも論を俟たない。2017年改訂においては，前述の小学校入学当初における生活科を中心とした「スタートカリキュラム」の充実のほか，幼小，小中，中高といった学校段階間の円滑な接続について総則に規定している。たとえば，小中接続については，小学校教育までの学習の成果が中学校教育に円滑に接続され，義務教育段階の終わりまでに育成することをめざす資質・能力を子どもが確実に身に付けるための工夫を重視している（中学校総則第2の4(1)）。

（3）子どもたちの発達への支援

　2017年改訂においては，個々の子どもたちの発達への支援を充実させる観点から，学級経営や生徒指導，キャリア教育について小・中学校を通じて総則に明記した（小・中学校総則第4の1(1)～(3)），特別活動）。また，コンピュータや情報通信ネットワークなどを活用した個別学習やグループ学習，繰り返し学習，学習内容の習熟の程度に応じた指導，補充的な学習や発展的な学習に取り組み，学習内容の確実な定着を図ることを重視している（小・中学校総則第4の1(4)）。

　そして，個々の子どもたちの状況に応じた観点から，特別支援学級や通級による指導における対象となる児童生徒の個別の指導計画等の作成，各教科等に

おける学習上の困難に応じた指導の工夫（小・中学校総則第4の2(1)，各教科等），日本語の習得に困難のある児童生徒や不登校の児童生徒への教育課程（小・中学校総則第4の2(2)(3)），夜間その他の特別の時間に授業を行う課程（中学校総則第4の2(4)）についてそれぞれ規定している。これは小・中学校において個々の子どもたちの状況に応じてどのような支援が必要なのかを学習指導要領上，体系的に規定したものである。

4　教育条件の整備と社会に開かれた教育課程の実現

（1）教育の質向上のための教育条件整備の重要性

　前述のPISA調査は，2009年調査から我が国の15歳の子どもたちの学力は回復に転じ，2012年調査，2015年調査と世界トップ水準の状況が続いている。このように，2018年現在24〜25歳の若者が受けたPISA2009から日本の学力が回復したので，1998年の学習指導要領改訂の示した教育内容の厳選という方向性は妥当だったのではないかとの指摘もあるが，1998年改訂に構造的な課題があったことは中央教育審議会の答申のとおりである（中央教育審議会，2008）。PISA2003で日本の子どもたちの学力低下傾向が明らかになった2004年末から，学校や保護者の意識が学力の確実な定着へと大きく変わった。PISA2009を受けた若者たちは，この転換期に小学校3年生であり，この段階からの教師の指導や保護者の支援，本人たちの努力の結果がPISA2009の回復に現れたと考えるべきだろう。

　このように，我が国の15歳の子どもたちの学力の質は先進国の中ではトップ水準にあるが，個々の学校や子どもたちは，PISA調査では読み取れないさまざまな困難さに直面しているのも事実である。また，2017年4月に公表した教員勤務実態調査（速報値）においても，週に60時間勤務を超える教諭の割合は小学校で約34％，中学校で約58％といった厳しい状況となっている。未来社会を切り拓く資質・能力を育むための蓄積はすでに我が国の初等中等教育にあることは間違いないが，学習指導要領を官報に公示するだけでこれまでの蓄積を

活かした子どもたちの知識の理解の質を高める学びが実現するわけではない。新しい学習指導要領の円滑な実施と学校における働き方改革を両立させるための次に示す６点にわたる条件整備や情報発信の一体的な推進が不可欠である。

（2）条件整備や情報発信の一体的推進

　第一は，計画的な教職員定数の改善などの条件整備や業務改善である。とくに，教職員定数の改善については，2017年度予算に義務標準法（公立義務教育諸学校の学級編制及び教職員定数の標準に関する法律）改正による一部の加配定員の基礎定数化を盛り込んだ。これは第７次定数改善計画を策定した2001（平成13）年以来，実に16年ぶりの計画的な教職員定数の充実である。その結果，障害に応じた特別の指導（通級による指導），日本語能力に課題のある児童生徒への指導，初任者研修等のための基礎定数を新設することにより，教育委員会や学校が長期的な見通しを持って教員配置や環境整備を行うことができるようになった。2019年度予算においては，外国語教育の充実により授業時数が増加する小学校中・高学年について，授業時数が増加しても勤務時間増とならないよう，英語についての専門性を持つ専科教員を1000人確保するなど1456人の教員定数の改善を盛り込み，この専科教員の確保は2020年度までの３か年にわたって取り組むこととしている。同時に，学校の業務を，①本当に学校が担うべき業務か，②学校が担う業務であっても専門職としての教師が担うべき業務か，③教師が担うべき業務であってもサポートスタッフや専門スタッフとの連携により効率化できるのではないか，という三つの観点から見直す必要がある。2019年度予算にも，スクールサポートスタッフ（3600人）や部活動指導員（9000人）を配置するための経費を計上した。これらの予算は，これまでの経緯や教科や校務の縦割りの構造にとらわれることなく，教師の業務を確実に軽減し，我が国の学校教育のよさや大きな蓄積に真正面から向き合う時間を確保することにより教育の質の向上を図るためにこそ投入することとしている。

　第二は，教員への支援策である。具体的には，優れた教育実践の教材，指導案などを教職員支援機構に集約・共有化し，各種研修や授業研究，授業準備で

活用できるように提供するといった支援や，文部科学省としての積極的な情報発信である。2017年改訂の趣旨や背景，具体的な内容，優れた教育実践の具体的な素材を YouTube なども活用して学校や教師に対して直接発信している。

　第三は，教科書や教材の改善・充実である。新任の教師であっても教科書を理解し，活用して教育活動を展開すれば，我が国の学校教育の大きな蓄積を引き継ぎ，その教科の本質や見方・考え方を働かせて考えることの意味を子どもたちと共有することができる。そのような教科書の改善は重要なポイントである。

　また，経済産業省，総務省と連携し「未来の学びコンソーシアム」を立ち上げ，プログラミング教育や学校 IT 化のためのソフトウェアやアプリケーション，システムなどを学校における必要性や教科等の文脈上の必然性を踏まえて企画・開発し，共有を図るためのプラットフォームを形成している。

　第四は，教師の資質・能力の向上のための施策の展開である。2016年に成立した教育公務員特例法等改正法を踏まえ，教師に求められる資質・能力の可視化や研修の体系化，教職員研修センターの「教職員支援機構」への転換による機能強化を図っている。

　第五は，「チームとしての学校」の実現である。これまでのように校長・教頭・教師だけで成り立っている学校にスクールカウンセラーなどの専門職も加え，学校全体の組織力を高めていくことが必要であり，2019年度予算にも関係経費を計上している。

　第六は，高大接続システム改革の推進である。我が国の15歳の子どもたちの学力の質は先進国の中ではトップ水準にある。しかし，この子どもたちは高校や大学へと進学する中でさらに伸びているだろうか。残念ながらボリュームゾーンの高校生の学校外の学習時間がこの20年で半分になっている。その理由は，商業検定やジュニアマイスターなど校長会が主体となって教育の質保証を行っている専門高校は別として，普通科高校の質の保証は大学入試に依存してきたからにほかならない。事実的知識を文脈に関係なく多肢選択式で問う大学入試に対応するためには，教科固有の見方・考え方を働かせて考え抜く学びよりも

知識再生型の反復学習を重視せざるを得ない。他方で，入学者選抜で学力を問わない大学の存在は高校生の学びのインセンティブの底を抜けさせている。2018年に改訂された高等学校学習指導要領を踏まえつつ，高大接続システム改革（「大学入学共通テスト」と「学びの基礎診断」の導入）が進められている所以である。

　新井紀子教授が開発している AI「東ロボくん」が最も得意なのは世界史の五肢択一式試験である。そのため，五肢択一式問題を解くための知識を習得するだけでは，AI に及ばない。だからといって，AI 時代において知識は不要なのではない。概念を軸に知識を体系的に理解して考え，自分なりに表現することが求められている。だからこそ「大学入学共通テスト」には，国語と数学で記述式問題を導入することとしている。そのモデル問題や試行問題では，国語において，駐車場使用契約書という抽象的なルールと個別具体の事例を示し，情報と情報の関係性を的確にとらえ，考えた上で，表現する力を試す記述式問題が出題されている。数学では，Tシャツの売上の最大化について二次関数を使って考えさせている。他方，「学びの基礎診断」は，千葉県立姉崎高校のきわめて意欲的な教育実践などを参考にしている。姉崎高校は，「コモンベーシック」という教材を軸に，義務教育の学び直しからスモールステップで学力を確実に定着させる学校へと転換した。大学入試に依存するのではなく，学びのインセンティブを創り出すことが「学びの基礎診断」の目的である。

　この高大接続システム改革と2017年改訂は，我が国の学校教育のよさを引き出し，共有し，発展させることが AI 時代における最高の学びにつながるという認識で一致している。義務教育，とくに小学校教育の「書くことは考えること」といった学びを高等学校，高等教育へとつなげるという「学びのリレー」こそが，AI 時代において「駒の指し手」となる資質・能力の育成に不可欠なものである。

（3）社会に開かれた教育課程
　2017年改訂において，学習指導要領に初めて置かれた前文の重要なポイント

の一つが，社会に開かれた教育課程である。

　学校外の関係者と連携し，そのリソースを活用しながら学校教育活動を充実する「開かれた学校」が展開されてきたことは我が国の学校教育の大きな財産である。それに加えて，「社会に開かれた教育課程」においては，持続可能な社会の創り手，まさに「駒の指し手」として求められる，学校で育むべき資質・能力とは何かを社会と共有することを重視している。本章の最後に，社会と認識を共有し，連携しながら，「駒の指し手」としての力を育むにあたって，学校や教師に求められることを3点にわたって整理してみたい。

（1）これからの学校や教師に求められること

　第一は，教師の教育課程に関する専門性を深めることである。とくに，担当する教科等が初等中等教育を通じてどのような配列・構造になっているか，それが目の前の子どもたちが未来社会を創造する上で必要な「駒の指し手」としての力にどう結びついているかについて理解することが求められている。このことは担当教科に閉じこもることを意味しない。担当教科が前後の学校種でどう扱われているか，他教科とどう関わっているかを知ることは専門性の重要な基盤であり，とくに中等教育を担う教師にとっては，教え方についての蓄積が豊富な小学校教育に学ぶべきことも多い。

　第二は，文部科学省を含む教育界全体として，社会の構造的変化への認識を深めることである。今，時代の歯車を回し社会を牽引しているのは，大企業や官庁の組織人よりも，20代でNPOを立ち上げたり，起業したりしている多くの若者である。このことに象徴されているように，社会的な価値創出の場では20年前，30年前には考えられないような地殻変動が起こっている。組織や肩書のみにとらわれるのではなく，教師自身の目で，どういう人がどんな力を持っていて，学校での学びを活かしてどんな価値を生み出しているのかを見極め，連携していくことが必要となっている。

　第三は，社会と学校の間のバッファーとしての教育委員会や管理職の機能である。我が国の学校教育の質は高い一方で，社会からの要求水準も高い。教師

が各教室で授業に全力投球できるようにするためには，社会からの要請を解き
ほぐしながら伝えたり，逆に自校の優れた実践を社会に発信したりするといっ
た教育委員会や管理職のバッファーとしての役割が大きい。教育長や校長は，
学校経営についてのビジョンを自分自身の言葉で地域や保護者，新たなパート
ナーに説明することが求められており，どんな角度からの指摘にも一貫して対
話できる構想力は，「駒の指し手」としての力を育むための社会に開かれた教
育課程の重要な基盤であると考えている。

 さらに学びたい人のための図書

梶田叡一（1986）『形成的評価のために』明治図書出版（2016年復刻版）。

▶教育の普遍的な価値や意味を形成的評価の観点から描き出し，刊行から30年以
上経ってもなお現代的な意義を失わない教育関係者の必読図書。

奈須正裕（2017）『「資質・能力」と学びのメカニズム』東洋館出版社。

▶2017年改訂の基本的な考え方や構造を分かりやすく提示。科学は非常識だから
こそ学ぶ意味や面白さがあるなど示唆に富む。

引用・参考文献

合田哲雄（2019）『学習指導要領の読み方・活かし方──学習指導要領を「使いこなす」
ための8章』教育開発研究所。

中央教育審議会（2008）「幼稚園，小学校，中学校，高等学校及び特別支援学校の学習指
導要領等の改善について（答申）」。

中央教育審議会（2016）「幼稚園，小学校，中学校，高等学校及び特別支援学校の学習指
導要領等の改善及び必要な方策等について（答申）」。

社会構造の変化の中の人間教育の原理

八木成和

1 「ヒト」としての不易流行

（1）寿命の延長

　内閣府の『高齢社会白書（令和元年版）』では，日本の平均寿命（0歳の平均余命のこと）は2016年現在で男性80.98年，女性87.14年であり，1950年の男性58.0年，女性61.5年に比較すると66年で男性22.98年，女性で25.64年増加したことになる。今後も平均寿命は上昇することが予測されている。

　また，日本の総人口が2018年10月1日現在，1億2644万人となり，65歳以上の人口が総人口に占める割合（高齢化率）は28.1％となったことが報告されている。1950年の高齢化率は4.9％であったが，その後，1970年には7.1％となり，1985年には10.3％と1割を超えた。そして，2005年には20.2％と2割に達し，現在に至っている。今後も高齢化率は上昇することが推測される。

　高齢化の要因として，大きく分けて「年齢調整死亡率の低下による65歳以上人口の増加」と「少子化の進行による若年人口の減少」（内閣府，2019，12-13頁）の2点が挙げられている。

　一つ目は，死亡率の低下であり，これは平均寿命の上昇にも関連する。ところで，死亡数を人口で除した死亡率を比較すると，各都道府県の年齢構成に差があるため，高齢者の多い都道府県では高くなり，若年者の多い都道府県では低くなる。年齢調整死亡率とは，「年齢構成の異なる地域間で死亡状況の比較ができるように年齢構成を調整しそろえた死亡率」（厚生労働省，2017）である。

二つ目は，少子化の進行である。合計特殊出生率は1975年に1.91となり2.00を下回り，大きな問題とされた。その後も下がり続け，2018年には1.42となっている。

　以上のように，平均寿命が伸び，高齢者が増え，子どもの数が減少している日本社会では人間の生き方自体が問題となる。男性女性共に平均して80年以上に寿命が延長された現在，大学まで学んだとしても生後22年程度までであり，その後60年程度は生き続けることになる。もちろん，社会人の学び直しの機会として大学の社会人入試の制度や大学院の修士課程を中心とした学修の機会はあるが，定員を超えることは少ないといえる。

　生涯学習の重要性はこれまでにも指摘されてきた（関口，2018）。堀（2018）は高齢者に好まれたプログラムを分析し，高齢者によく学ばれる学習内容の特徴として，自分史学習などの「過去・未来とのつながりの学習」，園芸などの「土による学習」，宗教や思想などの「超越への学習」の三つを挙げている。高齢者にとっては，将来に向けて生きていくうえで役立つ内容を学ぶことよりも「人生の有限性を超越させ，自分の人生に対する意味とつながりの感覚を芽生えさせてくれる学習」（堀，2018，194頁）の重要性を指摘している。

　これからの時代において子どもが主体的に学び続ける姿勢が身に付いていなければ生涯学習は難しいと推測される。他国に比べて急速に少子高齢化が進行している日本社会においてこそ，人間教育の意味を今一度検討する必要があるといえる。

（2）社会の変化における人間の不変性

　少子高齢化が進む中，日本に今後訪れる社会構造はどのようなものであろうか。内閣府では「Society 5.0」という観点から今後のめざすべき社会の姿を描いている。「Society 5.0」とは「サイバー空間（仮想空間）とフィジカル空間（現実空間）を高度に融合させたシステムにより，経済発展と社会的課題の解決を両立する，人間中心の社会（Society）」と定義されている。そして，「狩猟社会（Society 1.0），農耕社会（Society 2.0），工業社会（Society 3.0），情報社会

（Society 4.0）に続く，新たな社会を指すもので，第5期科学技術基本計画において我が国が目指すべき未来社会の姿として初めて提唱されました」と説明している。

　これまでの情報社会（Society 4.0）では，「知識や情報が共有されず，分野横断的な連携が不十分」であったということが問題点として挙げられ，今後Society 5.0の社会では，「IoT（Internet of Things）で全ての人とモノがつながり，様々な知識や情報が共有され，今までにない新たな価値を生み出すことで，これらの課題や困難を克服します。また，人工知能（AI）により，必要な情報が必要な時に提供されるようになり，ロボットや自動走行車などの技術で，少子高齢化，地方の過疎化，貧富の格差などの課題」の克服がめざされている。

　ここで重視されているのは，第一に，さまざまな知識や情報が共有されることにより，その結果として新たな価値が生み出されると考えられていることである。第二に，人工知能（AI）を中心とする技術の発展により現代の課題が克服されると考えられていることである。しかしながら，知識や情報が共有されることで新しい価値が生まれるのであろうか。また，技術の発展により現代社会の課題が克服されるのであろうか。

　新井（2018）は「シンギュラリティ」を「技術的特異点」とし，シンギュラリティは絶対こないと断言している。その根拠として，もともとコンピュータは compute であり，計算するものである。したがって，コンピュータをもとにした人工知能（AI）が数式で記述できないこと，計算できないことは扱えないことは当然であると述べている。

　どんな社会になろうとその社会自体を構成し，維持，発展させていくのは人間である。人工知能（AI）の進歩により人間が時間をかけていたことを一定の枠組みの中で短時間にできるようになることは予測されるが，人間でないとできないことも多く残っている。

　ところで，「ヒト」は人と関わることにより人となっていく。ポルトマン（Portmann, A.）は「生理的早産」という概念によりヒトは進化の過程で他の種に比べて1年間早く子どもを産むことで，ヒト特有の発達が可能となったと述

べている（津田，2011）。そして，ヒトとしての乳児が生得的に人の顔に対して特異的な知覚をすることに対して，マザリーズのような保護者による特異的なはたらきかけがなされることがこれまでにも指摘され，人と人との間の相互作用の重要性が指摘されてきた。このように「ヒト」は子どもと保護者との間の相互作用によりさまざまな能力を身に付けていくと同時に，社会の中で人として能力を高め，適応していくことになる。

　この過程の中で人間でないとできないことを身に付けている。その一つが意味を理解することである。人は保護者によるしつけや教師や子ども同士による学校教育による関わりの中で意味を理解し，新たな意味を見出していくのである。ここで述べる意味とは言葉の意味から自分自身における体験の意味付け，そして，自分自身の意味付けまで含んだものである。フランクル（1993）が述べた「意味への意志」であるともいえる。人は言葉により思考し，意味付けることができることをもとにした今後の教育のあり方を議論することが重要であろう。

2　「多様性」の中の人間教育

（1）「多様性」を受容する社会

　また，他者と相互に理解しあう場合にも同様である。現在，「多様性」と呼ばれている問題である。障害の有無や発達障害の特性・感覚の違いに基づく問題，LGBTの多様な性の問題，人種・宗教・文化等の差異の問題，経済格差による貧困の問題等である。教員養成を行う高等教育機関の教職課程では教職科目についてコアカリキュラムが作成されると共に，2019年度入学生から新たに特別支援教育に関する内容の学習が加わった。教職課程コアカリキュラムでは「特別の支援を必要とする幼児，児童及び生徒に対する理解」（文部科学省，2017，131頁）とされ，対象として発達障害や障害のある子どもだけではなく，母国語の違いや貧困の問題等により特別の教育的ニーズのある子どもも含まれている。教員養成の段階から多様性に対応できる教員の養成がめざされている

のである。

　学校教育現場では特別支援教育の導入により対応が急がれてきた。また，社会全体として障害については2013年6月に「障害を理由とする差別の解消の推進に関する法律」（いわゆる「障害者差別解消法」）が制定され，2016年4月1日から施行された。本法律の目的は，2015年2月24日の閣議決定において，すべての国民が，「障害の有無によって分け隔てられることなく，相互に人格と個性を尊重し合いながら共生する社会の実現に向け，障害を理由とする差別の解消を推進すること」（内閣府，2015）と明記されている。

　本法律の目的の中に記載されている「相互に人格と個性を尊重し合いながら共生する社会」の姿は，人間としての成長・成熟の末にあるべき社会像であると思われる。梶田（2015）が述べているように，社会の中に自分を位置付ける「我々の世界」と自己の主体的な世界である「我の世界」を共に生きることによって成立するものである。この生き方が，共生社会の実現に向けた実践になると共に，生涯にわたって継続されることが今後の日本の少子高齢化社会では求められる。第7章から第9章で議論された内容はこのような社会に向けた人間教育の一つの提案として示されたものである。第7章では，アクティブ・ラーニングという学び方から学ぶ力を育むことへというプロセスについて提案がなされた。第8章では，「主体性」とは何かという議論から主体性を育てる教育について議論がなされた。第9章では，西洋の思想から道徳的価値意識について説明がなされ，生命の根幹に位置付けたライフ・ベースド・カリキュラムの必要性が指摘された。

（2）「多様性」に向けた人間教育

　本書の第10章と第11章ではインクルーシブ教育とグローバル化時代という点から「多様性」を受容する教育について検討された。また，第12章ではこれからの社会を生き抜くための学校教育で何を身に付けさせるのかを学習指導要領というナショナルカリキュラムの観点から議論した。

　前述のような日本の人口構成の変化や社会構造の変化に伴い，「多様性」を

受容しながら「主体的・対話的に学び続ける」ことが求められる。

　本書は，社会がどのように変化しようと人間として求められるもの，そして，それを身に付けるための人間教育について，その原理を検討したものである。人間教育という言葉には，教育活動やカリキュラム，制度等といった教育の具体的なあり方に関する面が含まれている。本シリーズ第2巻以降では具体的な人間教育のあり方を示していくこととなる。

 さらに学びたい人のための図書

梶田叡一（2015）『〈いのち〉の教育のために』金子書房。

　▶人間教育を考えるうえで〈いのち〉の価値と意味について検討したものである。〈いのち〉についての考え方と具体的な授業構想例が示されており，理論と実践の両面から人間教育について学ぶことができる。

引用・参考文献

新井紀子（2018）『AI vs. 教科書が読めない子どもたち』東洋経済新報社。

梶田叡一（2015）『人間教育のために』金子書房。

厚生労働省（2017）「平成29年度　人口動態統計特殊報告：平成27年都道府県別年齢調整死亡率の概況——主な死因別にみた死亡の状況」[https://www.mhlw.go.jp/toukei/saikin/hw/jinkou/other/15sibou/dl/16.pdf]（2019年12月23日確認）。

関口礼子（2018）「今なぜ生涯学習がクローズアップされるのか」関口礼子・西岡正子・鈴木志元・堀薫夫・神部純一・柳田雅明『新しい時代の生涯学習［第3版］』有斐閣，1-17頁。

津田千鶴（2011）「胎児期・新生児期の発達の特徴」本郷一夫編著『シードブック　保育の心理学Ⅰ・Ⅱ』建帛社，20-29頁。

内閣府「Society 5.0」[https://www8.cao.go.jp/cstp/society5_0/index.html]。

内閣府（2015）「障害を理由とする差別の解消の推進に関する基本方針」[https://www8.cao.go.jp/shougai/suishin/sabekai/kihonhoushin/honbun.html]（2019年12月23日確認）。

内閣府（2019）『高齢社会白書　令和元年版』日経印刷。

フランクル，V.／山田邦男・松田美佳訳（1993）『それでも人生にイエスと言う』春秋社。

堀薫夫（2018）「人口の高齢化は学習をどう変えるか」関口礼子・西岡正子・鈴木志元・

堀薫夫・神部純一・柳田雅明『新しい時代の生涯学習［第3版］』有斐閣，181-196頁。

文部科学省（2017）「教職課程認定申請の手引き（教員の免許状授与の所要資格を得させ
　　るための大学の課程認定申請の手引き）（平成31年度開設用）」［https://www.mext.
　　go.jp/component/a_menu/education/detail/__icsFiles/afieldfile/2018/01/16/1399047.
　　pdf］（2019年12月23日確認）。

（対 談）　人間教育とは何か

話し手：梶田叡一
聞き手：浅田　匡

【浅田】　人間教育ということは，これまで欧米や日本の数多くの学者や教育者によって語られ，主張されてきました。今日は梶田先生が考えておられる人間教育ということのコアになる部分についてうかがいたいと思います。先生は少なくとも1989年の人間教育研究協議会の旗上げ以来，今日に至るまで，非常に長い年月にわたって人間教育ということを語ってこられたわけですが，その核心となる部分について，まずお話しいただき，その後で私自身がこの際うかがってみたいと考えている二，三の点について補足的に語っていただければと思います。よろしくお願いいたします。

〈自覚した主人公〉に向けての成長＝２種の自己統制力を身に付けること

【梶田】　人間教育とは，簡単に言えば，ヒトが人間になっていくための教育です。その一番大事な部分は，「自覚した主人公となる」ことであり，その土台として豊かな情操と教養を持つようになることです。つまりいかなる意味でも（有能な）「駒」として生きることなく，（駒の）「指し手」として生きるようになることであり，またその土台として，人間的な豊かさと深みのある自律的で開かれた内面世界を持つようになることです。

　ヒトとして生まれても，放っておかれたら人間になれません。人間らしい生活ができ，人間らしい一生が送れるためには，教育という営みが不可欠となります。

　ヒトは誰も，個体維持のために，また種族維持のために，各自の個体の中に

249

プログラムされた欲求や欲望のシステムを持っています。ところが，そういう欲求や欲望の充足だけをめざして，つまり生命力の発動するままに動いていると，お互いの欲求充足の行動が衝突しあい，「万人の万人に対する戦い」になってしまいます。互いに手を組み合って社会を創る，組織で生きる，といったことが困難になります。しかも，これがほしい，あれがやりたい，という思いに流されてしまったのでは，自分自身の主人公としてやっていくこともできないことになります。それが自分にとって本当に有効性を持つか，適切さを持つか，ということを判断しないまま，欲求や欲望の形をとった生命力に押し流されていくことになるわけです。

　このために，人間として成長していく中で，何よりもまず，どうやったら有効適切な言動になるのか，他の人との折り合いをつけながら互いの期待に応えた言動になるのか，という現実適応のための自己統制の仕方をまず覚えていかざるをえなくなるわけです。親のしつけもその一環であり，幼稚園・小学校・中学校・高校・大学という学校教育の中で行われている社会化のトレーニングもその線に沿ったものです。フロイト心理学の用語で言うと「自我機能」を強めるということです。これによって第1段階の自己統制力をつけていって初めて，いろいろな集団や組織の中で，大きく言えば社会の現実条件の中で，適応して有効適切にやっていけるようになるわけです。

　ところが，それだけでは人間としては不十分です。自分の欲求や欲望に振り回されないだけでなく，周囲の現実条件の完全な支配下に入ることからも抜け出さなくては，本当の意味で自分自身の主人公になることはできません。やはり人間は，現実的な諸条件に適応して生きるという以上のものでありうるわけです。もちろんそれ以上の段階になると，非常に強くそういう志向性を持つ人とそうでない人とが出てくるでしょうが，やはり教育が人間としてのあり方の理想像を求めているなら，現実適応以上の方向性を示さなければいけない。これは美しいとか，これは正しいとか，これは重要である，といった価値の志向性を優先させるということです。そういう価値を目指して，それを実現するために，場合によっては食べることを制限したり，やりたいことを断念したり，

ときには自分の命さえかけることがあるわけです。理想を持つとか，志を持つとか言われてきたことが，それです。これが「価値志向」で，第2段階の自己統制です。心理学の用語で言えば，「超自我機能」が働いてくるようになるということになります。

　こうした第1段階の「自我機能」と第2段階の「超自我機能」を少しずつ強化していくことが，生物として生まれたヒトが人間になっていく道と言っていいでしょう。別の言葉で言うとたんに生き物として生きるだけではなく，自分自身が自分自身の主人公として，自分の人生に責任を持って，満足いくように生きていく，という人間らしい生き方につながっていくわけです。

「我々の世界」を生きることと「我の世界」を生きることと

【梶田】 その第1段階と第2段階の自己統制を貫くものとして，もう一つ考えておきたいのが，「我々の世界」を生きるということと，「我の世界」を生きるということです。現実適応にしても，あるいは価値志向にしても，「我々の世界」的なものと，「我の世界」的なものがあるということになるのです。

　「我々の世界」というのは，世の中とか社会と言っていいでしょう。一人一人の個人は他の人と手を組み合って社会で生きているわけですし，個人の生存ということも，あるいは安全とか幸せということも，個人だけでは全うされないわけです。他の人たちとの関係の中で，それもいい関係が持続して，発展してという中でしか実現できません。「我々の世界」を生きるということは，そういうことです。そうするとたとえばTPOということにしても，この場で，この状況の中で，自分は今何をしたらよいか，現実適応の「現実」というものが，そういう対人的社会的状況の中で決まってくることになります。これをどういうふうに意識化して，どういうふうにそれに合うよう自分をコントロールするか，ということが「我々の世界」を生きる力，ということになります。これができないままでは，結局は集団生活，社会生活が不可能ということになるわけです。

しかしここで忘れてはならないのが，「我の世界」です。つまり集団とか社会ということを離れて，人は個体としての生命をもらって生きているわけです。つまり，個体としての人生を送っていく，という面を持っているわけです。寝床で眠りにつくときなど，まさにそうした個体としての世界にあるのではないでしょうか。自分の人生にしても，社会の中で生きていくという面は強いものの，その基本的意味付けは，自分自身の個人的なものと言っていいでしょう。すると現実適応にしても，価値志向にしても，「我の世界」的なものも忘れてはならないことになるのです。

　たとえば，正義だとか公平だとか公正だとかは，まさに「我々の世界」的な「価値」ですが，「我の世界」では，自分自身に対する受容性やプライド，自分自身への誠実さ，等々ということが大事にされなくてはならないでしょう。これらは，個体としての生命をもらい，個体としての人生を送っていく，ということから大切になってくる「価値」です。適応すべき「現実」としても，たとえば自分自身の身体や感性など，自分自身の個体に埋め込まれたものがあり，また，自分が大事にしている生活スタイルなどがあるでしょう。こうした「現実」にどううまく合わせていくかということが「我の世界」的な現実適応となるわけです。

　たとえば，好きなものを食べる，嫌いなものは食べない，ということもあるでしょうが，嫌いなものでも自分の身体にとって不可欠だから食べざるを得ないということもあるでしょう。感性ということでは，こういう種類の音楽は自分にピンとくるけど，こういう種類の音楽はピンとこない，といったことを見分けて，自分にピンとくる音楽との出会いを準備するということもあるでしょう。あるいは美しいものとの出会いにしても，こうしたものを積極的に求めていくという好みがあるかもしれません。感性や好みはそれぞれ違うわけですが，自分自身に与えられた諸条件をよくよく理解して，それを生かしていく，ということが必要となります。こうしたこともすべて「我の世界」的な営みです。いずれにせよ自分の感性はどこに特徴があるのかということは，ずっと求めていかなければ分かりません。みんなと同じようにしていたのでは絶対に分から

ない。どこか他の人とちぐはぐな感じ，ある種の違和感に気づくところから自分の感性が分かってくるのではないでしょうか。

　感性から発展した価値観の問題もあります。これは「我々の世界」での一般的な価値観とは少し違うこともあります。「我の世界」の価値観は，自分で気が済むかどうか，自分の実感としてどう思えるか，自分の納得はどうか，こういうことを自分自身に対する誠実さという観点から吟味しながら形成されていくもの，と言ってもいいかもしれません。「自ら反て縮（なお）くんば，千万人と雖も吾往かん」という言葉がありますが，まさに「反て縮くんば」というギリギリの価値観が自分自身でとらえられるかどうか，です。これに基づいて自分を駆り立てて，「千万人と雖も吾往かん」ということになれば，これは玉砕覚悟です。「私はここではこのことに生命までかけなければいけない」ということで自分自身をコントロールしていく，ということもあるわけです。

　似たような例で，マザー・テレサ(1)の生き方を，どうしても想い浮かべてしまいます。道端で行倒れて亡くなりかけている人に寄り添って，最後の1分でも10分でもいいから人間らしい思いで死んでいってほしい，という実践を生涯やってこられました。そのために病人を道端で抱きかかえて，寄り添って，亡くなるまで見守ってこられたわけです。インドの現実の中では，それはどんなに危険なことなのかです。亡くなっていく人たちは病原菌をいっぱい持っているし，それを発散しているわけです。でも自分の身の安全を顧みないで，相手のために……，ということですね。これをしないと自分の気が済まない。生命の共通の土台みたいなものに目覚めてしまったからそうせざるを得なかった，ということでしょう。マザー・テレサ自身は割と長生きされましたが，彼女といっしょにやった人の多くは若死にしていると思います。しかし喜んで死んでいったということでしょう。

　第1段階のコントロールで一番大事なのは何が「現実」なのかということであり，第2段階のコントロールで大事なのは何が「価値」なのかということです。そして，そうした「現実」や「価値」にしても，「我々の世界」的なものと「我の世界」的なものとがあるわけです。小さい時にはなかなか分からない

わけだけど，小学校，中学校，高校，大学と進んでいく中で，少しずつ学んでいくことになるでしょう。これによって，人間としての生き方のレベルが高くなっていくわけです。他の生き物と人間を区別する適応性と高貴さを身に付けていくわけです。それをもって，人間には理性がある，という言い方をすることもあります。その理性の中に，「我々の世界」的なものも「我の世界」的なものも，双方共に身に付いた形で分かっている，ということが大切なのです。

　どうやってそこに少しずつ目覚めさせていくか，です。「現実」というもの，「価値」というものをどう分からせ，理解させるか，です。そして，それが自分自身を実際にコントロールする力を持つところまで，どうやって育てていくか，ということです。こういったことが，人間教育の眼目となるでしょう。たとえば各教科の教育では多くの場合「現実」とは何なのか，ということを学ばせるわけです。ところが道徳とか宗教，こういう科目になってくると「価値」ということを学ばせることになる。それから保健体育などは「我の世界」というか，自分自身にとっての「現実」ということで身体ということを学ばせる。そういうことを学校のカリキュラムとして，学ばせているのです。そしてそれが自分自身のコントロールに役立つことになるわけです。

　知識だけではどうにもならないことがあります。たとえば，いくら「現実」とはどういうものか詳しく知っていて人に語ることができても，それに基づいて自分自身をコントロールすることができなければ，絵に描いた餅なのですね。カッコ付きの「優等生」がひ弱だというのは，そういうことでもあります。また，いくら「価値」ということが分かって，それを人にいくら語れても，それがその人自身が生きていく中に，基本的な心情として貫き通されていなければどうにもならないのです。これができていない人が偽善者と呼ばれる人です。よく「道徳を語る人はどこかいかがわしい」と言われてきたのは，「価値」は語れるけど，それがその人自身を貫くものになっていないからなのでしょう。

　人間教育の基盤となっているのは，この2段階の自己統制を学ばせることなのですが，その自己統制の土台となる「現実」ということ，「価値」ということを，どうシステマティックに学ばせるかが大切な課題になります。だから学

校のカリキュラムにしても，学校生活のいろいろな面にしても，そういう基盤的部分を十分に意識してやっていくべきではないでしょうか。そうでないなら，「どうしてか分からないけど，これをこのようにやっています」だけのことになってしまうでしょう。

有能なパーツ（駒）でなく，自覚した主人公（指し手）に育てたい

【梶田】今一番欠けがちなのは，第2段階コントロール，「価値」による自己統制です。第1段階の現実適応の方は，日本人にはかなり身に付いていると言っていいでしょう。ただし，その現実適応は「我々の世界」的なものでしかない，という問題があります。現代教育がはらむ大きな課題として，やはりこうした点は十分に認識しておく必要があるでしょう。今のままでやっていくと，世の中で役に立つ「有能な駒」を育てていくだけのことになるのです。結局は，社会のいろいろな箇所にはめ込まれて，いいパーツとしては機能するでしょう。いいパーツとしてはね。だけどその人の人生そのもののことは考えないままになります。特に現代，科学技術の革命的な進歩によって，パーツとしての機能の仕方も大きく変わってこざるを得ません。「現実」が大きく変わっていく中で，自分自身がどこに行っていいか分からなくなります。目先的な意味での有能なパーツをつくるだけの教育に陥りがちなのが今の教育であることに，十分な注意が必要でしょう。

　自分自身が主人公，（駒の）「指し手」にならなければなりません。同時に，自分自身の「指し手」にもならなければなりません。お釈迦様の最後の教えにあるように，「自らを主とすることなく，自らの主となれ」ということです。自分自身を時には「駒」と見なして，自分自身が自分自身を持ち駒として次の1手を指していく。そのためにも先に話した2段階のコントロールが不可欠になりますし，そうした自己統制を方向付けるものとしての「我々の世界」ということと「我の世界」ということを十分に意識しておかなくてはならないでしょう。これを実現するのが人間教育の本質的な使命ではないでしょうか。

「知行合一」ということ

【浅田】「価値」志向ということを考える場合，心理的なレベルだけというか，内面的に理解できるという域に留まらないことが大事ではないでしょうか。先ほど挙げられた偽善者もそうですが，実際に行為として行えるのでないと，言っていることと行いが分離してしまいます。また，いわゆる頭でっかちで知識頼みということでも困ります。「価値」志向は，実際に行えるのでなくては，つまり「知行合一」でなくてはいけないと思うのですが，そういう点はいかがですか。

【梶田】「知行合一」は，非常に大事な点です。「知行合一」でなければ，結局は意味がありません。行うことの前提としての「知る」でなければダメであって，認識の世界の中だけで自足しているというのでは困ります。たとえば「現実」はどうであって，何をどう動かしたら何がどういうふうになるか，ということが分かれば，それに沿ってそのことをやらなければ仕方がない。それによって始めて，たとえば公正公平な形での人間関係もできてくるのではないか，と思います。「我々の世界」的な「価値」の方向性としての公正公平も，自分自身にとっての「現実」との「知行合一」的な関わりからでてくると言ってもいいかもしれません。「我の世界」的な「価値」志向についても同様であって，ある志を持ったら自分が損をしてもこれをやらなくては，ということを，たんに知っているだけではダメであって，その通りやらなければなりません。しかし，それをやっていけないときには社会的な軋轢を生むことがあるかもしれませんので注意が必要です。「我の世界」を大事にしていくだけではなく，「我々の世界」のことも大事にしていかなければなりません。

　自分の志を本当に実現していくためにも，他の人に悪い影響を及ぼさないよう心がける必要があるでしょう。リスクを考えるにしても，自分自身にとってのリスクだけではなくて，他人にとってのリスク，さらには社会そのものにとっての，自分の所属する組織や集団にとってのリスクも考えてやっていかなけ

ればいけないわけです。

　最終的には第1段階の自己統制も，第2段階の自己統制もできるようにならないといけないわけですが，そうした自己統制によって「我々の世界」でもよりよく生きられなければいけないし，「我の世界」でもよりよく生きられなければいけない。そうした基盤の上に立って，まさに「知行合一」でないといけないわけです。

　ところが，そこまでの展望を持った指導を，現在多くの学校ではやっていないのではないでしょうか。たとえば我々は，第1段階の自己統制の入口として一番いいトレーニングとなるのは挨拶の励行だと言ってきました。TPOに合った挨拶をきちんとする，嫌だなとか，面倒だなと思ったりしても，これを自分自身に強いて，自分自身に対するけじめとして，はっきりと習慣付けていく。こうした中で，TPOといった「現実」を認識する能力も，その認識によって自分自身を統制する力もついてくるのです。

　私たちは，2018年4月に新しい桃山学院教育大学をスタートさせました。そこでまず新入学予定者を集めてかなり厳しい話をしたわけです。大学の行事にしても，開始時間の5分前，10分前には全員が集まること，最初から最後まできちんと参加すること，最初の挨拶と最後の挨拶をきちんとやること，これをこれからやっていこうと。第2年次から第4年次までとなる学生は前身のプール学院大学から引き継ぐ学生なので，彼らにも学年ごとに，同じことを指導し，昨年度までの学生生活のあり方から脱皮するように言ってあります。ほんの数か月で，キャンパスの雰囲気も引き締まり，講義や演習の様子も大きく変わったと，来訪者の誰もが言ってくださるようにしたいと考えています。

　繰り返しますが，まず第1段階の自己統制ができるようにならなければいけない。好き嫌いは別として，やはり自分自身に何をどう統制すべきか言い聞かせなければいけないわけです。何時何分から始まるというのなら，それに間に合うよう5分前，10分前には行く。これを自分自身に言ってきかせていかなければいけないわけです。同時に，みんなで気持ちを合わせていくためには挨拶し合うということをみんなでやろう。そうした約束事を自分自身に常に言い聞

かせていかなければいけないのです。こうした形で身に付いた第1段階の自己統制力を活かして，第2段階の自己統制力の方向に行ければ，しめたものです。このために，桃山学院教育大学はアングリカンチャーチ（Anglican Church）[2]の学校なのだから，いいチャンスとしてキリスト教的な考え方にも触れて，自分の生き方に活かすことも考えていってほしい，と学生諸君に話しています。もちろん，キリスト教だろうと仏教だろうと，イスラム教であろうとヒンズー教であろうと，人間として大事にしていくべきものについての考え方にはそう大きな相違はない，ということも学生諸君に強く言っています。

　道徳は「我々の世界」的な価値観にかなり大きな比重が置かれるけれど，宗教というのは「我の世界」的な価値観が中心になります。それをせっかくキリスト教系の大学として発信してくれているのだから，自分なりに良い刺激として受け止めて考える，ということもなければいけない。そうすると自分自身を第2段階の自己統制に持っていく方向付けができるはずです。超自我的なものが自分の内面に育たなくてはいけない，といったことを学生諸君に繰り返し話しています。「本人の自覚に任せています」とか，「自分の好きなことを好きなときに好きなようにやらせる」というのは，結局は第1段階の自己統制も，第2段階の自己統制も考えないで，人間としてダメな状態をダメなままにしておく，ということになってしまいます。こういうことはヨーロッパでも言われてきましたが，日本で最初の体系的子育ての書と言われた貝原益軒の『和俗童子訓』[3]でも強調されているところです。そういう先人が言ってきた大事な教えは，きちんと受け止めなくてはいけない。これがまさに教養ということなのです。教養というのは物知りになることではないのです。

　日本の古典，日本の伝統的な思想からも学ばなくてはいけません。明治維新以降，そして太平洋戦争の敗戦以降，欧米から学ぶことばかりが強調されてきました。世界を知るということは，結局は欧米を知ることであると考えられてきましたが，欧米だけでなく，アジア，アフリカ，ラテンアメリカまでを含む世界各地で積み重ねてきた人類の大事な文化を学ぶということが必要です。そして同時に，脚下照顧として，日本の先人たちが築き上げてきた文化を学ぶと

いうことが私たちの大きな課題となります。私たちの新しい大学，桃山学院教育大学では日々このことも強調していきたいと考えています。

　以上お話ししてきたことからも分かっていただけると思いますが，人間教育という言葉は，実は「教育」という言葉と置き換えてもいいのです。しかし，どうしても今言われている「教育」の中では「ヒトが人間になる」という根本的な視点が薄れてしまっているように思われるのです。だから我々はあえて「人間教育」という言葉を使うのです。

【浅田】　今のお話で，指導する，教える，ということを強調しておられます。たとえば具体的には挨拶のことなどに触れられたわけですが，結局は本人自身がその大切さに気づくかどうか，ということなしには成立しないことではないですか。そうすると教育する側から言うと，どういう原理原則というか，枠組みで考えるか。たとえばかつて，私の世代であれば受験戦争と言われたときには，いかに詰め込むか，いかに教え込むか，ということがクローズアップされました。でも，教え込むといっても本人自身がそれをどう考えるか，ということがなければ成立しないわけです。そうすると人間教育を進めるにあたって，たとえば挨拶をしなさいと教えるとか，先生の方でお膳立て的なことはできても，学ぶ側の方で，そこで何に気づき，何を学んでいくかということがないと，「我々の世界」を生きる自己統制もできないだろうし，価値志向も生まれてこない。そうすると，人間教育を実際に進めていくにあたって，教育する側の枠組みというか，原理原則みたいなものはどうなるのか。さらにそこをもう一歩深めると，人間教育として成立するための原理みたいなものとしてはどうなのか。こういうことがあると思うのですが……。

「開示悟入」のステップを大切に

【梶田】　その通りです。だからこそ，やはり「開示悟入」(4)を大事にした指導をしていかないといけないでしょうね。たとえば，何よりもまず人間教育が大切であること，そのポイントとして，自分自身に主人公として生きるための力を

育て，何事においても「駒」でなく「指し手」にならなくてはならない，ということを語っていくとすると，これは「開く」ということになるでしょう。これと同時に「これはこういうことなのだ」「ここではこれをやろう」といったことも言っていかなければならない。説明をしながら，場合によっては強く指示，あるいは指導しなければいけないでしょう。これが「示す」です。しかしそれだけでは，いわば強制されてやっているだけで，学ぶ側自身のものにはならない。だから「悟」，「悟らしむる」ということが必要となります。自分で「なるほどな」と思うような場をどう設定するかです。たとえば友だち同士で話し合わせてもいいし，あるいは一人で工夫させるのもいい。常に指導されないとやれないというのではダメだから，自分でこれをやらなくちゃ，と悟らしむるための工夫，いろいろとできると思うのです。

そして「入」，「入らしむる」です。大事なことが自分の身に付いて，自分にとって当たり前のことになって，もう意識しなくてもやれるようになるためにはどうしたらいいのか。たとえば，同じことを繰り返し練習して身に付けるということも，まさに「入」の大事な手立てでしょう。大事な何かが本当に身に付くためには，同じような場面で同じようなことを何度もやって，ことさらに考えるということはなくとも自然に言動として出てくるといったところまでいく，ということも大事になるでしょう。

「開示悟入」の中で何が一番大事なのかということではなくて，全部が大事であり必要なのです。課題によっては「示」が非常に強く出てくる場合もあれば，「悟」が非常に強く出てくる場合もあります。基本的な原理として言うと，「開」がなければいけない，「示」がなければいけない，「悟」がなければいけない，「入」がなければいけない，ということなのです。

「子どもの自主性に任せる」なんていう発想は，素朴過ぎて話にならない，低俗な発想です。といって何であっても「厳しく指導しなければ」といった考え方，石原慎太郎は以前「スパルタ教育でなければいけない」と言っていたわけですが，これもまた低俗過ぎて話にならない発想です。

【浅田】そのお考えで言うと，先生の達成目標，向上目標，体験目標(5)を区分す

る考え方と関連が出てきますね。達成目標というのは習得するものなので，「示す」ということと密接に関わってきます。向上目標については，「示す」部分もあるでしょうが，基本的には「悟らしむる」から「入らしむる」にいかなくてはいけない。体験目標は，学びの主体化のために大事な意味を持つものですから，「開かしむる」にしても「悟らしむる」にしても「入らしむる」にしても，体験を抜きにしては考えられないのではないか。学校でのさまざまな体験が，その子にどういう意味を持ち得るのか，です。この意味で，体験目標が人間教育の中ですごく重要な意味を持ってくると思います。もちろん，その体験がどのような教育効果を持ったか，ということをどう評価するかは，すごく難しい問題になりますが。ある意味で，そこに人間教育における評価の難しさが出ているように思うのですが，そのあたりはいかがでしょうか。

教育成果の捉え方，評価の問題

【梶田】評価ということを，誰でもが「なるほど」と言う一般性を持った順序付けや価値付けをすることだ，というふうに考えるとしたら，体験目標に関してはできないということになるでしょうね。今度の新しい学習指導要領で言うと，「知識・技能」と「思考力・判断力・問題解決力」と，「学びに向かう力・人間性等」という3種の教育成果を評価することになっています。「知識・技能」は達成目標でやれますし，「思考力・問題解決力」は向上目標でやれます。しかし最終的な教育成果とされている「学びに向かう力・人間性等」は，向上目標ではありますが，体験目標の考え方を踏まえないとダメでしょうね。

　学ぶ側と指導する側が，それぞれの立場から何らかの意味で実態把握をし，その実態を目標との関係で，どこが十分でどこが不十分なのかを見てとって，それに基づいて，学ぶにしても指導するにしても次のステップをどうしたらいいかを明らかにする，といった形成的評価が教育的には不可欠なわけです。つまり，プラン（Plan：計画）・ドゥ（Do：実施）・チェック（Check：確認）・アクション（Action：改善）というPDCAサイクルでのチェック機能ですね。そし

て，その PDCA それぞれの背後にオブジェクティブズ（objectives）＝目標が
きちんと設定されていなくてはならない。

　そういう考え方からすると，学ぶ側にとって，また指導する側にとって，目
標に近づいているかどうかを判断するための手掛かり（シンプトム）が不可欠
です。たとえば判断の難しい「人間性」についても，こういう意味で成長・成
熟してきたとか，あるいは先程からの第1段階の自己統制力，第2段階の自己
統制力がどこまでどのような形で身に付いてきたか，を判断するための手掛か
りがほしいわけです。目標に近付きつつあるかどうかを判断するための具体的
な素材としては，指導する側からの評価なら実際の場面での行動観察とか，あ
るいは学ぶ側からの評価なら自己観察，自己評定，などがあるでしょう。指導
のためにも学ぶためにも，本人による反省作文，振り返りコメント等もよい素
材となります。しかし，こうした素材の何に着目し，どう判断するかについて
はなかなか一義的に共通のものを設定するのは困難です。個々人に固有の個人
的事情もありますし，長い時間的経過の中での変容の仕方にもその人固有のあ
り方があるからです。

　学ぶ側でも，自己評価表にチェックしていく，反省コメントを書く，反省作
文を書く，といったこと自体が重要な教育的意義を持つわけですが，これを自
分自身の次のステップに生かしていくためには，自分自身についての深い自己
吟味が不可欠となります。自己統制に関しても，どういうものとして「現実」
を認識しているか，その「現実」に合わせていくにしても自分自身の中で譲る
ことのできないものは何なのか，柔軟に自分を打ち出してよいのはどの範囲の
ことなのか等を，時には考えてみなくてはならないでしょう。また第2段階の
自己統制についてですと，「自分が損をしてでもやらなくちゃ」と思うほどの
「価値」が自分自身にとって本当にあるのかどうか，あるとしたらそれは自分
自身の中にどのような基盤を持っているのか，といったことについて考えてみ
たいものです。こうしたことをやりながら，自分がチェックリストや反省作文
などの形で振り返りをしたところをどう意味付けていくか，です。そして，ど
ういうところについては今のままでうまくやれているけど，どういうところに

ついては自分自身にとっての課題となるな，ということを考えていきたいわけです。こうした形での（PDCA サイクルにおける）チェック（確認）とアクション（改善）のあり方を工夫していきたいものです。

　指導する側からすると，当人と同じ材料を持っていたとしても，「こういう点はいいけど，こういう点は課題だね」といったように，とらえ方は違ってくる場合があるでしょうね。それは，指導する方と当人とでは，見えてきている当面の目標も，これから取り組むべき課題として見えてきているものも違うからです。だから同じ材料を用いながらも指導する側としては，自分の目から見たらこの子は「この点ではいいけど，次の課題はこれだよね」ということを明確にしなくてはならない。そしてそれをどう指導していったらいいか，新しい開示悟入が必要となるわけです。

　「知識・技能」のような達成目標についてなら，学ぶ側も指導する側もあまり食い違いが出てきません。しかし「思考力・問題解決力」といった向上目標的なものになると，食い違いが出てこざるをえません。もちろん，大きな意味での，こういう形の思考力をつける，問題解決力をつけるというのは，認識の浅さ深さはあるかもしれないけど，ベクトルとしてはあまり大きな違いはないだろうと思います。ところがもっと高次の，たとえば「人間性」などということになってくると，評価軸そのものが学ぶ本人と指導する側とで根本的に違ってくる可能性が出てくるでしょうね。

【浅田】 そこのところで，かつて先生と坂本昂先生とが教育雑誌で対談された ことがあった(6)と思うのですが，アイスナー的な考え方とブルーム(7)的な考え方の違いが出てくるのではないかと。要するに先ほど来の，プラン・ドゥ・チェック・アクションのお話みたいに，目標をきちんと明確にして到達したかどうかをチェックして次どうするかというお話はブルーム的と言っていいでしょう。しかし，大きな一般目標があって，いろんな活動をして多様な経験をする中で，その一般目標に合致するものを拾ってきて評価していく，というアイスナー的なやり方との違いがあるわけですよね。今の先生のお話だと，体験目標的なものというのは，いろんな形で体験が個々人の内面で受け止められ，それがまた

いろんな形で個々人の成長や成熟を促していくということになります。それをまた事実確認していく際，子ども側から見た場合と教師側から見た場合とで違いが出てくるかもしれない。そうすると子どもの側で，また教師の側で，次にどうするか，ということも多様になってきます。これはアイスナー的な，ある意味ではゴールフリー的な要素があるのではないか，と思うのですが……。

【梶田】そう。体験目標の場合は，基本的にはね，吹き抜け，ゴールフリーです。

【浅田】そうですよね。先生のお考えでいうと，このことは多分，「成長保障と学力保障の両全」と言われてきたことと，達成目標・向上目標・体験目標の評価ということがちょうど対応しているように思うのですが，そのあたりについてとくに成長目標的というか，ゴールフリー的というか，そういう性格の評価であるにもかかわらず，どうしても到達目標的な考え方に引きずられてしまって，それができたかどうかというところに矮小化される方向に行ってしまっていると思うのです。それを打破するのに，たとえば開示悟入的な考え方を使ったとしてもなかなか見えてこないような気がするのですけど。

【梶田】だから私の評価論では，まず最初に，きちんと評価できる部分と評価が不可能な部分とを分けるわけです。「願い」という形での目標はあっても，それが実現しているかどうかはきちんと評価できない部分があります。ゴールフリー的な体験目標の世界がまさにそれですね。ここで，きちんと評価できる部分はPDCA的にきちんとやっていかないといけない，と私は強調してきました。これが教育の土台になるわけですから。だけど同時に，それを乗り越えて，教育の相手側を人間として大きく伸ばしていく，という点が人間教育としての眼目となります。実をいうと，大きな「願い」を持っての教育的関わりの中で指導する側も伸びていく，ということがあるわけです。その土台づくりをどうするかということが，いつでも大きな課題になります。ただしこの土台づくりというのは，現状をどういう面でよいとするか，これからどういう課題があると考えるか，といったものの全容が必ずしも見えているわけでない。まさに，だからこそゴールフリーなのですよね。そういうものが広大な領域として

あるということを大前提としながら，当面の「これが分かったか」「できるようになったか」ということをやらなければいけないわけです。

　だからこそ教師が賢くなければいけないのです。教科書に書いてあることを分からせ，できるようにさせていきながら，同時に，師弟関係の中で相手を人間として成熟・成長させていく。このためには具体的な手立ての工夫も必要ですが，師の側の人間性そのものも大きな要素となります。「私の口から出る言葉からだけでなく，私の背中からも学んでね」ということになるわけですね。それが昔から師とされるものに不可欠な条件だったわけです。これは言わず語らずの中で，ある価値を体現したものとしての自分自身を実物見本として子どもの前に投げ出す，ということです。そういう意味でも教師は学習指導要領や教科書のたんなる教え屋さんになってはいけないのです。学習指導要領や教科書を使いこなして教育をやれる，まさに教育者でなくてはいけないのです。

　教師であるためには，教科書の部分部分を大事な手立てとして使いながら，しかし同時に，最後は人間としての高みに引き上げていくためのきっかけとしてそうした活動を行っていく。別の言葉でいうと教科書に書かれていることの全部を，目の前にいるこのＡ君に実現しなくたっていいのです。このＡ君にとって必要な部分はもちろん実現するように努めるけれども，もっと大きな育ちのためには，ある部分を犠牲にしたっていいのです。それはＡ君自身が人間としての可能性をどこまで開花発現していくか，ということが最大の課題だからです。だからこそ，「社会のための教育」でなく，「教育のための社会」にならなくてはいけないわけですし，「社会で有能な働きができる」という教育目標以上に，「個々人がその人に固有の生命を固有な形で輝かす」という教育目標が大切になる。つまり教師一人一人が自分と運命的に出会ったこの相手に関わって，その人に固有な人生の土台づくりをどう支援していくか，人間としての成長・成熟をどう援助していくか，これが最後の眼目となるわけです。この意味で，社会に寄与する教育というよりは，自分と運命的に出会ったこの「あなた」のための教育でなくてはならないのです。

　だから，人工知能が大きく進化しグローバル化が一層進む未来社会で有能な

職業人社会人としてやっていく人間を育てる，という教育観を第一義的に出すのではなく，どんな社会になっても自分自身を失わず，自分なりの主体性を持って自分の人生を生き抜く，といった人間を育てる，という教育観が不可欠になるのです。現在の社会が，あるいは未来社会がうまく回るようになるための有能なパーツをどう育てるか，という発想は独裁国が一人の人間を国家なり独裁者なりの道具としてしか見ないという，非人間的な社会のものなのです。民主主義というのは一人一人が主権者だという前提でできているわけでしょう。これ，言うのは簡単だけど，投票権を持っているから主権者なんだ，ではなく，あらゆる社会的な施策が一人一人のためにあって，それが回り回って社会がよくなる，という話なのです。それが典型的に現れるのが教育分野ということになるわけです。

　そのことをいつでも言っていかなければなりません。学習指導要領を見ても，教科書を見ても，あるいはいろいろな制度的なものを見ても，結局はこの仕組みがうまく動いていくのは，社会をよくするためではない，そこにいる一人一人の人間が，子どもが，生まれてきてよかったなと思って死ねるようにするためのものなのだ，ということを忘れないようにしたいと思うのです。

　結局は，最終的に言うと一人一人について評価などできないのです。ただ社会で生きていろいろなことをやっていく上では，世の中の仕組みとしても自分自身の自己認識としても，社会的枠組みに従っての確認，評価が不可欠になります。だけど最終的にはまさに色即是空，空即是色なのです。「これがこうだ」だから「良い悪い」「望ましい望ましくない」とか言ってみたってなあ，というところがあるわけです。

　だから最終的な認識としては，「生きている」だけでいい，さらに言えば「生きようが死のうがいい」というところにいくでしょう。どう生きるか，どういうあり方をするかということは，その前の段階で問題になることなのです。

　生きていくということはそういうものなのだ，という基礎的な人間理解，人間観抜きでは，やはり教育における評価の問題は実はやれないのです。どう評価しても外側からの一つのものの見方，あるいは自分自身のある時点でのもの

の見方を固定化して，一人歩きさせてしまうことになる面があります。でも，こういうふうに見ているということは，実はその時その場での約束事でしかなくて，実は次の瞬間これが全部覆るかもしれない。だけれど，今のところはこれを手掛かりに次のステップにいかなければ，次のステップを少しでも確かなもの，実りあるものにすることができない，ということなのです。

人間教育にとって手掛かりとなる人や理論は？

【浅田】　人間教育ということで，先生の人間観をいろいろうかがってきたわけですが，人間教育の原理として，マズロー(8)なりロジャーズ(9)なりという人間性心理学の立場が強く出ますよね。私の印象ではこれまでの人間なり自己なりのとらえ方が，どうしても機能論的な面に偏っている点があって，人間全体を一個の存在としてとらえようとする面がおろそかになっている。だからこそ人間性心理学のマズローなりロジャーズなり，あるいはG. W. オルポートなりの考え方をやはり土台として考えていかなくては，ということになってくるのではないかと思うのですが，そのあたり先生が依拠されてきた先人の人間観，心理学者だけでなく広範囲の尊敬できる人の人間のとらえ方についてうかがいたいのですが……。

【梶田】　言葉尻をとらえて言うようですが，私は誰にも依拠しませんし，そもそも依拠するということは，あまり考えないほうがいいと思います。というのは今までの日本の知識人のあり方は，飛鳥・奈良時代以降は四書五経に依拠し，江戸時代なら朱子学なり陽明学なりに依拠し，明治維新前後からは欧米の学問に依拠し，といった形で海外の優れた良いものを学んで，それを拳々服膺する，というものだったのではないか，と思われてならないのです。だから結局は借り物のままになり，本当の自分自身の血肉になってこない。それはもうやめないといけないと思うのです。

　もちろん，G. W. オルポート，マズロー，あるいはロジャーズ，この人たちの本は十分に皆で読みたいと思います。なぜか。この人たちは心理学が科学を

めざそうとする姿勢を強く持ち過ぎて現に生きている生の人間についての学問でなくなってきている，人間が生きていく上での本当に大事なことについて研究しないままになっている，という危機感を持って研究してきたからです。だから依拠するのではなく，この人たちの苦労の跡から学ぶ，ということです。学んでいく中でマズローらの発想や考え方で自分の考え方に使えるところは使ったらいい。それは先人が苦闘した跡を「ああ，よいことに気づいているよなあ」と受け止めることです。

　たとえばユング[10]にも，必ずしも依拠したいとは思いませんが，自分の考え方のヒントになるところが少なからずあります。河合隼雄さんもユングからたくさんのヒントは得ておられますが，ユング心理学者[11]と呼ぶのは正当でないと思っています。河合隼雄さんはユングを援用しながらもユングを自分なりに乗り越えた人であると私は見ています。ユングを解説するだけの人は日本にも少なからずいますが，河合隼雄さんはユングの理論や概念を使って自分の考え方を広げたり深めたりしてきた人です。

　依拠するのでなく苦闘の跡から学ぼうとする際には，相手の人や理論と多少の距離を保つことが必要でしょう。そして最後には，自分自身の実感・納得・本音の世界に十分に足を降ろした形で自分の考え方をまとめていくことが不可欠だろうと思います。これを心掛けていないと，相手の人や理論のタコツボ的世界に落ちこんでしまって，自分自身の発想や思考が不自由になってしまうのではないか，と思うのです。たとえばユングの理論であるなら，何についてもすぐに男性性，女性性ということを問題にしてみたり，いろいろな神話との関連付けをやり過ぎたりすると，本当の意味での理解ではなく，面白い話として展開しただけ，ということになるのではないでしょうか。

　だから依拠するのでなく，その人の苦闘の跡から学ばなければいけない。そして常にある種の距離感を持たねばならない。何人もの人の理論を同時並行で学んでいくのも，いいことかもしれません。古代ギリシャでは学問すると言えば自分が納得する認識世界を自分で創りあげることだったわけです。自分が賢くなるための努力をしようということだったわけです。自分のために学ぶ，研

究する，探求する，自分持ちの知の探求です。

【浅田】先生が挙げられたマズローやロジャーズらのお名前は，先生がそこから学ばれ，先生の人間教育についての考え方に結びついていると思うのですが，そのエッセンスというのは何でしょうか。

【梶田】私が若いとき，最初に感心したのがロジャーズです。とくに感心したのは現象的な世界というとらえ方，私が意識している世界が私にとっての世界のすべてだ，ということですね。そして，そうした現象的な世界に，自分の気づかないような歪みが，現実とのズレが潜んでいる。自分が「これこそが現実だ」と思っている世界に，本当の現実そのものとのズレが潜む可能性を常に考えていかなければならないわけです。

　現実とのズレをはらむ現象世界，意識世界，ということを考えると，結局精神分析的な無意識世界の問題にもこだわっていかざるをえなくなります。自分の意識しないところから意識世界に絶えず何かが上がってきているわけです。自分の意識の世界を背後から何かが操っている，ということでしょうか。なんでこの音楽は好きなのだろうか，この音楽を聞いているとなんで嫌になるのだろうか，なんでこの食べ物は好きなのか，なんでこれは嫌いなのか。そういう好きだ嫌いだという現象はあるわけだけど，それは自分で意識してそうしているわけでない。無意識の深いところに潜む何らかの過去の体験に依っていたり，あるいは何らかの生得的気質的なものに依っているかもしれない。そういう無意識の世界に潜むものまでを含めた自己認識が必要だということを，精神分析の人たちから学んできたわけです。そういう中で，自分がそうした無意識世界からの縛りをどう乗り越えていけるのか，ということも考えてみたくなります。自分がある種の夢や志を持ち，前向きに何かを実現する，ポジティブな方向でがんばれるようになる，これはどのようにしたら実現できるのだろうか，ということもあります。背後から縛られたり押されたりしているだけでは，やはり自分自身の主人公になれないわけだから，先へ向かって自分の責任で，ということがあります。マズローなど，こうした点で示唆を与えてくれるかな，と思います。

自分の意識の世界の背後から何かが意識の世界に出てくる，これを意識の世界でどう扱ったらよいかということは，実は西ヨーロッパのキリスト教世界の中で，ずいぶん古くからこだわってきたことなんだということに最近気づきました。エックハルト[12]もそうだし，トマス・アクィナス[13]，イグナチオ・ロヨラ[14]なんかもそうだったわけです。16世紀に日本にキリスト教を伝えたフランシスコ・ザベリオの兄貴分だったイグナチオ・ロヨラが，『霊操』という本の中で「霊動弁別」という言葉を使っているわけですが，無意識世界からこみ上げてくるイメージ，欲求，志，希望，こういうものを全部そのままで認めるのではなく，自分の責任で識別した上でそれにどう対応するかを考えなくてはいけない，と言っています。こういう考え方は，エックハルトにも，トマス・アクィナスにもあります。

　無意識世界から意識世界にもたらされるものには，よいものと悪いものがある。古典的な言い方をすると，それをもたらしたのは善霊なのか悪霊なのか，ということです。そこを理性ということで，意識の世界で，自分自身が主人公としての責任を取るということで識別して対応しないといけない。つまり，そういう意味で主人公であるという意識を持って，無意識世界までを含めた自分自身のすべてに対して責任をとる，という決意を持たなくてはならないわけです。たとえば夢とか志といっても，実は自分自身の中に潜む低俗な，非常にエゴイスティック（egoistic）なものが奇麗な衣を被って意識世界に出てきているだけかもしれないのです。だからこそ，美しい夢や志のように当初思えたとしても，それで自分が突き進んで行ってよいかどうか意識世界で理性的に検討し弁別し対応していかねばならない，ということになるわけです。これが識別とか「霊動弁別」という言葉で呼ばれてきたところです。こういうことは非常に大事な点だろうと思います。

　精神分析では，こうした意識世界での理性的な吟味検討とそれに基づく対応，といったことは言いません。フロイトやユングにも出てきません。もちろん私はイグナチオ・ロヨラに依拠するわけではありませんが，こうした考え方は人間としての成長・成熟を考えていく際の大事な視点として，私自身の考え方の

中に取り入れたいと考えています。

　人間は弱いからすぐまたエゴイスティックなものに流されてしまうわけです。だからこそ霊操が要るわけです。自分はここで，よい言葉で自分の思いを反芻して，よいつもりでやっているとしても，その中に非常にレベルの低い自己中心的な欲求が忍び込んでいないか，低俗な欲求を美しい衣で飾り立てているのではないか，という自己吟味なり自己内対話を恒常的にやっていく習慣を付けていかないといけないのです。これはまさに第2段階の自己統制に関係することだろうと思います。

　人間はいろいろな意味で条件付けられている，束縛されている，そういう面ばかり言われてきたように思います。それに対して，人間はもっと主体的で高次なものであり得るのではないか。原動力は意識世界の背後からきているかもしれないが，それを含めて自分自身の全体を理性的に統制していくことができるのではないか，といったことまで考えさせられています。

【浅田】 先生は今，何人かの外国の方の名前を挙げられたのですが，それ以外に，日本の現代の方として，澤木興道老師とか山本七平とか，先生にとって影響力があった人がおられると思うのですが，そのあたりはいかがですか。

【梶田】 私が学生時代に指導を受けた澤木興道老師(15)に感謝しているのは，やはり道元の世界に目覚めさせてもらったことです。「己事究明」（自分という存在について深く吟味検討してみる）とか，「萬法に証されて生きる」（「自己をはこびて萬法を修証する」のではなく）という方向に向けて目覚めさせてもらったことは何にも替えがたいことです。私が「イノチが私を生きている」「大自然の大きな力が私において機能している」といった言い方で自己意識の根本に関する私自身の認識を説いてきたのは，この線上にあるものと考えています。澤木興道老師はそうしたことを，いわば非常に象徴的な言葉で語られたように思います。それをもう少し論理で語ってこられたのが弟子の内山興正老師(16)です。たとえば内山興正さんの本を読むと，道元が言っている難しい概念について論理的で明確な解釈ができるように思います。内山興正さんは出家前の若い頃にカトリックの神学校の哲学の教師をしておられたことがあり，キリスト教にも通じ

ておられたことから，私は曹洞禅とキリスト教の関連についてもよい示唆を得たように思います。

　「萬法に証されて生きる」「イノチが私を生きている」といった認識については，後にまた親鸞に学ぶところがあったことも付言しておきたいと思います。やはり『歎異抄』に出会ったことも大きな意味を持っていたのかなと考えています。「弥陀の本願を本当に深く信じれば」ということを親鸞は事あるごとに言いますが，それはいわば枕詞みたいな話であって，「生かされて生きる」存在であることの自覚を堅持して生きていくのが本当なのだ，という教えのように思います。存在を与えられ時々刻々を機能させられているということ自体がどれだけ素晴らしいことなのか，ということです。人間教育ということを深く考えていくならば，どうしてもこうした基本的自己認識に至ってほしいと願わざるをえません。

　それから山本七平について思うのは，「日本教」という見方など私自身の基本的なものの見方に重要なヒントを少なからず頂いてきたな，という感謝の思いです。彼の頭の中に元々あったのは，旧約聖書と新約聖書の世界だったわけですが，彼は一生をかけて日本の古典や仏教各派の世界からも学ぼうとしてきた，と言っていいでしょう。しかも学ぶ際の視点や問題意識が常に本質追求的で，きわめてユニークです。こうした基本姿勢にも，私自身大きな示唆を得てきました。

　私はある時期，山本七平の追っかけをしていましたが，あるときいっしょにお茶を飲みながら，「なんで山本先生は他の人の言わないような切り口でさまざまなことを語れるようになったのですか」と単刀直入に聞いてみたのです。「それはあなた簡単なことですよ。私は売れない出版社を一人でやってきたの。で，自分でこれはと思う本を，とくに外国の本の翻訳書を印刷製本していくために，一人でゲラ直しばかりずっとやってきたの。そういうゲラ直しで明け暮れしていれば，他の人とは違う見方が嫌でも身に付きますよ」と言っておられたのを思い出します。

　その時々で皆が語っていること，そして人々から大きな拍手がくるようなも

のは，３年なり５年なりしたらほとんどが忘れられてしまいます。しかし，その時々の流行とは関係なく，これは面白いとかユニークだとか優れている，と自分で思える研究なり思想なり文学作品なりに着目し，自分なりにこだわって吟味検討を続けていく習慣を付けていけば，結果として他の人たちと違った視点なり発想なりを身に付けていくことになるでしょう。このことは，とくに同調性の高い日本社会では大事になります。こうした形で流行を超越した思索なり研究なりを積み重ねていって初めて，自分自身の実感・納得・本音の世界に深く根を下ろした認識なり洞察なりが持てるようになるのでは，と思われてならないのです。私が山本七平さんから学んだ一番の点はそれです。人間教育ということから言っても，山本七平さんのように自立した主体的な思想を編み出し続けるといったあり方は，我々のめざすべき人間像を具体的に示すものとして，これからも折に触れて思い起こすべきではないでしょうか。

［2018年３月27日］

注

（１）　マザー・テレサ（1910-1997）はオスマン帝国ユスキュブ（現在の北マケドニア）生まれ。教育を使命とする修道会に入り，初めはインドのコルコタで教員をするが，後には長年月にわたって貧民街で活動し，コルコタの聖テレサとも呼ばれる。修道会「神の愛の宣教者会」の創立者。ノーベル平和賞受賞。

（２）　英国国教会として全世界的組織を持つ。我が国では日本聖公会。16世紀にローマカトリック教会と分離し，カンタベリー大主教を宗教上の最高指導者とする。カルヴィンやルター等の影響を受け，教義や礼拝の仕方等にプロテスタント的な要素を色濃く持つが，聖餐式などカトリック的な要素も残す。日本での学校事業も立教大学や桃山学院大学など長い伝統と実績を持つ。

（３）　貝原益軒［かいばら　えきけん］（1630-1714）は江戸時代中期に活躍した人で，身体と心の健康増進を説いた『養生訓』で知られる。福岡の黒田家で藩医として，また儒官として勤める。晩年の81歳の折（1710年）に著述した体系的な教育書『和俗童子訓』も広く読まれた。岩波文庫に石川謙の校訂で『養生訓・和俗童子訓』として収録。

（４）　元々は法華経の方便品にある言葉で，「諸仏世尊は衆生に対して仏の知見を開き，示し，悟らしめ，仏知見の道に入らせたい，ということで世に出現し給う」といった

叙述に由来する。日本の教育界での受け止めについては，梶田叡一『人間教育のために』（金子書房，2016年）の第8章「開示悟入の教育思想とその実践化」（116-140頁）を参照。

（5）　教育目標の基本的タイプの考え方については，梶田叡一『教育評価［第2版］』（有斐閣，1992年）の第2章4「行動目標論の克服と3種の目標類型」（78-83頁）を参照。

（6）　「ブルーム理論の乗り越えと授業研究を考える」『授業と評価ジャーナル』第7集（明治図書出版，1985年6月）［梶田叡一『学校学習とブルーム理論（教育における評価の理論II）』に資料8として収録（248-268頁）］。

（7）　ベンジャミン・ブルーム（1913-1999）はアメリカの教育心理学者。デューイ，タイラー等による教育研究の系譜につながり，長くシカゴ大学教授を務めた。タキソノミー（教育目標の分類体系），マスタリー・ラーニング（完全習得学習），形成的（フォーマティブな）評価，才能開発（タレント・ディベロップメント）などの研究で知られ，1960-1980年代を中心に全世界的な影響力を持った。梶田も1971年にユネスコの全面的な支援の下にスウェーデンのグレナで開かれた6週間の国際セミナーに参加することによって本格的な教育研究をスタートさせ，その後も亡くなられるまで長年月の研究交流を続けてきた。また浅田も大阪大学の大学院生時代に渡米して親しく指導を受けている。

（8）　アブラハム・マズロー（1908-1970）はアメリカの心理学者。自己実現理論等で知られる。行動主義心理学と臨床心理学の双方を乗り越えた第3勢力の心理学として人間性心理学を提唱し確立した人。主体性・創造性・精神的成長・自己実現等を重視した。

（9）　カール・ロジャーズ（1902-1987）。アメリカの臨床心理学者。非指示的療法から来談者中心療法へ，そして人間中心アプローチへと呼び方は変わったが，来談者の内在的な自己成長・自己実現への姿勢・能力に全面的な信頼を置く心理療法を一貫して主張した。パーソナリティ理論としては，自己概念と経験の不一致が心理的不適応を引き起こす，という考え方をする。日本では畠瀬稔らが精力的に紹介した。

（10）　カール・グスタフ・ユング（1875-1961）はスイスの精神科医・臨床心理学者。若い頃フロイトに兄事し国際的な精神分析運動の推進に当たるが，後に袂を分かち独自の分析心理学を確立する。

（11）　河合隼雄［かわい　はやお］（1928-2007）は臨床心理学者。京都大学理学部を卒業して高校の数学教師をした後，臨床心理学を学び，アメリカのカリフォルニア大学ロスアンゼルス校に留学，次いでスイスのユング研究所に留学して日本人で初のユング派分析家の資格を得る。京都大学教育学部長，文化庁長官などを務める。文化功労者。

『河合隼雄著作集（全14巻）』岩波書店など。

(12)　マイスター・エックハルト（1260-1328）。中世ドイツの神学者・神秘主義者。ドミニコ修道会の指導的な地位に任じられ，またパリ大学の神学教授職も務めて，マギステリウム（マイスター）の称号を与えられる。後にケルン大学の教授にも就任。彼の深い思索に支えられた説教が多くの民衆の心をとらえたため異端の疑いで告発され，彼の死後ローマ教皇庁から正式に異端の宣告を受けて著作や説教記録等はすべて破棄されるが，後世におけるまで多くの思想家・宗教者に強い影響を与える。岩波文庫に『エックハルト説教集』が，講談社学術文庫に『神の慰めの書』が収録されている。我が国では上田閑照による精力的な研究がある。

(13)　トマス・アクィナス（1225頃-1274）はイタリア・シチリア出身，中世カトリック神学を代表する学者。スコラ学の体系『神学大全』を著す。パリ大学の正教授職も務めた。

(14)　イグナチオ・ロヨラ（1491-1556）。スペインのバスク出身のカトリック指導者。騎士として戦いに出て負傷し，パリのソルボンヌ大学で学んでいるときに仲間の学生たちを精神面で指導し，後に教育とキリスト教布教を使命とするイエズス会を創立。現在のローマ教皇フランシスコもイエズス会士。イエズス会は世界各地に現在も数多くの大学や高等学校を持つが，日本では上智大学などを経営。

(15)　澤木興道［さわき　こうどう］（1880-1965）は曹洞宗僧侶。座禅指導者。大本山総持寺後堂・駒沢大学教授も務める。『澤木興道全集（全19巻・別巻2）』大法輪閣，など。

(16)　内山興正［うちやま　こうしょう］（1912-1998）は曹洞宗僧侶。早稲田大学西洋哲学科を卒業し，宮崎公教神学校で教師をしていた折に澤木興道老師の下に参じて出家。後に安泰寺堂頭も。『自己』『座禅の意味と実際』『普勧坐禅儀を読む──宗教としての道元禅』大法輪閣，など。

(17)　山本七平［やまもと　しちへい］（1921-1991）は評論家，山本書店店主。イザヤ・ベンダサンの名で刊行した『日本人とユダヤ人』がベストセラーとなり，後に本名で『空気の研究』『現人神の創作者たち』『日本資本主義の精神』等々数多くの著作を公にする。

索　引

（人名は末尾にまとめた）

《監修者》

かじ た えい いち
梶 田 叡 一

　　桃山学院教育大学学長
　　1941年　島根県生まれ。
　　　　　　京都大学文学部哲学科心理学専攻卒業。文学博士。大阪大学教授，京都大学教授，兵庫教
　　　　　　育大学学長などを経て，2018年より現職。中央教育審議会副会長・教育課程部会長などを
　　　　　　歴任。
　　主　著　『〈いのち〉の教育のために』金子書房，2018年。
　　　　　　『自己意識論集（全5巻）』東京書籍，2020年。

あさ だ ただし
浅 田 匡

　　早稲田大学人間科学学術院教授
　　1958年　兵庫県生まれ。
　　　　　　大阪大学人間科学部人間科学科卒業。大阪大学大学院人間科学研究科博士後期課程教育学
　　　　　　専攻退学。大阪大学助手，国立教育研究所研究員，神戸大学助教授，早稲田大学助教授を
　　　　　　経て，2006年より現職。
　　主　著　『成長する教師』（共編著），金子書房，1998年。
　　　　　　『中等教育ルネッサンス』（共編著），学事出版，2003年。

ふる かわ おさむ
古 川 治

　　桃山学院教育大学人間教育学部客員教授
　　1948年　大阪府生まれ。
　　　　　　桃山学院大学社会学部卒業。大阪府立公立学校教員，小学校長，中学校長，箕面市センター
　　　　　　所長，甲南大学教職教育センター教授を経て，2019年より現職。
　　主　著　『ブルームと梶田理論に学ぶ』ミネルヴァ書房，2017年。
　　　　　　『21世紀のカリキュラムと教師教育の研究』ERP，2019年。

《執筆者》（所属，執筆分担，執筆順，＊は編著者）

＊杉浦　健（編著者紹介参照，プロローグ）

藤井千春（早稲田大学教育・総合科学学術院教授，第1章）

金川智恵（追手門学院大学経営学部教授，第2章）

佐々木英和（宇都宮大学地域創生推進機構教授，第3章）

伊藤義美（人間環境大学人間環境学部・大学院人間環境学研究科特任教授，第4章1・2節）

水野行範（人間中心の教育研究会，第4章3・4節）

木部則雄（こども・思春期メンタルクリニック，白百合女子大学人間総合学部発達心理学科教授，第5章）

矢野智司（佛教大学教育学部教授，第6章）

益川弘如（聖心女子大学現代教養学部教授，第7章）

中間玲子（兵庫教育大学大学院学校教育研究科教授，第8章）

押谷由夫（武庫川女子大学大学院教授，第9章）

阿部秀高（森ノ宮医療大学保健医療学部教授，第10章）

竹内　理（関西大学外国語学部教授，第11章）

合田哲雄（文部科学省科学技術・学術総括官，第12章）

＊八木成和（編著者紹介参照，エピローグ）

梶田叡一（監修者紹介参照，対談）

浅田　匡（監修者紹介参照，対談）

《編著者》

杉 浦　　健（すぎうら・たけし）

　　　近畿大学教職教育部教授（プロローグ：執筆）
　　1967年　生まれ。
　　1991年　京都大学教育学部心理学科卒業
　　1997年　京都大学教育学研究科博士後期課程修了（教育学博士）
　　　　　　近畿大学教職教育部非常勤講師，助教授・准教授を経て，
　　　　　　2012年より現職。
　　主　著　『転機の心理学』ナカニシヤ出版，2004年。
　　　　　　『おいしい授業の作り方』ナカニシヤ出版，2005年。
　　　　　　『もっと，おいしい授業の作り方』ナカニシヤ出版，2015年。
　　　　　　『多元的自己の心理学——これからの時代の自己形成を考える』金子書房，2017年。

八 木 成 和（やぎ・しげかず）

　　　桃山学院教育大学人間教育学部教授（エピローグ：執筆）
　　1965年　生まれ。
　　1988年　神戸大学教育学部初等教育科卒業
　　1993年　大阪大学人間科学研究科教育学専攻中退
　　1993年　鳴門教育大学助手，四天王寺国際仏教大学助教授，四天王寺大学准教授・教授を経て，
　　　　　　2020年より現職。
　　主　著　「教員養成系大学における教師としての自己概念」『鳴門教育大学研究紀要』10-1，1996年。
　　　　　　『教育心理学』（共編著），建帛社，2008年。
　　　　　　『教育の理念と思想のフロンティア』（共著），晃洋書房，2017年。

シリーズ・人間教育の探究①

人間教育の基本原理
——「ひと」を教え育てることを問う——

2020年12月5日　初版第1刷発行　　　　　　　　〈検印省略〉

定価はカバーに
表示しています

監 修 者	梶	田	叡	一
	浅	田		匡
	古	川		治
編 著 者	杉	浦		健
	八	木	成	和
発 行 者	杉	田	啓	三
印 刷 者	田	中	雅	博

発行所　株式会社　ミネルヴァ書房

607-8494　京都市山科区日ノ岡堤谷町1
電話代表　（075）581-5191
振替口座　01020-0-8076

©杉浦・八木ほか，2020　　　　　創栄図書印刷・新生製本

ISBN978-4-623-08843-0
Printed in Japan

シリーズ・人間教育の探究（全 5 巻）

梶田 叡一／浅田 匡／古川 治 監修

Ａ 5 判・上製カバー・256〜296頁・各巻本体3000円（税別予価）

杉浦 健／八木 成和 編著
①人間教育の基本原理
—— 「ひと」を教え育てることを問う

古川 治／矢野 裕俊 編著
②人間教育をめざしたカリキュラム創造
—— 「ひと」を教え育てる教育をつくる

浅田 匡／古川 治 編著
③教育における評価の再考
—— 人間教育における評価とは何か

鎌田 首治朗／角屋 重樹 編著
④人間教育の教授学
—— 一人ひとりの学びと育ちを支える

浅田 匡／河村 美穂 編著
⑤教師の学習と成長
—— 人間教育を実現する教育指導のために

──────── ミネルヴァ書房 ────────
https://www.minervashobo.co.jp